グローバル資本主義の政治学

―国家，政党，企業，個人―

小松　敏弘

泉文堂

はじめに

1989年から1991年にかけて国家社会主義体制が崩壊した。世界的な資本主義化とインターネットの普及により，1990年代以降，グローバル資本主義が世界を席巻した。2010年代は，GAFA（グーグル，アマゾン，フェイスブック，アップル）という巨大IT企業が台頭し，それを含むグローバル企業に巨万の富が集中している。先進国の政府による法人税の減税，再分配政策の抑制，グローバル企業への規制の不十分さによって，他者の福利への関心，強欲さの放棄を是とすることへの関心，自然との共生への関心の姿勢が後景に退き，最大多数の最大幸福の実現が遠のいてしまう状況が生まれている。

先進国の雄であるアメリカ社会は，社会主義を嫌悪するイデオロギー的同質性の高い社会であったが，2000年代以降，特にトランプ政権の誕生以降，分極化が一層強まっている。一握りの者に富が集中し，格差に引き裂かれた社会になっている[1]。大企業とその経営者に膨大な富が集中する仕組みが出来上がっている。ある研究者は，アメリカのことを「大格差社会」と表現している[2]。また，トランプ政権は，地球温暖化対策には後ろ向きの姿勢である。

このような状況のなかで，他者の福利への関心，自然との共生への関心，実質的な最大多数の最大幸福の実現を，先進国だけではなく，それ以外の諸国でも高めていくにはどうしたらよいのか，アイデアを捻り出すのは容易ではないが，みんなで一緒に考えていく必要がある。

「資本主義の終焉」[3]，「株式会社の終焉」[4]，資本主義後の世界を説く研究者もいるが，世界的な資本主義化の流れのなかにいるということは，逆にいえば，様々な種類の資本主義があるということでもある。日本の1.5倍の生産性があって，休日が多いドイツ[5]。休日の日数は年間150日である[6]。再生可能エネルギーに関心が高いドイツ[7]。貧困率が低く，手厚い医療サービスもあって，幸福度世界一位のデンマーク[8]。このような国々にもっと学ぶことが大事である。もちろん，グローバル資本主義を世界に普及させたアメリカであっても，

i

国内には改革の燈火をともすことは可能である。そのような要素は存在する。グローバル資本主義の教祖であるミルトン・フリードマンの思想に多く見られる個人を極大化的消費者とみる伝統[9]，それからの転換を果たす手立て，道のりをこれから探っていきたい。

注

(1) 高田太久吉『引き裂かれたアメリカ』大月書店，2017年参照。

(2) 吉松　崇『大格差社会アメリカの資本主義』日本経済新聞出版社，2015年。

(3) 水野和夫『資本主義の終焉と歴史の危機』集英社，2014年。

(4) 水野和夫『株式会社の終焉』ディスカヴァー・トゥエンティワン，2016年。

(5) 隅田　貫『仕事の「生産性」はドイツ人に学べ』KADOKAWA，2017年。

(6) 熊谷　徹『ドイツ人はなぜ，1年に150日休んでも仕事が回るのか』青春出版社，2015年。

(7) 森まゆみ『環境と経済がまわる，森の国ドイツ』晶文社，2016年。

(8) 千葉忠夫『世界一幸福な国デンマークの暮らし方』PHP研究所，2009年。

(9) C.B.Macpherson, *The Rise and Fall of Economic Justice and Other Essays* (Oxford：Oxford University Press, 1985), p. 48.

目　　次

はじめに …………………………………………………………………………… i

序　章 ………………………………………………………………………………… 1

第1章

グローバリズムとハイエク，ラスキ，マクファースン

第1節　は じ め に ……………………………………………………………… 5
第2節　ハイエクのラスキ批判 ……………………………………………… 6
第3節　ラスキ，マクファースンの自由主義観 ………………………… 12
　（1）　ラスキの自由主義観 …………………………………………… 12
　（2）　マクファースンの自由主義観 ………………………………… 15
第4節　グローバリズムの現状 …………………………………………… 18
第5節　お わ り に ……………………………………………………………… 25

第2章

グリーン・リベラリズムとC.B.マクファースン
―地球環境問題を中心に―

第1節　は じ め に ……………………………………………………………… 37
第2節　マクファースンに対する批判論 ………………………………… 38
第3節　マクファースンのテクノロジー論と環境論 ……………… 48

第4節　考　　察 ……………………………………………………… 51
　（1）　テクノロジー至上主義について ……………………………… 51
　（2）　テクノロジーの肯定的な面について ………………………… 53
　（3）　旧社会主義国の環境問題について …………………………… 54
　（4）　民主的な手続きについて ……………………………………… 55
　（5）　マクファースンの積極的な環境保護論 ……………………… 56
第5節　お わ り に ………………………………………………… 61

第3章

グリーン・リベラリズムとミル，ラスキ，マクファースン

第1節　は じ め に ………………………………………………… 67
第2節　グリーン・リベラリズム ………………………………… 69
第3節　ミルの「停止状態（定常状態）」論 …………………… 70
　（1）　停 止 状 態 ……………………………………………………… 70
　（2）　停止状態の積極的評価 ………………………………………… 70
　（3）　地球の収奪，自己実現 ………………………………………… 71
　（4）　労働者階級の従属保護と自立論 ……………………………… 73
　（5）　雇用関係廃棄への社会の傾向 ………………………………… 74
　（6）　労働者と資本家との共同組織 ………………………………… 74
　（7）　労働者たち同志の間の共同組織の実例 ……………………… 74
　（8）　競争の必要性 …………………………………………………… 75
第4節　ラスキ，C.B.マクファースンとJ.S.ミル ……………… 76
　（1）　ラスキとミル …………………………………………………… 76
　（2）　マクファースンとミル ………………………………………… 79

目　　次

第5節　停止状態と地球環境保護 ……………………………… 83

（1）　持続可能性と地球環境保護 ………………………… 83

（2）　二つの民主主義と個人主義 ………………………… 85

（3）　森林保全に利用 …………………………………… 86

（4）　自然景観の美の効用 ……………………………… 86

第6節　労働時間の短縮について ……………………………… 88

第7節　労働者と資本家との共同組織，労働者同士の

共同組織 …………………………………………… 91

第8節　お わ り に ……………………………………………… 94

第4章

アメリカの二大政党制の批判的考察

第1節　は じ め に ……………………………………………… 103

第2節　ラスキの考察 …………………………………………… 104

（1）　同　質　性 ………………………………………… 104

（2）　傾向の相違 ………………………………………… 107

第3節　現代のアメリカ二党制論 ……………………………… 109

（1）　同　質　性 ………………………………………… 110

（2）　対　立　軸 ………………………………………… 110

第4節　相互補完か分極化か …………………………………… 115

（1）　相互補完と抜き差しならない対立 ………………… 115

（2）　ギクシャクのなかにダイナミズム ………………… 118

第5節　お わ り に ……………………………………………… 118

3

第5章

二大政党制の批判的考察
—ラスキ，ミリバンドを中心にして—

第1節　は じ め に ………………………………………… 127
第2節　ラスキの二大政党制，小選挙区制擁護論 ……………… 129
第3節　ラスキの擁護論の根拠 ………………………………… 132
第4節　ミリバンドのアメリカ二大政党制論 ………………… 137
第5節　ミリバンドの二大政党制・小選挙区制批判論 ………… 139
第6節　ミリバンドの政党制・選挙制度基準としての

　　　　相対的自律性 …………………………………………… 141
　（1）　政党政府と相対的自律性 ……………………………… 141
　（2）　上級公務員と相対的自律性 …………………………… 145
第7節　お わ り に ………………………………………… 147

第6章

良いガバナンスとしての選挙制度と政党制

第1節　は じ め に ………………………………………… 153
第2節　選挙制度の功罪 ………………………………………… 154
　（1）　小選挙区制の長所についてのコメント ……………… 155
　（2）　小選挙区制の短所についてのコメント ……………… 157
　（3）　比例代表制の短所についてのコメント ……………… 159
第3節　ラスキの選挙制度論・政党制論 ……………………… 160
第4節　お わ り に ………………………………………… 167

目　次

第7章

ラスキの政治理論の経営倫理学的考察

第1節　は じ め に ……………………………………………… 175
第2節　ラスキの余暇理論 ………………………………………… 176
第3節　カンティアン的経営倫理学 ……………………………… 177
第4節　お わ り に ……………………………………………… 180

第8章

ミリバンドのコーポレート・ガバナンス論について

第1節　は じ め に ……………………………………………… 187
第2節　ミリバンドの現代資本主義企業の分析 ………………… 188
第3節　現代のコーポレート・ガバナンス論 …………………… 193
　（1）　所有と経営の分離 ………………………………………… 193
　（2）　プリンシパル＝エージェント理論 …………………… 193
　（3）　株 主 主 権 …………………………………………… 194
　（4）　ステークホルダー・ガバナンス ……………………… 196
第4節　考　　　　察 ……………………………………………… 199
　（1）　管理者資本主義の所有者資本主義との一致性 ………… 199
　（2）　管理者資本主義の有益性 …………………………………… 201

終　章

第1節　ラスキ対新自由主義 …………………………………… 207
第2節　新自由主義国家における相対的自律性 ……………… 210

5

第3節　新自由主義国家の本性 ……………………………………… 211

第4節　新自由主義国家における政党 …………………………… 213

第5節　二つの人間概念 ……………………………………………… 214

第6節　変革の主体 ………………………………………………… 216

あ と が き ……………………………………………………………… 221

初 出 一 覧 ……………………………………………………………… 223

人 名 索 引 ……………………………………………………………… 225

事 項 索 引 ……………………………………………………………… 226

序　章

　1989年の東欧革命による東欧諸国の社会主義体制の崩壊，同年12月の冷戦の終結，1991年12月の社会主義の本家本元であるソ連の崩壊，その前の1980年代の中国の近代化政策の採用，1986年からのベトナムのドイモイ政策の開始により，世界的な資本主義化への流れが生まれた。旧社会主義諸国，あるいは現社会主義諸国は，世界資本主義経済システムに復帰した。

　1979年に誕生したイギリスのサッチャー政権，1980年代のアメリカのレーガン政権，日本の中曽根政権は新自由主義政権であり，これらの政権を起点として，M.フリードマン，ハイエクが提唱した理論である新自由主義が，先進国で大きな潮流となっていく。特に1990年代以降，アメリカが推進したグローバル資本主義が世界を席巻していくが，新自由主義の世界経済への適用であるとみることができるであろう。

　グローバル資本主義の席巻のなかで，貧困が世界に巻き散らかされ[1]，日本国内だけでなく世界各国で，格差が拡大していった。1980年代には認識されていた地球環境問題がより一層悪化の一途を辿るようになった。また，80年代半ば前より，先進国は働きすぎの時代となり[2]，冷戦終結後の世界的な市場経済化のなかで，旧社会主義国等のなかにも，長時間労働の国が現れるようになった。

　日本は高度経済成長の時代に，終身雇用制，年功序列賃金，累進課税の強化によって，一億総中流社会という平等性の高い社会が実現した。しかし，1991年のバブル経済の崩壊によって，「失われた20年」となり，正社員のリストラと非正社員の雇用が進んだ。アメリカ式の成果主義賃金（能力給）を採用する企業が増え，累進課税も緩和された。同時に，アメリカ式の株価至上主義経営の導入により従業員の福利厚生のカット，長時間労働化も進んだ。平等性の高

い社会は崩壊し，中流社会と下流社会との二極分化が進行した。相対的貧困率もジニ係数も上昇し，先進国のなかでは，日本はアメリカに次ぐ格差社会となった[3]。アメリカを起点とする新自由主義を基礎にしたグローバル資本主義の日本への流入が，その背景にある。

アメリカ自身はウォール街占拠事件のスローガンである「我々は99％だ」にみられるように，国民の１％に莫大な富が集中する超格差社会である。富裕層のみが暮らす城塞都市「ゲーテッド・コミュニティ」と第三世界化したインナーシティー（低所得世帯が住む旧都市部）との格差が顕著となった[4]。

グローバル資本主義の席巻のなかで，地球温暖化が進み，夏の平均気温の上昇が続いている。生物多様性の破壊も進行している。

働き蜂であると日本を批判していたアメリカにおいても，アメリカン過労死が発生し，イギリスにおいても，「Karoshi in England」が発生している。ともに新自由主義の国家である[5]。市場経済化された東欧諸国のなかでも長時間労働の国が現れた。賃金が安いということで西欧の企業が進出したチェコ，ハンガリー等である。

このような新自由主義を基調にしたグローバル資本主義のなかで，国家の本性はどのように変化したのか，政党の本性もどのように変化したのか，企業の本性もどのように変化したのか，個人の本性もどのように変化したのかを本書では明らかにしたい。

貧困，格差，長時間労働化，地球環境悪化をもたらしたものは，国家の変化，政党の変化，企業の変化，個人の変化である。国家が支配階級から相対的に自律するという，国家の相対的自律性はどのようになったのか，政党は相対的自律性を促進するようになったのか，それともブレーキをかけるようになったのか，企業は株主のみの利益を偏重するようになったのか，多様なステークホルダーのほうをみるようになったのか，個人は利益の最大化を追求するようになったのか，すべての人間の自己開発を重視するようになったのかを，分析・考察の俎上に載せることにしたい。

そして，国家はどのようにあるべきなのか，政党はどのような政府を志向し

て政策を立案すべきなのか，企業はどのようなステークホルダーに配慮すべき
なのか，個人はどのようにあるべきなのかについて，本書では考察を進めてい
きたいと考える。その際，長年研究していたラスキ，マクファースン，ミリバ
ンドを中心に考察することにする。ラスキは20世紀前半を代表する政治学者で，
マクファースン，ミリバンドはラスキの弟子で20世紀後半を代表する政治学者
である。

注
⑴　J.E.スティグリッツ著，楡井浩一訳『世界に格差をバラ撒いたグローバリズムを正
　　す』徳間書店，2006年。
⑵　森岡孝二『働きすぎの時代』岩波書店，2005年，24－25頁。
⑶　橘木俊詔『格差社会』岩波書店，2006年，12－14頁参照。
⑷　渡辺靖『アメリカン・デモクラシーの逆説』岩波書店，2010年，85－89頁，96－
　　103頁。
⑸　森岡，前掲書，35－42頁参照。

第1章

グローバリズムと
ハイエク，ラスキ，マクファースン

第1節　はじめに

　89年東欧革命により，東欧諸国の共産党政権が崩壊した。91年12月には社会主義の本家のソ連が崩壊した。現存社会主義の政治体制，経済体制の有効性が喪失したことが強く世界の人々に印象づけられた。資本主義的民主主義体制，資本主義的経済体制を受け容れていくことが世界的な流れとなった。そのなかで，90年代から2000年代にかけて，アメリカが主導するグローバリズムが経済的には世界を席巻し，食の安全，環境破壊，とりわけ格差社会にみられるような弊害を現出するに至った。本章では，「もはや社会主義なき21世紀のグローバル化の時代において[1]」，グローバリズムの現実と弊害打開の処方箋を，ハイエク，ラスキ，マクファースンを通してみていきたいと考えている。

　1974年にノーベル経済学賞を受賞したハイエク（1899-1992）は，経済の活性化のための市場原理の復権を提唱し，1980年代のサッチャー政権，レーガン政権が推し進めた新自由主義経済の旗手として脚光を浴びた。ハイエク自身は，拝金主義や市場に対する手放しの賞賛を望まなかったが，グローバリズムの負の遺産を帰結したのではないかと批判されている。

　ラスキ（1893-1950）は，20世紀前半を代表する政治学者であり，社会民主主義者である。その弟子のマクファースン（1911-1987）は，20世紀後半を代表する政治学者であり，社会民主主義者である。ラスキとハイエクは思想的に

5

は対極にあり，活躍した時代も異なっているようにみえるが，実はこの二人は，ロンドン大学政治経済学校（ロンドン・スクール・オブ・エコノミックス，LSE）で，教員職として席を同じくしていた時期がある。ハイエクは『隷属への道』のなかで[2]，ラスキを痛烈に批判しており，その後二人の関係は疎遠になっている。この批判があったことは，今から50年以上前に書かれた石上良平氏の「個人的自由と社会的統制」というラスキ研究論文のなかでも[3]，指摘されているところである。

　社会主義なきグローバル化の時代のなかで，その弊害を克服する処方箋をわれわれは探し出す必要がある。他方で，機能不全に陥った社会主義体制への復帰は到底ありえない。ハイエクから批判されたラスキ，その弟子のマクファースンは，マルクス主義にも共感し資本主義的経済体制，資本主義的デモクラシーに批判的であるが，ソ連，東欧で採用されていた社会主義体制にも批判的であった。両者の理論のなかに，グローバリズムの弊害を克服するヒントがあるのではないかと，筆者は考えている。

　本章の構成としては，第2節　ハイエクのラスキ批判，第3節　ラスキ，マクファースンの自由主義観，第4節　グローバリズムの現状，第5節　おわりに，という順序で論を進めていきたいと考えている。

第2節　ハイエクのラスキ批判

　ハイエクは，『ハイエク，ハイエクを語る』（1994年）のなかで[4]，ラスキに対する思い出と手厳しい評価を語っている。ハイエクは同書のなかで，自身がロンドン・スクール・オブ・エコノミックスに赴任した経緯について述べている。「1931-32年の客員教授職の申し出を受けることになり，続いてその任期中に，正規職として経済科学研究トゥーク教授職に任命されることになった。その職に私は，1932年から1949年末までついていたのである[5]。」左翼の牙城であるロンドン大学政治経済学校に，ハイエクが赴任していたのが不思議な印象を与えるが，その点については，同書のなかで次のようにハイエクは語って

6

第1章　グローバリズムとハイエク，ラスキ，マクファースン

いる。「教員団の中では，経済学者たちを一方の極に政治学者と社会学者たちを反対の極にして，この間には巨大な差異がありました。中間には法律家，地理学者，経済史学者たちがいましたが，彼らは中立であるか，それともよくあるタイプは，ごく穏健なフェビアン主義者だったといえると思います(6)。」つまり，経済学者たちは左翼の政治学者とは対極にあり，ハイエクが客員教授として招聘されたのも頷けるということである。

　ハイエクによれば，「当時のLSEの教員談話室は，並外れておもしろい連中の集まりであったが，それでもほとんどのメンバーと知り合いになれるサイズを保っていた。それはいつも活発な議論の場であった。1930年代後半には，議論は主に世界の政治的発展の変化をめぐって行われた。左翼的傾向の多数派と（古い意味の）リベラル派または保守派の経済学者や法学者との間の政治的差異は鋭いものだったが，それにもかかわらず空気はいつも友好的だった。教員スタッフの総数は100人をそれほど超えない程度だったと思うが，その中に並外れて偉大な学才と会話の才をもつ人々が多く含まれていた。すでに名をあげた経済学者たちに加えて，最高の話し手としてハロルド・ラスキ……などがいたのである(7)。」「このハロルド・ラスキという並外れた人物のお陰で，LSEはもっとも特異な場所だった」と述懐するハイエクは(8)，具体的実例を挙げて，ラスキを評価する。「ラスキと私は，二人とも授業のある日の夕方を，教員会館であるランスロット・ビールズで過ごすことにしていました。……ハロルド・ラスキが，ロシアのシステムの美しさについて御説をたれながら，われわれを楽しませていたところだったので，特に注目に値します。彼〔の話〕はニュース報道によって中断されました。私たちは皆，7時半のBBCを聴いていたのだと思います。スターリン＝リッベントロップ協定（独ソ不可侵条約）のニュースが流れたのです。その後ラスキは，まるで自分がボルシェビキ，この極悪人連中について一言たりとも誉め言葉を口にしたことなど生まれてこの方ないかのように振る舞ったのです。彼はそれ以前の20年間の人生で自分が口にしてきたことを覚えていないらしいのです(9)。」ラスキは矛盾に満ちた思想家であるとラスキ研究者からもよく指摘されており，そのことを，ハイエクは

7

彼との交流のなかで実体験したということだろう。しかし，一見矛盾しているように解せられるが，実はその言説は首尾一貫性があると考えられる。ロシア革命の理想・理念，ロシアの平等重視の姿勢を，ラスキは賞賛するが，ソ連の政治システムの弊害については，鋭い批判を展開するにラスキはやぶさかではない。ラスキはソ連のシステムの弊害についてそれを正当化することはなかったと私は考える[10]。

　ハイエクのラスキ評価は，辛らつな言葉を交えた容赦のないものであったことは，次のハイエクの言葉から窺うことができる。「ハロルド・ラスキはほとんど笑い草で，人々が彼のことを真面目に受け取っている時も，私はハロルド・ラスキを真面目に受け取ることができませんでした。今や彼の党派の同僚たちも，彼が亡くなる前でさえ，彼を一人の思想家として真面目に受け取ることはしていません。ごく若いときには彼は優秀だったのでしょうが，私が知り合ったときには，そうではありませんでした[11]。」ラスキは1930年代以降，マルクス主義に接近し急進化するが，欧米の政治学会では，急進化以前の初期ラスキに対する評価が高い。ハイエクのラスキ評価も同様のものであったといえる。しかし，ラスキは時代によって，強調点を変えていくが，ラスキの思想の根底には常に一貫した流れがあることに[12]，ハイエクは気づいてはいないようである。

　ハイエクの初期の代表作である『隷属（従）への道』（1944年）とラスキとの関係について，『ハイエク，ハイエクを語る』のなかで，次のようにハイエクは語っている。「私は，すべてのやっかいな人物たちと仲良くやっていました。マンハイムとぶつかるまでは，ラスキとさえかなりうまくやっていたのです。ラスキが『隷従への道』は自分を批判して書かれたのだ，ということを理解するまでは，ということです。それ以後はよい関係は終わりました。しかし，私たちはどちらも情熱的な書籍収集家だったので，二人にはかなり共通するものがあったのです[13]。」

　それでは，『隷属への道』におけるラスキ批判を，丹念にみていきたい。ハイエクは同書のなかで，官僚国家が自由を圧殺するとして，次のように述べて

第1章 グローバリズムとハイエク，ラスキ，マクファースン

いる。少し長くなるが引用してみる。「ドイツの社会構造に特殊な……性格は，市民生活において他国より大きな部分が計画的に上から組織されてきたということ，また，国民の大部分が，自分たちを……政府によって任命された役人のような存在だと見なしてきた，ということに由来しているのである。実際，……ドイツは長年にわたって『官僚国家』であったのであり，そこでは，一般の官僚だけでなく，国民のほとんどが，所得や地位をなんらかの当局によって割り当てられ，また保障されてきたのである。……ドイツで自由の精神がゆっくりと窒息させられていった過程が，はたして他国で起こったとして，人々がよくそれに抵抗しうるかどうかは，確かではない。たとえば，……割り当てられた義務を果たすことの方が，自分が役立つような分野を自ら選択することよりも称賛に値するものとされるようになったら，また，国家の階級制度の中に組み込まれない職業や，固定的な所得への権利を伴わない職業は，地位の低い，むしろみっともないものと見なされるようになったら，そこでも多くの人が経済的保障より自由を選び続けるだろうと期待するのは，虫がよすぎる話である。……ますます多くの人が，経済的保障ぬきには自由は『持つに値しない』と感じるようになり，保障のために自由を喜んで犠牲にするようになったとしても，ほとんど驚くべきことではない。だがそれにしても，この英国でハロルド・ラスキ教授が展開している主張が，かつてドイツ人に自由を犠牲にするよういざなうのにおそらく最も大きな影響を与えた主張と，まさしく同じものであるという事実を目のあたりにすると，われわれは不安に陥らざるをえないのである。深刻な貧窮に対して適正な保障をすることや，見込み違いの活動やその結果である破局を生み出すような原因をできるかぎり少なくすることは，政府の活動がめざす主要な目的の一つであるべきだという点には，どんな問題もない。しかし，そういった努力が成功を収め，かつ個人の自由を破壊しないようにするためには，保障は市場の外部においてなされ，競争の機能が阻害されないようにしなければならない。自由が維持されるためには何らかの保障は不可欠である。というのは，自由が必然的に含んでいるリスクがあまりにも大きなものとなってしまうと，多くの人々は，それに耐えることができなくなるからである。

9

このことは決して見落としてはならない真実である。しかしまた，今日，知識人のオピニオン・リーダーの間で，自由を犠牲にして保障を得ることを称賛するのが流行となっていることは，何にもまして致命的な危険である。自由とは代償なしには手に入れられないものであり，われわれの自由を保持するためには，深刻な物質的犠牲にも耐える心構えが個々人に要求されるという事実にはっきりと目を向け，これを率直に学び直すことが不可欠である[14]。」

　自由は経済的保障をぬきにしては考えられないとするラスキの社会民主主義的考えは，ドイツの官僚国家につながるものであり，人類が大事にしてきた自由を圧殺し，隷属への道を歩むことになると，ハイエクはとらえている。ラスキは，すべての人間が生きるに値する社会を形成すべく，自由を平等の文脈のなかでとらえるべきだと主張してきたが[15]，これは今日でいうところのセーフティネットであり，市場の経済活動をすべて排除するものでも，個人の聖域としての自由を侵害するものでもないと私は考える。このような自由は，ラスキが最も大切にしてきたものである。

　ハイエクは，『隷属への道』のなかの「われわれの中の全体主義者」の章において，ラスキを引き続き批判している。ハイエクによれば，「市場によるすべての個人を超えた非人格的規律によって支配される秩序を選ぶか，それとも少数の個人たちの意志によって支配される道を選ぶか，この二者択一以外のどのような可能性もわれわれにはない。そして市場による支配を破壊しようとして活動している人々は，意図しようがしまいが，少数者による支配の状況を創り出すのを手助けしているのである。『労働運動』がその実現を追及している新しい秩序が樹立されたときには，そこで働く人々の何人かは，おそらくこんにちよりもよい生活をしているだろう。……だが，たとえそうだとしても，最後には，英国の働く人々の過半数が……その協議のおかげで，自らの個人的自由を危機にさらすことになった。……いま『計画化社会』の創設へと踏み切っている労働党の，最近の政治綱領を研究することは，非常に憂鬱な経験である。『伝統的な英国を回復させようとするあらゆる試み』に対して，現在これに対抗する対策案として提出されているものは，単に一般的な概要だけでなくその

第1章　グローバリズムとハイエク，ラスキ，マクファースン

詳細も，また，それが使用しているあらゆる言語でさえ，25年以前にドイツを支配していた社会主義者たちが，夢として描いていたことと区別することができない。このように類似しているのは，『戦時中，国家の諸資源を総動員するために必要とされた政府による管理や統制の諸手段』を，平和の時代においても維持し続けよと要求する，ラスキ教授の動議に基づいて採用されることになった，まるで決議のような要求だけではない。それに加えて，ラスキ教授がいまや英国に対して要求している『平衡がとれた経済』とか『共同体の消費』のためにすべての生産は中央集権的に管理されなければならないといった要求に見られる，あらゆる特徴的な標語が，実は25年前のドイツのイデオロギーを，そっくりそのまま写し取ったものなのである。今から25年以前なら，『競争的な自由放任秩序を廃止して，これにとって代わるべき体制として提案された計画化社会が，そのような自由放任的秩序よりもはるかに自由な社会である』，といった素朴な信念を人々が抱いても，まだ仕方がないと許される面があったかもしれない。だが，それから25年もの経験を経て，その経験を通して古びた信念を再検討した後で，しかもわれわれがそういった教義と闘っているただ中にあって，改めてそのようなものが信奉されているのを見ることは，言いようのないほどの悲劇である。議会においても，世論に対しても，過去の各種進歩的な諸政党の立場を，いまでは大きく代表することになった偉大な政党，すなわち労働党が，過去に発生したすべての事柄の光に照らして調べてみれば反動的とみなす以外ない運動に対して味方するようになってきていることこそ，現代において起こった決定的な変化である。そしてこの変化が，自由主義者が尊重しなければならないあらゆることを脅かす，致命的な脅威の源泉となっているのだ。……自由に対する反対の立場が，第二の反動的政党である労働党によって，今後いつまでも独占されなければならないというのなら，もはやわれわれには，まったくのところ，どんな希望も残されていないことになるだろう[16]。」

　ラスキが「計画的民主主義社会」の創設を説き，戦時における政府の統制経済を戦後も継承し，「同意による革命」を提唱したのは事実である。また，産

業の国有化を提唱したのも彼自身である。しかし，そのことをもって，少数者による支配の状況を創り出すことを，ラスキが手助けしたことにはならないであろうと，私には思われる。一つは，一党独裁政権ではなく，複数政党制の維持を，ラスキが重視していること。二つは，諸集団を前提とする多元的社会を，ラスキが提唱していること。三つは，産業の国有化は主たる産業，つまり基幹産業のみに限定し，それ以外は，市場経済における自由な企業の経済活動を，ラスキが主張していることである[17]。但し，ラスキが基幹産業に限定するとしているとはいえ，産業の国有化を提唱したことは，効率性の悪さ，組織の硬直性，労働者の依存心の増大という観点で問題があったと言われても仕方がない面があるだろう[18]。市場経済を前提としつつも，どの程度のセーフティネットをわれわれは構築する必要があるかを，常に模索していく必要性があるといえよう。

第3節　ラスキ，マクファースンの自由主義観

（1）　ラスキの自由主義観

　ラスキとマクファースンが古典派自由主義から新自由主義までをどのようにとらえ，それに対抗するものとして，どのようなものを提示しているか，についてここではみておきたい。マクファースンは『所有的個人主義の政治理論』（1962年）を著して[19]，脚光を浴びたが，これはラスキの『ヨーロッパ自由主義の発達』（1936年）の問題意識を継承したものであると言われてきた[20]。但し，これまでこの両著の比較対照はあまりなされてこなかった。ここでは両者が取り上げた思想家のなかで，紙幅の関係で，ジョン・ロックに限定して，比較対照を行っておきたい。ラスキ，マクファースン研究の充実の一助になればと考えている。

　ラスキは，『ヨーロッパ自由主義の発達』のなかで，16, 7世紀から20世紀初頭までのヨーロッパ自由主義を考察している。ピューリタン，カルヴァニスト，ロック，ホッブス，ヒューム，スミス，ハリントン，ヴォルテール，バーク，

第1章　グローバリズムとハイエク，ラスキ，マクファースン

ベンサム，ディドロ，バルナーブなどの諸思想を通して，自由主義の発達を洞
察している。本章では，主としてラスキのロック理解に重点をおいてラスキの
著述を紹介していきたい。

　ラスキによれば，中世から近世にかけて，身分から契約へ，支配階級は貴族
から資本家へと移行した。新しい哲学として，自由主義が台頭した。自由主義
は世界市場の確立を求めた。自由主義とはどのようなものであるか。それは，
有産階級の利益を守るために行使されるものであった。自由主義の観念は歴史
的に，財産の所有と不可避的に関連を持っている。自由主義は，物質的条件の
一般水準の向上に役立った[21]。「資本主義の全精神は，生産手段の所有者を，
彼が生産手段を完全に利用することを抑制する規則を守る必要から，自由にし
てやろうとする努力である。自由主義の勃興は，このような精神の働きを正当
化しようとする一思想の勃興である[22]。」

　さらにラスキは言う。封建主義から資本主義へ至る過程は，完成まで3世紀
を要した。但し，ヨーロッパのなかで，イギリスが最も好調に資本主義の形成
を行った[23]。1689年，イギリスで名誉革命が起こったが，この革命の哲学者は
ロックであった。彼は，「生命・自由・および財産の自然権」を力説した。彼
は国家を「努力をして財産を蓄積する人が欲する利益を守るために作られたも
のと，看做すことに何の困難も感じない[24]。」ロックが強調する自由とは，商
店と商店主が「自分の財産で達成することを期待しうるような自由である[25]。」
ロックは彼らの世代の人々に対して，「財産所有者を，財産の蓄積に用いられ
た努力とそれが代表した社会的善との故に保障するに値するものとしたような，
財産理論を与えたのである[26]。」財産の安固は国家の侵害から完全に守られね
ばならないということについて，ロックは何らの疑いをも持たなかった。国家
は私有財産に対する人々の権利を確実ならしめるために成立するのである[27]。
国家を有産者の社会と考えたのは，ロックの理想である[28]。ロックは，有産者
が当然社会の支配者たるべきである，という当時の人々の意見を抱いていたの
である[29]。

　さらにラスキは続けて，ロックについて次のように述べる。自然権の主要な

前提は，国家の運営は経済力を持つ者の意志に合致しなければならない，という便利なものであった。「したがって自然権の観念は，ロックにおけるが如くに，財産は自ら統制されることに同意するときにのみ統制されるという観念を意味した。そこで自由とは，政治上では，財産所有者が憎むような財産権に対する干渉を差し控えねばならない義務を意味することになった[30]。」

　ロックは今から300年前の人物であるが，このようなロックの自由主義の延長線上に今日の自由主義の発展があるとラスキはみている。このような自由主義に対して，ラスキは，平等を考慮していないと批判している[31]。ラスキによれば，このような自由主義は社会のほんの一部の人々のためにのみ役立つ教説であり，工場と土地を持たない労働者の犠牲の上に成り立つものである。資本主義の膨張期におけるその不都合に対する真の批評は，ただ社会主義を勃興させただけではなく，明白な人道を名とする新しい干渉主義の必要も生んだ。幼児労働の結果や，それが惹起した下品な非衛生的な都市や，T.H.グリーンが言った通り，街の栄養不良の住民にいずれかの酒場を選ばしめた自由の概念を見たとき，実業家のなかからも疑問の声が上がったのである[32]。

　ラスキは言う。「少なくとも自由主義は積極的国家観を採用すべきであることが，一方では労働組合の圧力によって，又イギリスではグリーンやマシュー・アーノルドのような思想家によって，フランスではトクヴィルによって，ドイツでは講壇社会主義者たちによって，教えられたのである。次いで大衆のための累進課税の観念が，自由主義観念の不可欠の一部分となった。……ほぼ19世紀の70年代以後，社会奉仕国家が出現する。その基本原理は二重であった。一面においてそれは，一般原則として生産手段の私有は維持せらるべきことを肯定したが，他面では，既に普通の生活水準の一部をなすものと認められていた快適品を自分の賃金では買う余裕のなかった人々の利になるように，この私有の結果を統制すべき用意をした。少なくとも1914年の戦争まで，自由主義的観念のこの部面が，マルクス哲学にかぶれていた人々を除き，全ヨーロッパの人心を支配した。……典型的なイギリス社会主義はフェビアン社会主義であって，この教義体系にとってはジョン・スチュアート・ミルの影響の方

第1章　グローバリズムとハイエク，ラスキ，マクファースン

がマルクスのそれよりも遥かに深刻であった[33]。」

　自由主義の観念が修正を加えられ，積極国家，社会奉仕国家の出現をみるに
至った。この出現に大きな影響を与えたのは，グリーンであり，ジョン・ス
チュアート・ミルである。ラスキはこのように理解し，彼らの思想に，従来の
自由主義に対する対案があると期待しているのである。

（2）　マクファースンの自由主義観

　マクファースンは，『所有的個人主義の政治理論』のなかで，ホッブス，レ
ベラーズ，ハリントン，ロックなど，自由主義の基礎となる17世紀イギリスの
政治理論を検証している。ここでは，ロックに焦点をあてて，マクファースン
のロック観をみておきたい。マクファースンは次のように述べている。ロック
は，あらゆる人間は自分自身の身体の所有権をもつ，という公準からはじめる。
これに対しては，彼以外の何人もなんらの権利をもたない。彼の肉体の労働と
彼の手の仕事は，本来，彼のものであるといってよかろう[34]。このロックの主
張について，マクファースンは次のように説明する。何であれ，ある人がそれ
の自然状態から取り出すところのものは彼がそれに自分の労働を加えたのであ
る。彼の労働をそれに加えることによって，彼はそれを彼の所有とするのであ
る[35]。土地に関する領有については，ロックの次の記述をマクファースンは紹
介している。どんな土地であれ自分の労働をそれに加えたものを領有する権利
を彼に与えるのである[36]。

　人は自分自身の身体に対して所有権をもつ。→人は身体の活動である労働に
対して所有権をもつ。→人はその労働の成果物，生産物に対して所有権をもつ。
という論理展開のなかで，ロックは私的所有権を正当化したとマクファースン
はみている。

　マクファースンによれば，このようにして正当化された個人的領有に，ロッ
クは三つの制限を課しているという。第一の制限は，他の人たちにとって十分
に，そして同じく満足できるほど残っているかぎりでのみ，ある人は領有して
もよい[37]。第二の制限は，物が腐敗する前に誰かが生活のなんらかの利益に役

15

立たせうる分だけ，それだけ彼は自分の労働によって，それに対する所有権を確定してもよい。これを越える分は何であれ，彼の分け前以上のものであって，他の人々に属する[38]。第三の制限は，正当な領有はある人が自分自身の労働でもって調達しうる嵩に制限される。これは労働に基づく所有の正当化に必然的に含意されているものである[39]。

　マクファースンによれば，「もしロックがここでとどまっていたとしたら，彼は制限された個人的所有権を弁護した」ことになる[40]。しかし，その後どんでん返しをロックは実施している。「乗り越えられた諸制限。」制限された所有権から無制限の所有権への移行についてのロックの展開を，マクファースンは次のように紹介している。第二の制限である「腐敗の制限」の乗り越えについては，貨幣の導入で可能であるとしている。金や銀は腐敗しない。人はそれゆえ正当にそれの無制限な量を蓄積しうる。人は余剰分と交換に金や銀を貯蔵しうる[41]。第一の制限である「十分さという制限」の乗り越えについては，次のような推論で可能であるとしている。広大かつ肥沃な領土を持っているアメリカの先住民の王と土地なしのイギリスの日雇い労働者との生活水準を比較すると，後者のほうが生活水準が高い。つまり，土地なしであっても，他人にとって同じく満足できるほどの生活が，イギリスの労働者に提供される。むしろ，すべての土地が社会の一部の人間によって領有されているほうが，もっとましな生活が創出される（生活必需品の支給）からよいのであるという論理である[42]。第三の制限は最も乗り越えがたい制限のようにみえる。しかし，賃金の代償に労働の譲渡性を主張するのは少しも不自然ではない（身体の譲渡性は否定）。労働の所有性の強調によってより一層その譲渡性が理解されうる。賃金と交換に売られた労働は，買い手の所有となり，労働の産物を領有する権利が与えられる[43]。このような労働の商品化によって生じる非人間化の影響については，ロックの良心のなかでわずらわされることはなかったようである[44]。

　以上の三つの制限の乗り越えによるロックの所有権について，彼の業績を，マクファースンは次のように総括する。ブルジョア的領有に道徳的な基礎づけを与えた。無制限な個人的領有に対する自然権の正当化を行った。階級差を自

第1章　グローバリズムとハイエク，ラスキ，マクファースン

然的なものとし，資本主義社会に対する積極的な道徳的基礎を提供した[45]。

　マクファースンによれば，ロックをはじめとする17世紀の政治理論には，所有的個人主義の仮定が貫徹している。この仮定とは，人は彼自身の身体の独占所有のおかげで自由かつ人間的であること，そして人間的社会は本質的には一連の市場関係であることである。この仮定は17世紀の所有的市場社会の現実にふさわしかった。イギリス，およびその他の現代自由民主主義国家は，依然として，20世紀においても所有的市場社会である[46]。今日においても，所有的個人主義の仮定が根強く存在している。J.S.ミルから現代までの多くの理論家がその仮定を道徳的にけしからぬと異議申し立てをしたとしても，市場社会を斥けない限り，自由民主主義国家は自由主義と民主主義との間のジレンマを解決できない。

　マクファースンは別の著書で，西欧自由民主主義における個人主義は，人間の本質観という点で，ホッブスからベンサムまでの功利主義的伝統にみられるように，個人を本質的に効用の極大化的消費者とみる見解があるという。これを前述したように「所有的個人主義」と述べている[47]。マクファースンによれば，これは多元主義理論のレベルに置き換えると，「所有的多元主義」であり，それが今日根強く存在しているという。「所有的多元主義」は効用の極大化的消費者としての人間観，市場的性格を要件とし，アメリカの主流の多元主義およびM・フリードマンやハイエクの多元主義をさす[48]。この多元主義にわれわれが依拠しないようにすることを，マクファースンは説いている。現代の新自由主義を編み出したM・フリードマンやハイエクを「所有的個人主義」につながる「所有的多元主義」であると解釈し，それに依拠することの弊害を，マクファースンは強調しているのである。

　「西側の人間が自分たちの所有的な市場道徳を放棄しないかぎり，われわれの力は低下していくであろう」という見通しを，マクファースンは示している[49]。さらに，マクファースンは，「人間性を創造的な活動として回復する社会へ進むこと」以外に[50]，自由民主主義社会が生き残る道はないと説く。それは，西欧自由民主主義におけるもう一つの個人主義の伝統，つまり「発展的個

17

人主義」に，われわれが依拠することを意味する。J.S.ミルとT.H.グリーンから今日までのヒューマニスティックで新理想主義理論にみられるように，個人を本質的にその人間的な諸力ないし潜在的諸力の行使者，発展者と見る見解である[51]。

第4節　グローバリズムの現状

　日本の場合，「一億総中流社会」といわれていたが，その平等神話は崩壊した。90年代以降のグローバル経済の進行によって，格差社会，下流社会，ワーキングプアなどの言葉が，近年，頻繁に聞かれるようになった。暉峻淑子氏は『格差社会をこえて』のなかで，かつての総中流意識に代わる生活不安が広がっている。それは民主主義の否定であり，人権の否定でもある社会の到来である，と述べている[52]。

　橘木俊詔氏は『格差社会』（2006年）のなかで，そのような社会の実態について次のように述べている。イタリアの統計学者ジニが考案したジニ係数は，人々が完全平等にいるとき（その社会の富を，構成員が均等に配分している場合）はゼロ，逆に完全不平等にいるとき（その社会の富が1人の人間に集中している場合）は1となる。1に近づくほど，その社会は所得分配の不平等度が高いということになる。OECDが2004年末に公表した調査結果によれば，日本のジニ係数は，0.314となり，先進国のなかでは，かなり不平等度の高いグループに属するようになった[53]。イギリスとアメリカは，これまで常に不平等度の高いグループであった。いずれも新自由主義という思想を基本に置いた国である。市場原理主義に基づいて競争を促進するような経済体制をとっており，「自己責任」が貫かれている。今日，政治家や企業家をはじめ，新自由主義への信奉を強める傾向が日本にはある。日本の不平等度のレベルが，アメリカやイギリスに近づきつつあるのは，そうしたところに要因がある[54]。

　さらに続けて，橘木氏は次のように述べる。その国の平均的な所得の50%以下の所得しかない人を貧困者と定義する。国民のうち何%が貧困者なのかを貧

第1章　グローバリズムとハイエク，ラスキ，マクファースン

困率という。2004年のOECDの調査によると，日本の貧困率は15.3％で，アメリカ17.1％，アイルランド15.4％に次ぐ高さとなっている。デンマーク，スウェーデン，ノルウェー，フィンランドといった北欧諸国は，4〜6％台という低い貧困率である。したがって，国際的にも日本の貧困率は非常に高い位置にあるといえる。80年代半ばの日本の貧困率が11.9％であったが，それからの増加も著しい[55]。

　このように貧困率が日本で高くなった要因として，橘木氏はいくつかの要因をあげている。一つに非正規雇用労働者の増大である。1995年からの10年間，正規労働者が約400万人減少し，非正規労働者が約630万人増加した[56]。二つに，成果主義賃金の導入である[57]。三つに，税の累進度の緩和である。所得税の最高税率が1986年は70％であったのが，1999年以降，37％に下がっている。高所得者優遇の税制への変更である[58]。この点に関して，暉峻氏は，最も大きな税の軽減を受けたのは年間所得が1800万円を超える高所得者層であった，と述べている[59]。

　橘木氏は，新自由主義の歴史に関して，次のように総括している。サッチャー首相，レーガン大統領が行ったことは，第一に，市場原理の活用である。規制緩和による競争を促進した。第二に，大幅な減税政策である。第三に，福祉の見直しである。このような政策は，経済の立て直しという面では成功を収めたが，所得分配の不平等化と財政赤字をもたらした。サッチャー，レーガンの流れを汲む日本の構造改革は，不良債権処理，公共事業の削減で一定の評価をあげたが，格差の拡大を是正せず，むしろ助長する結果を生み出した[60]。

　橘木氏によれば，このような構造改革の底流には，市場原理主義を基盤とする哲学，思想が働いている。市場にすべてを任せれば経済はうまくいくという論理である。このような考え方を採用する新古典派経済学が最近広まっている。経済学者でいえばフリードマンやハイエクなどの考え方が勢いを増している[61]。つまり，今日，世界を席巻する市場原理主義の負の遺産の責任は，ハイエクにも大いにあるとみなされているということである。

　グローバリズムは長時間労働とも密接な関係がある。森岡孝二氏は，『働き

19

すぎの時代』のなかで[62]，グローバル資本主義によって，長時間労働が世界的に蔓延していると述べている。同氏によれば，先進国は80年代半ば前より働きすぎの時代に突入している。日本はいうまでもないが，アメリカにおいても，「働きすぎのアメリカ人」という現象が生じている。イギリスでも働きすぎとKaroshiが問題になっている。法定労働時間が35時間で時短先進国であるドイツにおいても，労働時間延長について，労使の合意が広がっている。2000年に週35時間制を導入したばかりのフランスにおいても，35時間制を見直す動きが広がっている[63]。

このような世界的な働きすぎの原因として，森岡氏は，次の諸要因をあげている。第一に，91年のソ連邦の崩壊と89年東欧革命によって，旧ソ連と東欧の市場経済化が進行したこと。第二に，中国が世界の工場としての役割を果たしていること。第三に，韓国，中国，台湾，香港（中国），シンガポール，タイ，フィリピン，インドでは長時間労働が続いていることである。以上の三つの要因から，日本，アメリカ，西欧諸国の多国籍企業は，上記の国々に，工場を移転して，大規模に現地生産し，本国に生産したものを逆輸入している。日・米・西欧の労働者は，現地の労働者と，賃金や労働時間をめぐって熾烈な競争にさらされざるを得なくなる[64]。

働きすぎのもう一つの原因として，森岡氏は，アメリカの株価至上主義経営をあげている。株主を重視し株価を高くすることを優先している。そのために，大規模な人員削減と残った労働者への仕事量の増加が生じている。賃金の引き下げと福利厚生の削減も生じている。非正規雇用労働者が増え続け，雇用の不安定化に拍車をかけている[65]。

森岡氏によれば，日本においても，90年代以降，株価至上主義経営が台頭し，リストラ，労働者の賃金や福利厚生の切り下げが進み，働きすぎが助長されている[66]。

新自由主義によって，労働の規制緩和と二極分化が現在進行しているが，これについては，森岡氏は次のように述べている。少し長くなるが引用してみる。「先進諸国では，1980年代初めを境に，それまでの緩やかながら着実な時短の

第1章　グローバリズムとハイエク，ラスキ，マクファースン

流れが止まり，再び働きすぎへと向かう流れが強まってきた。こうした逆流は，労働時間の増大の方向にだけ向かっているのではない。この間に多くの企業において，正社員が絞り込まれてより長時間働くようになるとともに，短時間を切れ切れに働くことが多いパート・アルバイトなどの非正規労働者が増えてきた。これに加えて，労働分野の規制緩和が進んだ結果，労働時間は……多様化，分散化，個人化に向かうようになった。……雇用の不安定化と労働時間の非標準化……なぜこのようなことが起きてきたのかを考えてみたい。まず思い起こされるのは，イギリスのマーガレット・サッチャー首相（1979年5月〜1990年11月），アメリカのロナルド・レーガン大統領（1981年1月〜1989年1月），日本の中曽根政権（1982年11月〜1987年11月）の名で知られる『新自由主義』の流れである。英米日のこの三人のリーダーは，1980年代に，『小さな政府』を唱え，福祉国家が大きくなりすぎたという理由で社会保障費を抑えるとともに，民間企業の営利機会を拡大するために規制緩和，民営化，市場化を推し進めた。このような『新自由主義』の政治思想は『市場個人主義』の経済思想に支えられている。……市場個人主義は，個人の権利と自由は市場を最大限に利用することによってもっともよく保障されると考え，国家による経済運営の調整，規制，介入を原則として否定する。そのために，市場個人主義は，市場自体が法や慣習や道徳などに支えられて機能する社会制度であることを見ず，文化的・社会的・歴史的な背景を異にするさまざまなタイプの市場があることを見ようとしない。また，金銭的価値や利己心に重きを置いて，経済システムが機能するうえでの信頼や協同や社会的絆の機能を正当に考慮しない。市場個人主義は，労働市場に適用されると，労働力をまるで一般の商品であるかのように取り扱い，労働者の保護と労働条件の改善のために獲得されてきた労働分野における種々の規制の緩和や撤廃を求める主張として立ち現われる[67]。」

　このような市場個人主義を誰が提唱したかは明記されてはいないが，一般的にはフリードマンやハイエクであるとされている。前述の橘木氏は，市場原理主義の負の遺産は彼らにあるというような解釈をみせていたが，このような解釈について，ハイエク研究者はどのように考えているかをここで紹介しておき

21

たい。

『ハイエクの政治思想』のなかで，山中優氏は次のように述べている。米国のレーガン政権や英国のサッチャー政権にも大きな影響をハイエクは与えた。彼の議論は，「中央計画経済や福祉国家に対する有力な批判の武器として分権的で多元的かつ動態的な市場システムの概念を提示し，20世紀最後の四半世紀における市場原理復権の潮流の中核的地位を占めることになった[68]。」ハイエクは，各自の目的に従った自由な行動によっても，無秩序状態に陥ることなく，自生的に秩序が形成されることが可能であり，それが実際に市場システムのなかに存在していると説いている。そのような議論が「盲目的な市場の動きに対して政府が合理的に介入することが秩序の安定に寄与するという従来の常識を覆す画期的な議論として脚光を浴びたのである[69]。」山中氏は続けて言う。しかし，「ハイエクの議論は……市場の論理が人々の自然感情にそぐわない冷酷非情な側面を孕んでいることを率直に認めるものであり，それを承知の上で覚悟して市場を受け入れることを迫る非常に厳しいメッセージをわれわれにつきつけるものなのである[70]。」

ハイエクはセーフティネットを政府が用意することについては，必ずしも否定的ではなかった，と山中氏はみている。「きわめてささやかではあるけれども，一定の救済策を民衆に施す任務，すなわち人々に必要最低限の生活レベルを一律に保障するという任務を，政府の果たすべき重要な役割として明確に位置づけていたのである[71]。」

今日，グローバリズム，市場原理主義の弊害が多々指摘されているが，このような弊害をハイエクは意図したものではなく，これはハイエクの議論の理想とかけ離れているという見方を山中氏はとっている。「市場原理主義が理想としていたのは，自由活発に自己利益を追求しながらも，それと同時に他人の自由を尊重する健全な自己規律精神を兼ね備えた人々からなる社会に他ならなかった。……ハイエクの市場原理が前提としていたのは，このような分別を備えた人間像に他ならなかった[72]。」「たとえばわが国における『分割民営化路線』が実際に生み出したものはといえば，このような精神規律に支えられた健

第1章　グローバリズムとハイエク，ラスキ，マクファースン

全な市場経済とは似て非なる，いわゆる『バブル経済』に他ならなかった。そ
こに見られたのは地道な経営努力による勤勉な経済活動ではなく，むしろ一攫
千金を目論んで目先の利益を手っ取り早く追い求めようとする非生産的な投機
行動に他ならず，止まることを知らずに膨れ上がった金銭欲による株の売買や
土地ころがしなどであった。また，イギリスやアメリカに目を移してみても，
そこで起こった事態は，むしろ企業の乗っ取りや合併行動などによって手っ取
り早く莫大な利益を手に入れようとする非生産的な利潤追求行動でしかなかっ
たのである[73]。」

　しかし，ハイエクの側に全く非がないかについては，山中氏は次のように述
べている。「たしかにハイエクには，投機家の活動を否定・非難する言説は見
受けられない。むしろ，……ハイエクは投機活動を肯定的に考えていたであろ
うと思われる[74]。」このようにハイエクの側にも問題があるが，ハイエクが支
持する投機活動は実体経済を忠実に反映したものであって，転売のみを目的と
したものではないと，山中氏は但し書きをつける[75]。

　労働市場の柔軟性や貧富の格差の拡大という現状を前にして，「ハイエクは，
政府による必要最低限の生活保障の必要性を説いていたのである。ところが，
昨今のグローバル化の驚異的な進展は，政府からそのための能力を奪いつつあ
るように思われる。」と山中氏は述べ，ハイエクの予想を超えたグローバル化
の進展に驚嘆している[76]。

　「ハイエクは市場競争を称揚する一方でその厳しさにも目を配っており，必
要最低限の社会的安全網の整備を政府の重要な役割と説いていたにもかかわら
ず，グローバル経済の奔流は，実際にはそのための政府の能力を大幅に低下さ
せ……貧富の格差を急激に拡大し，経済的弱者を深刻な生活不安へと追いやり
つつある。……

　21世紀における現実は，ハイエクの思想を裏切るものとなっていると言わざ
るを得ない[77]。」このように，ハイエクはセーフティネットを主張していたの
であり，21世紀の現実はハイエクの想定外であるという見方を，山中氏は示し
ている。

23

さらに山中氏は，現在のわが国の構造改革のもたらした現実に言及した上で，その現実とハイエクとの関連について次のように述べている。「現在のわが国に生じつつある社会は，地道な勤労精神にみちた健全な中産階級社会ではなく，むしろ勝者と敗者とが両極分解した社会であり，経済的格差のみならず，『努力すれば報われる』という希望の面でも両極分解した社会，すなわち希望格差社会に他ならない。……そのような希望格差が生じているなかで，市場競争のもたらす結果が努力や徳性の程度に比例するとは限らないというハイエクの所説がその論理を徹底させるとき，むしろ倫理的なシニシズムが蔓延する恐れがあるだろう[78]。」ハイエクを擁護しつつも，ハイエクの所説のなかに，格差社会に至る要因が潜在していることを，懸念している様子がここからは読み取れる。

　山中氏によれば，「社会主義や福祉国家の行く末に全体主義の到来を警戒するあまりに，他者とのつながりを求める人間の本源的な要求を部族社会の情緒という蔑称で呼びつつ一蹴したハイエクの議論は……人々の孤独感を悪化させるだけであるにちがいない[79]。」他者へのつながりを絶つ，それは他者への関心の低さを意味しており，そこには他者の福利への関心のなさを読み取ることができるかもしれない。

　山中氏は言う。「ハイエクの時代には考えられなかったほどに市場原理がその論理を徹底させている現在，市場競争のもたらす結果が努力と徳性とに必ずしも関係しないことをあまりにも冷めた調子で説くと同時に，他者との情緒的なつながりを求める人間の本源的な要求を極度に警戒するハイエクの所説は，そのままの形でわが国に適用することは却って危険であろう[80]。」山中氏はハイエクを評価しつつも，市場競争のもたらす結果に対する冷たすぎる言動と他者への関心の低さに，ハイエクの所説の欠陥をみているように思える。市場原理主義の弊害がハイエクと結びつけられて，一般的には報じられているが，そのようなことはないというのが山中氏の立場である。しかし，市場原理主義のもたらす現実を容認しかねないハイエクの言動に，ハイエクに学ぼうとする山中氏ですら懸念をいだいているのがわかる。また，必要最低限の社会的安全網

第1章　グローバリズムとハイエク，ラスキ，マクファースン

の整備を政府の重要な役割であるとハイエクは唱えたとあるが，このような
セーフティネットとして，ハイエクがどの程度のものを考えていたのか，国民
が安心しても足るようなものを考えていたのか，それとも極めて不十分なもの
を考えていたのか，今後検討してみる必要がある。

　なお，山中氏が述べているが，今日，市場経済なしにわれわれはやってゆく
ことはできないのも事実である。

　多種多様な需要にきめ細かく対応できる分権的な市場メカニズムのすばらし
さを説いたハイエクの市場論には，山中氏とともに，われわれも学ぶべき点は
あるだろう[81]。

第5節　お わ り に

　グローバル経済，市場原理主義の弊害から抜け出す方法があるかについて，
ラスキ，マクファースンの対案を最後にみておきたい。

　ラスキは計画社会の採用を主張し，ハイエクから隷属への道であると批判さ
れたが，ラスキは，必ずしも市場，個人的自由に対して否定的ではない。多元
主義者であるラスキは，産業社会に対する画一的な国家統制を課すソ連型の国
家社会主義（全生産手段の国家所有という一元的所有形態）にはむしろ批判的
である。生存に不可欠の商品の生産については基幹産業の国有化をラスキは提
唱するが，生活に彩りを与える商品の生産については共同消費組合，高級商品
の生産については私企業の併存を主張している。このような生産管理における
多様性の確保，つまり市場経済を前提にした商品の生産の主張は，各人が果た
す社会的機能に基づいた受け取る報酬の差異の許容というラスキの主張とあい
まって，生産性・技術革新の確保，個人的自由の開花に対する彼の配慮である
といえよう[82]。ソ連，東欧の社会主義の崩壊は，市場に対する無理解から生じ
ている。今後考えるべきどのような改革案であっても，市場を前提とするもの
でなければならないだろう[83]。なお，ラスキの基幹産業の国有化の主張である
が，1990年代にイギリス労働党の綱領とも言われる国有化条項が削除された理

由をふまえて，その点は割り引いて評価されるべきであろう。

　明白な人道を名とする新しい干渉主義，これはT.H.グリーンが提唱したものである。自由主義の観念に修正を加え，積極国家，社会奉仕国家が出現するに至った。この出現に大きな影響を与えたのは，グリーンであり，ジョン・スチュアート・ミルである。彼らの思想を，ロック以来のヨーロッパ自由主義に対する対案として，ラスキは期待していたが，ここに，今日の市場原理主義弊害克服のヒントをみることができるだろう。

　ラスキは，現代資本主義国家には二面性があるが，そのなかの共同・社会的機能を重視すべきであると考えていた。グリーンにならって，国家の機能は，市民の権利の体系を保障することであるとした。また，別の表現を使って，消費者・市民としての利益を保障することであるとした[84]。その例として，教育，公衆衛生，住宅などの提供整備，秩序の維持，経営が公共の利益にとって有害なものとなる点での諸職業の管理を[85]，ラスキは国家の重要な役割として挙げている。赤裸々な市場原理主義のおぞましさがみられる今日，ラスキの国家の共同・社会的機能重視の姿勢に学ぶべき価値があると私は考える。

　次にマクファースンである。彼によれば，西欧の個人主義は単一の概念ではなく，二つの個人主義の伝統があり，併存して今日に至っている。一方の極に，ホッブスからベンサムまでの個人を本質的に効用の極大化消費者とみる見解がある。他方の極に，J.S.ミルとT.H.グリーンにみられるように，個人を本質的にその人間的な潜在的諸力の行使者とみる見解がある。前者は所有的個人主義であり，後者は発展的個人主義である[86]。自由民主主義のジレンマは，所有的個人主義の根強さにある。このマクファースンの考えを，1980年代以降に適用すれば，今日の自由民主主義諸国の市場原理主義の弊害は，所有的個人主義の根強さにあるということになると私は考える。マクファースンのカナダトロント大学の同僚であるC・ベイによれば，古くはロックやベンサムの著作にみられ，現在ではハイエクなどの著作にみられる「所有的個人主義」は，人間の基本的欲求と矛盾をきたしている[87]。このような所有的個人主義ではなく，発展的個人主義の側に立脚することが望まれるとマクファースンは主張したが，

第1章　グローバリズムとハイエク，ラスキ，マクファースン

そこに，今日のグローバリズムの弊害から脱却するヒントがあるように私には
思える。

　マクファースンは理想とする民主主義社会を築くために，「人の力」の減少
をもたらす所有的市場社会を否定している。この点については異論があるだろ
う。『社会主義の民主的再生』を書いたセルツキーによれば，市民的自由，政
治的自由などの個人的自由は，市場社会が機能してはじめて開花するものであ
る。したがって，市場社会を否定すれば，個人的自由を市民は享受できないこ
とになる[88]。ここでマクファースンが否定しようとした市場社会が一体何であ
るかが問題となる。

　この点に関して，マクファースンの弟子でトロント大学のカニンガム教授も，
1994年出版の著書のなかで，同じ疑問を提示している。「マクファースンは，
自ら市場社会と呼称した社会，すなわち，自らと他人の能力を売買可能な商品
であると考えさせるような文化をもった社会，これを強く批判しているが，市
場経済をどのようにとらえていたかという点では，不明確なものがある。社会
主義的統制経済が失敗したことは明らかであるから，市場経済について，何ら
かの立場がしめされなければならないし，また経済市場の余地が，資本主義の
オールタナティブにあっても保持される必要にある。だから，どのように，ま
たどの点で，社会主義経済と市場との折り合いをつけるかをめぐって，目下，
重要な論争が繰り返されているのである[89]。」

　カニンガム教授は，以上の論点について，2007年に来日した際に，次のよう
に論を進め，国際シンポジュームで発言している。「ソビエト型の計画経済化
の失敗が，競争的市場が効率的な現代経済にとって欠かせないものであるとい
うことを証明したとすれば，マクファースンの市場に対する敵対は，所有的個
人主義と市場との結びつきについての彼のテーゼを弱めない方法で，再構築さ
れなければならない。……市場経済と市場社会とは区別することが必要である。
マクファースンもそのことを受け容れている。市場取引の実質的役割を担って
いる経済は，それ自体有害ではない。所有的個人主義の文化を基礎とするよう
な市場社会を，市場経済が引き起こすとき，それは有害となる。人々が自己中

27

心的な行動に走るのは，まさかのときに助けてくれるような社会的施策がないという恐怖からである。……市場経済の不安定性は，人々が自己の諸才能を十分に活用することができるという意味で，生きがいのある生活を追及することを，損なわせてしまう。この状態では，金持ちになることが，有意義な活動にとって代わり，生活の目標になってしまう。……やがて，財の蓄積を美徳とみなすようになる。市場経済における生活と労働は，少なくとも最悪の不安定状況から解放されるべきである。このことは，マクファースンの全体的なアプローチとは矛盾なく受け容れられる理由でもある。彼の思考に修正が必要とすれば，福祉国家に対する消極的な承認を緩和させることぐらいだろう。マクファースンが望んだ以上に，より社会民主的な方向で彼の思想を解釈することであろう。……生活を持続的に維持できる環境を守るために，適切な市場行動に向けた厳格な規制が欠かせない[90]。」国有化，計画経済が破綻した現在においては，市場経済を欠かすことはできない。しかし，それは，貪欲，商業主義，財の蓄積が美徳となるような市場社会に陥ってはならないということであろう。そのためには，市場への規制と人々に安心を与える社会政策の必要性であろうという主張である。この点が新自由主義への対案といえよう。

　カニンガム教授によれば，マクファースンは，所有的個人主義ではなく，発展的民主政に基づく社会を目指していた。浪費的な生活を人々が送らないということを唱道するだけでなく，そのような生き方を恐怖に満ちた所有的個人主義の選択肢に代わる魅力的な生活モデルとして，マクファースンは描いていた[91]。ここに，新自由主義の現実から脱却する重要な鍵をみることができるであろう。マクファースンは，現代資本主義国家の役割として，逆多元主義（逆プルーラリズム）を指摘している。国家は個々の特定の資本に対して，利益を削減したり，撤去したりする能力によって，資本を多元化している[92]。このような相対的自律性の強化をマクファースンは求めていた。

　1987年にマクファースンは亡くなった。東欧，旧ソ連の本格的な市場経済化，また世界的なグローバル経済化が始まる前である。その後のグローバル経済化のなかで，共産主義に勝ったという西欧のおごりがあったが，2000年代の現在，

第1章　グローバリズムとハイエク，ラスキ，マクファースン

「共産主義に勝ったという西欧のおごりが静まりつつある。諸国間の富の不平
等の拡大，貿易戦争の脅威，地球環境の悪化などの問題が台頭している[93]。」
J.タウンシェンドによれば，「われわれがグローバル資本主義世界に生きてい
る以上，マクファースンの著書はより大きな適切性を示している[94]。」「われ
われがマクファースンの生きた時代よりも，資本主義的民主主義の世界に生き
続ける以上，彼が注目した関心を忘れるべきではない[95]。」

　現在はより人間らしい資本主義が求められていると考える。ここで，「品位
のある資本主義」「優しい市場主義」を目指す欧州の例を紹介したい。福島清
彦氏によれば，アメリカの市場原理主義に対して，欧州は市場を活用し，経済
成長と平等・持続可能性を両立できるような社会的市場経済を目指している。
「福祉費用の増大は，企業に高コストと競争力の減退をもたらす。EUの政策
責任者はそのことを百も承知で，あえて福祉と競争力の二兎を追っている。競
争力回復のため，人員整理という安易な方法に頼らず，教育の充実と研究開発
の強化で人の質を向上させるという……王道を行く方法を唱える[96]。」さらに
続けて，「必要な場合は，市場経済の作用を抑制し，政府の力と国際協力で
『人に優しい資本主義』を実現していこうとする[97]。」

　さらに詳細に，福島氏は次のように述べる。「①市場原理を社会のあらゆる
領域へ無制限に適用していくと，社会不安が増大し，治安の維持に巨大な費用
を支払わなければならなくなる。市場原理の下では貧富の格差が拡大し，対立
が激化，犯罪が増大するからである。市場原理だけで政策を運営しようとする
と，投資者に直接のリターンをもたらさない社会的諸基盤……に投資が行われ
ない。このため，公共交通手段は荒廃し，普通教育の水準は低下する。……市
場原理を無制限に適用するのではなく，利口に活用することが必要である。②
市場は非市場制度を利用することによってのみ機能するものなので，市場を活
用するためにも非市場制度を注意深く守り，育成していくことが必要である。
労働力を生み出す家庭や教育機関，地域共同体，キリスト教会などの宗教団体
を，市場自身が作り出すことはできない。個人の精神生活を律する倫理や価値
観は非市場制度の中から生まれるものである。このため，市場がその機能を健

29

全に発揮するためにも，非市場部門を意識的に擁護し，育成していかなければ
ならない。③相当な競争力があり，比較的平等で……安定した資本主義社会を
作っていくことは十分可能である。ヨーロッパ各国はそのような，人間の顔を
した資本主義社会を作ろうとしてきたし，今後もそのような社会を発展させて
いくべきである。④株主利益極大化のためだけに経営している企業は，新技術
と新製品開発のための先行投資を怠り，顧客に対する安定した良質なサービス
の提供が続けられなくなり，やがて競争力を失う恐れがある。社会全体として
も同じことがいえる。市場原理を暴走させている社会は……人々がつねに不安
に怯えるようになる。そのような社会は魅力ある快適な社会とは言えない。
……政府はただ小さくすればよいものではなく，知恵のある強力な政府が社会
の安定と発展のために指導力を発揮していかなければならない。⑤……各国経
済の結びつきが緊密化していく時代にこそ，非市場部門を大切にし，福祉を重
視するヨーロッパ型資本主義を堅持していかなければならない[98]。」

　また，カニンガム教授の議論に戻る。「資本主義市場のグローバル化によっ
て，ひとつの国民的レベルで，その否定的な諸次元と戦うことが困難になって
きている。その理由は，資本主義企業が国民空間にもはや存在しないというこ
とではなく，被用者が給料や労働条件について改善しようとすると，あるいは，
減税志向の新自由主義政府によって縮小，削減される公的サービスをとり戻そ
うとすると，仕事のアウトソーシング化，資本の海外逃避，WTO，あるいは
私が居住しているアメリカ大陸の北米自由貿易協定といった国際的貿易機関の
制裁に直面することになるからである。もちろん，世界革命がそのための解決
の手段であると言う人もいるだろうが，社会主義革命の理念が今日よりも一般
的に民衆の支持を集めていたときですら，それは現実的な選択肢ではなかっ
た[99]。」「グローバル市場の国際的な規制の強化のために，超国家的な組織が
必要であろう。そのリーダーたちは，一般的に人類の幸福のために，市場をう
まく手なづけ，そうすることに成功するであろうと期待される[100]。」マクファー
スンもその方向を支持したにちがいないとカニンガム教授は述べる。つまり，
ひとつの国民的レベルの解決を超えており，世界的な解決が求められるという

30

第1章　グローバリズムとハイエク，ラスキ，マクファースン

ことであろう。

　最後に，ヘルドの文章を紹介し，終わりにしたい。「社会民主政とは，国民国家のレベルに即してみると，自由市場を維持しつつも，価値と制度を共有しうる実践的枠組みを求めるものである。また，グローバルなレベルに即してみると，市場の開放と貧困緩和プログラムとの統一を，また，世界中の弱者の直接的な保護を目的とした経済アジェンダを追求するものにほかならない。経済成長は，人間開発を期すという点では強力な誘因となりうるとしても，無規制の経済成長は既存のルールやグローバル経済の強力な利益層に追随するものに過ぎず，万人の繁栄には結びつきえない。経済成長は目標の手段であって，目標自体ではありえない[101]。」

　「公正な貿易ルールの協定と金融の安定化から飢餓と環境破壊の防止に至るまで，国際的・超国民的な協力と共同をもって持続的に対処すべき様式が強く求められている。この点で，グローバル社会民主政という構想が法の支配を国際レベルで確立するための基盤であると考えられうることになる[102]。」つまり，社会民主政とグローバルな取り組みの必要性が高いということである。効率性，市場経済を前提としつつも，国内だけではなく，グローバルな社会民主政の形成が求められているということである。

注
(1)　山中　優『ハイエクの政治思想』勁草書房，2007年，3頁。
(2)　F.A.ハイエク著，西山千明訳『隷属への道』春秋社，1992年。
(3)　石上良平「個人的自由と社会的統制」『思想』1950年9月，45，48頁。
(4)　F.A.ハイエク著，嶋津　格訳『ハイエク，ハイエクを語る』名古屋大学出版会，2000年。原著は1994年に出版されている。
(5)　同書，65頁。
(6)　同書，77頁。
(7)　同書，73-74頁。
(8)　同書，75頁。
(9)　同書，76頁。
(10)　この点については，拙著，小松敏弘『現代世界と民主的変革の政治学―ラスキ，マクファースン，ミリバンド―』昭和堂，2005年，251-279頁に記載されている。

31

⑾ ハイエク『ハイエク，ハイエクを語る』78頁。

⑿ 小松，前掲書，402 - 403頁参照のこと。

⒀ ハイエク『ハイエク，ハイエクを語る』81頁。

⒁ ハイエク『隷属への道』170 - 171頁。

⒂ Laski, H.J., *The Foundations of Sovereignty and Other Essays* (New York： Harcourt, Brace and Co.,1921), p.87. 自由を平等の文脈でとらえるべきであるというラスキの主張については，小松，前掲書，28 - 33頁を参照のこと。

⒃ ハイエク『隷属への道』272 - 274頁。

⒄ 小松，前掲書，36頁を参照のこと。

⒅ 小松，同書，36頁を参照のこと。

⒆ Macpherson, C.B.,*The Political Theory of Possessive Individualism*： *Hobbes to Lock* (Oxford：Oxford University Press, 1962). 藤野　渉・将積茂・瀬沼長一郎訳『所有的個人主義の政治理論』合同出版，1980年。

⒇ Laski, H.J., *The Rise of European Liberalism* (New Brunswick and London： Transaction Publishers, 1997), Originally published in 1936 by George Allen ＆ Unwin Ltd. 石上良平訳『ヨーロッパ自由主義の発達』みすず書房，1953年。

(21) *Ibid.,* pp. 11 - 19. 石上訳，1 - 9頁。

(22) *Ibid.,* p.25. 石上訳，15 - 16頁。

(23) *Ibid.,* pp.28 - 29. 石上訳，18 - 19頁。

(24) *Ibid.,* p.116. 石上訳，112頁。

(25) *Ibid.,* p.117. 石上訳，113頁。

(26) *Ibid.,* pp.117 - 118. 石上訳，114頁。

(27) *Ibid.,* p.153. 石上訳，152頁。

(28) *Ibid.,* pp.155 - 156. 石上訳，154 - 155頁。

(29) *Ibid.,* p.159. 石上訳，159頁。

(30) *Ibid.,* p.160. 石上訳，159 - 160頁。

(31) *Ibid.,* p.195. 石上訳，197頁。

(32) *Ibid.,* pp.195 - 196. 石上訳，198頁。

(33) *Ibid.,* pp.240 - 241. 石上訳，247 - 248頁。

(34) Macpherson, *The Political Theory of Possessive Individualism, op.cit.,* p.200. 藤野・将積・瀬沼訳，229頁。

(35) *Ibid.,* p.200. 藤野・将積・瀬沼訳，229頁。

(36) *Ibid.,* p.202. 藤野・将積・瀬沼訳，230頁。

(37) *Ibid.,* p.201. 藤野・将積・瀬沼訳，229頁。

(38) *Ibid.,* p.201. 藤野・将積・瀬沼訳，229頁。

(39) *Ibid.,* p.201. 藤野・将積・瀬沼訳，230頁。

(40) *Ibid.,* p.202. 藤野・将積・瀬沼訳，231頁。

(41) *Ibid.,* p.204. 藤野・将積・瀬沼訳，232頁。

(42) *Ibid.,* pp.212 - 213. 藤野・将積・瀬沼訳，240頁。

第1章　グローバリズムとハイエク，ラスキ，マクファースン

(43)　*Ibid.*, pp. 214－215. 藤野・将積・瀬沼訳，242頁。

(44)　*Ibid.*, p. 217. 藤野・将積・瀬沼訳，245頁。

(45)　*Ibid.*, p. 221. 藤野・将積・瀬沼訳，248頁。

(46)　*Ibid.*, pp. 270－272. 藤野・将積・瀬沼訳，304－306頁。

(47)　Macpherson, C.B., "Pluralism, Individualism, and Participation," *Economic and Industrial Democracy*, Vol. 1, 1980, p. 25.

(48)　*Ibid.*, pp. 25－26.

(49)　Macpherson, C.B., *The Real World of Democracy* (New York：Oxford University Press, 1966), p. 66. 粟田賢三訳『現代世界の民主主義』岩波書店（岩波新書），1967年，159頁。

(50)　*Ibid.*, p. 55. 粟田訳，131頁。

(51)　Macpherson, "Pluralism, Individualism, and Participation," *op. cit.*, pp. 21－22, 25.

(52)　暉峻淑子『格差社会をこえて』岩波書店（岩波ブックレット），2005年，28頁。

(53)　橋木俊詔『格差社会』岩波書店（岩波新書），2006年，12－14頁。

(54)　同書，14頁。

(55)　同書，23－25頁。

(56)　同書，40頁。

(57)　同書，54－55頁。

(58)　同書，56－57頁。

(59)　暉峻，前掲書，50頁。

(60)　橋木，前掲書，59－62頁。

(61)　同書，63頁。

(62)　森岡孝二『働きすぎの時代』岩波書店（岩波新書），2005年。

(63)　同書，24－45頁参照。

(64)　同書，47－49頁。

(65)　同書，35－36頁。

(66)　同書，37－38頁。

(67)　同書，112－114頁。

(68)　山中，前掲書，2頁。

(69)　同書，3頁。

(70)　同書，3頁。

(71)　同書，4頁。

(72)　同書，195頁。

(73)　同書，195－196頁。

(74)　同書，196頁。

(75)　同書，196－197頁参照。

(76)　同書，201頁。

(77)　同書，206頁。

⑺ 同書, 207頁。

⑺ 同書, 208頁。

⑻ 同書, 210頁。

⑻ 同書, 210頁参照。

⑻ Laski, H.J., *A Grammar of Politics* (5th ed., London：George Allen and Unwin Ltd., 1967), pp.195－202. 日高明三・横越英一訳『政治学大綱』上巻, 法政大学出版局, 1952年, 282－290頁。以下 *GP* と略称。Zylstra, B., *From Pluralism to Collectivism：The Development of Harold Laski's Political Thought* (Assen：Van Gorcum and Comp, N.V., 1968), p.102. このあたりのラスキの所説の紹介は拙著に記載されている。小松, 前掲書, 28－32, 398頁。

⑻ 小松, 同書, 397－398頁。

⑻ *GP.*, pp.77, 91. 日高・横越訳, 119, 140頁。

⑻ *Ibid.*, p.75. 日高・横越訳, 117頁。ラスキの指摘した現代資本主義国家の二重性の紹介については, 拙著に記載されている。小松, 前掲書, 54－60頁。

⑻ Macpherson, C.B., "Pluralism, Individualism, and Participation," *op.cit.*, pp.21－22, 25.

⑻ C・ベイ著, 内山秀夫・丸山正次訳『解放の政治学』岩波書店, 1987年, 11－48頁。

⑻ R・セルツキー著, 宮鍋 幟・西村可明・久保庭真彰訳『社会主義の民主的再生』青木書店, 1983年, 197－198, 242頁。マクファースンと市場経済の問題については, 次の拙著に記載されている。小松, 前掲書, 86－88頁。

⑻ Cunningham, F., *The Real World of Democracy Revisited* (New Jersey：Humanities Press, 1994), pp.7－8. 中谷義和訳『現代世界の民主主義』法律文化社, 1994年, 12頁。

⑼ Cunningham, F., "The Age of Globalization：The Democratic Theory of C.B.Macpherson" (Prepared for the session on Globalization and Democracy, Institute for Human Studies, Ritsumeikan University, June 22, 2007). この報告ペーパーは, 立命館大学人文科学研究所紀要90 (2008年 3 月26日発行) に掲載されている。ソ連型計画経済の失敗に始まる文章, 市場経済, 市場社会に関する記述は, 同紀要, 11－13頁。下記の中谷氏の訳文も多少参考にしている。なお, カニンガム氏の報告ペーパー, つまり講演論文は同紀要 1 －18頁に, 中谷義和氏による訳文は, 同紀要19－35頁に掲載されている。カニンガム氏は, 別の論文のなかでも, 市場経済と市場社会について論じている。「不安定性, または恐怖, これが所有的個人主義の文化にとって決定的要素である。そのことを想起して下さい。この文化は, 利己性, 私的所有への固執, 商品に対するフェティシズム, 消費主義, 貪欲によって, 特徴づけられている。消費主義と富に対する貪欲さは, 市場経済の不安定さの大きな産物であると私は推察する。ヘーゲル主義的な言葉で表現すれば, 恐怖こそが貪欲さの真相なのである。」Cunningham, F., "Market Economies and Market Societies," *Journal of Social Philosophy*, Vol.36. No.2, Summer 2005, p.135. さらに, カニンガム氏によれば,「恐怖なき市場社会にするには, 保証年間所得, 職業の創造と訓練を通じた

第1章　グローバリズムとハイエク，ラスキ，マクファースン

完全雇用，十分な健康と介護のためのプログラムなどが必要であろう。……ある経済市場のための余地を維持しながら，所有的個人主義の文化を養成することを抑えるのに必要な構造的装置（福祉資本主義的な，あるいはより社会主義的な選択肢）が何であるかについて，私は問うてみたい。」*Ibid.*, p. 137.

⑼ Cunningham, "The Age of Globalization : The Democratic Theory of C.B. Macpherson," *op.cit.*, 前掲紀要，16頁。

⑿ Macpherson", C.B., "Do we need a Theory of the State ？," (1977) in Macpherson, *The Rise and Fall of Economic Justice and Other Essays* (Oxford : Oxford University Press, 1985), p. 71.

⒀ Townshend, J., *C.B.Macpherson and the Problem of Liberal Democracy* (Edinburgh : Edinburgh University Press Ltd, 2000), p.vii.

⒁ *Ibid.*, p.ix.

⒂ *Ibid.*, p. 160.

⒃ 福島清彦「欧州に学ぶ『優しい市場経済』」『エコノミスト』2006年4月25日号所収，26頁。

⒄ 同書，27頁。

⒅ 福島清彦『ヨーロッパ型資本主義』講談社，2002年，17－19頁。

⒆ Cunningham, "The Age of Globalization : The Democratic Theory of C.B. Macpherson," *op.cit.*, 前掲紀要，11頁。

⒇ 同紀要，15頁。

(101) D・ヘルド著，中谷義和・柳原克行訳『グローバル社会民主政の展望』日本経済評論社，2005年，xxi。

(102) 同書，30頁。

35

第2章

グリーン・リベラリズムと
C.B.マクファースン
―地球環境問題を中心に―

第1節　はじめに

　C.B.マクファースンが亡くなったのは，1987年である。この年に，国連の
「環境と開発（発展）に関する世界委員会」（通称ブルントラント委員会）が，
「持続可能な開発」を中核的理念とする報告書を提出した。この理念は，その
後，1992年の国連環境開発会議（国連地球サミット）における「環境と開発に
関するリオデジャネイロ宣言」に受け継がれていく。

　マクファースンが晩年を過ごした1980年代は，地球環境問題がすでに深刻な
問題としてクローズアップされていた。酸性雨による森林の破壊（1981年，西
ドイツのシュピーゲル誌による「森の死」の報道），フロンガス等によるオゾ
ン層の破壊（1985年，南極上空におけるオゾンホールの発見），二酸化炭素に
よる地球温暖化が進行していた。このような地球環境問題の深刻化にさらに拍
車をかけたのが，1980年代から始まったグローバル資本主義の席巻である。

　マクファースンは，グローバル資本主義が支配的となっていく自由民主主義
体制の変革を提唱し続けたが，なぜか地球環境問題に対しては，それに真正面
から取り組み，解決策を積極的に提示しているようにはみえない。むしろ，テ
クノロジー中心主義で，地球環境問題の解決には不熱心であるように受け取ら
れている。

37

本章では，先ず，マクファースンのテクノロジー論に対するいくつかの批判論を紹介し，検討した上で，マクファースンにはそもそも地球環境保護論なるものがあるのかを明らかにしたい。マクファースンが地球環境保護について直接的に言及している記述だけではなく，一見すると関係しないようにみえる間接的な記述も取り上げながら，彼の地球環境保護論を詳細に分析していきたい。その保護論は独特なものであるのか，80年代よりもさらに地球環境悪化が危機的状況になった今日においても，有効なものであるのかもあわせて検討することにする。

第2節　マクファースンに対する批判論

　西尾敬義氏は，マクファースンのテクノロジー論に対して，「われわれはそのやや楽観主義的な傾向を指摘することができよう」と述べている[1]。「マクファースンのテクノロジー論には，テクノロジーのネガティヴな影響を被ることなく，あるいはそれを克服しつつ，そのポジティヴな影響を享受するにはどのようにしたらよいのか，という肝心要の問題についての具体的な考察が欠落している[2]。」その上で，西尾氏はマクファースンのテクノロジー論について痛烈な批判を展開しているホア・ヨイチュンの議論を注目に値するものとして，紹介・コメントしている[3]。

　『C.B.マクファースンと自由民主主義の問題』の著者，ジュールズ・タウンゼンドによれば，「エコロジカルな批判者たちは，特に環境問題において，マクファースンのマルクス主義的類似性を，特にその生産主義的傾向を，問題であるとみていた。彼らは論じているが，マクファースンの著作は，増大する地球的規模の環境危機を真面目に受け止めようとする意識を欠いており，彼の民主主義理論にとってのその意義を欠落していた。このことを，ヨイチュンは，マクファースンの『科学主義』『テクノロジー中心主義』のせいであると考えた。……ウイリアム・ルイスは，マクファースンのエコロジー上の配慮不足を，最初に彼が1930年代に発展させた見方であるが，世界を二つに区分する見方，

第2章　グリーン・リベラリズムとC.B.マクファースン─地球環境問題を中心に─

つまり資本主義対社会主義の対立によって分裂した世界という観点で世界をみる見方に原因があるとみなした[4]。」

　マクファースンの弟子のフランク・カニンガムも、「マクファースンを技術中心的進歩の生産主義的信奉者であると批判するものもいる」ことを認め[5]、その一例として、ウイリアム・ルイスの『C.B.マクファースン─自由主義と社会主義のジレンマ』（1988年）を挙げている[6]。

　それでは、これから、マクファースンのテクノロジー論、エコロジー論について痛烈な批判を展開しているホア・ヨイチュンの議論を、詳細に紹介していきたい。

　ヨイチュンは「民主主義的存在論とテクノロジー　─C.B.マクファースン批判」（1979年）のなかで、論を展開している。少し長くなるが、引用していく。

　「われわれの議論に関連したさらなる主題は、非西欧世界におけるテクノロジー革命に関連して、『テクノロジーが存在論をアシストする』というマクファースンの所説から明確に現れた見解、つまり存在論に関するテクノロジーの役割についてのマクファースンの見解である。確かに、テクノロジーは資本主義社会の発展がさらなる成熟さに達するために大いに貢献したとマクファースンは認識している。彼が最も関心を示したものは、人間の新しい存在論の発展における無限の領有者、無限の欲求者、無限の消費者、稀少性の無限の相殺者としての人間の見解の放棄である。テクノロジーの援助をもとに、『人間の本質の市場的概念の放棄は……今日技術的にも論理的にも可能である』とマクファースンは主張している。『しかし、ひとつ大きな困難が存在する』と、彼は続けて言う。『西欧諸国におけるテクノロジー革命は、現在の市場構造、現在のイデオロギーの枠のなかで発展を許されるとしたら、消費をより魅力的なものにすることによって、無限の消費者としての人間のイメージを強化するという直接的な効果をもたらすことになろう。テクノロジーが生産性を増加させるにつれて、利潤のあがる生産は新しい諸欲求、新しい欲求の量を必要とするであろう。……利益はさらなる欲求の創造にますます依存するようになるので、無限の欲求者としての自己自身についての西欧的な人間のイメージを強固なも

39

のにするために，生産手段の管理者がその権力で何もかもなす傾向にあったといえる。その方向での努力は，今日マス・メディアで十分に明らかになっているところである。このように西欧においては，テクノロジー革命の直接的効果は，そうでなければ可能であったわれわれの存在論における変革であり，かつ私がかつて論じたことであるが，自由民主主義の諸価値のいくらかをわれわれが保持しているのであれば必要とされる存在論における変革を，妨げることになったであろう[7]。』」

　このように，ヨイチュンはマクファースンのテクノロジー論を紹介した上で，これを批判していく。マクファースンのテクノロジー論は，無条件ではなく，前提条件つきのテクノロジー礼讃であり，ある程度の抑制がきいたもののように私にはみえるが，これを容赦なく激烈にヨイチュンは批判していく。その批判は次の通りである。

　「テクノロジーが西欧における人間の新しい存在論の発展を妨げているとするマクファースンの観察は，重要ではあるが，テクノロジーの最も基本的な諸側面のいくつか，および今日の人間に対するその悪影響に，立ち向かうことに，マクファースンは失敗している。彼は人間の社会的諸関係，およびマルクス主義的意味における自然に対する人間の統制の手段としてのテクノロジーにこだわり続けているので，他人に対する人間の操作の道具としてのテクノロジーに彼は無頓着である。政治的近代化の研究者たちは，自然に対する支配力に賛成して，人間に対する支配力を常に無視すると，マクファースンは確かに指摘しているし，人間的発展の緊要の問題により多くの注意が与えられるなら，救済策を見出すことができると示唆している。しかし，マクファースンはテクノロジーの否定的影響，あるいは人間的発展に対するその抽出力，すなわち技術中心文化の反人間主義的傾向を考察していない。この怠慢は，テクノロジーが市場社会だけではなく，非市場社会の抽出的力の道具であるので，なおさら深刻である[8]。」

　マクファースンは6分の5マルクス主義者と言われたが，彼が技術中心文化を受け容れる傾向は，マルクス主義に由来するものではないかとして，ヨイ

チュンは以下のように分析をしている。

　「現代の技術中心文化においては，マルクスの精神に則って，マクファースンが示唆したように，テクノロジーは存在論をアシストするというよりも，テクノロジーは存在論を吸収し尽している(9)。」マーティン・ハイデッガーの言葉を引用しながら，ヨイチュンはその理由を続ける。「というのは，人工的なものの消耗，消費，変化において，地球を食い尽くすのはテクノロジーであるからである。テクノロジーはその可能性の発達した領域を超えて，もはやひとつの可能性もないようなものへ，さらに全く不可能といえるようなものへと，地球を駆り立てている(10)。」マルクスの自然概念，マルクスのテクノロジー思想に関するいくつかの研究書に依拠しながら，ヨイチュンは言う。「自然の人間化と人間の自然化の統一に基づいた将来の社会について，若き人道主義的なマルクスが語るとき，彼は人間と自然との調和を唱道していたけれども，その後のマルクスは，後退して，彼が構想した新しい社会が外的な自然の犠牲の上で人間を利するような人間中心主義で功利主義的見解を取るようになった。……マルクスにとって自然はあらゆる考えられる消費財の物質的基礎として万人の役に立ち得るものである。結果として，自然は巨大な便利なものに転換する。人間の運命を改善する道具としてのテクノロジーに対するマルクスの楽観論のゆえに，彼は自然の反乱，しっぺ返し，つまりテクノロジーの人間に対するブーメラン効果に気づいていなかった(11)。」ヨイチュンは続けて言う。「今日の批判的理論家たちは―その思想がマルクスの人道主義の遺産に深く根ざしている人たち―マルクスの人間と自然との見解について益々疑念を感ずるようになっており，産業上発達した社会における技術中心的合理主義の抽出的力に焦点を当ててきている。テクノロジーがわれわれの時代の形而上学であり，抽出的力のひとつの重要な要素となっているとき，その問題は，資本主義対社会主義という狭いイデオロギーの境界を超えている(12)。」

　ヨイチュンは西欧の代表的思想家，J・ロック，J.S.ミルとテクノロジーとの関係について考察している。「ロック流の自由主義のイデオロギーは，テクノロジー文明のエートスを促進している。人間の労働と産業による自然の征服と

否定に基づいて，マクファースンが述べているように，無限の領有者，欲求者，消費者である獲得的経済人からなる社会をそれは造りあげている。ロックにとって，私的財産の蓄積は，その保護が市民政府の唯一の機能であるが，生活の安寧と幸福を増大させることである。……『経済学原理』（Principles of Political Economy, 1848年）において（マルクスの『資本論』の19年前に出版されているが），ジョン・ステュアート・ミルは……獲得社会を軽蔑し，富の無限のらせん上昇を軽蔑し，政治経済の『定常（停止）状態』の思想を推進した。彼の時代の獲得社会の精神に反対しながら話を続けている。……ミルは時代にかなり先んじた人物であった。有限の惑星としての地球の概念に基づいてというよりもむしろ，人道主義的，功利主義的倫理に基づいて，『非成長経済』の理念を彼は正当化したのであるが，彼はそのような理念の創設の父とまさに呼ぶことができよう[13]。」

　マクファースンは，無限の領有者を基調とするロック流の自由主義を批判することで，論壇にデビューした人物であるが，以上のように，ヨイチュンが，ロックを批判するという点では，マクファースンと同様であるといえる。非経済成長の理念を正当化した思想家として，ジョン・ステュアート・ミルを，ヨイチュンが評価している点は，注目に値するといえる。なお，この非経済成長という理念は，「おわりに」のところでも，スティーブンズの議論として紹介することになる。

　ヨイチュンは，カナダの哲学者で社会主義者のチャールズ・テイラーを引き合いに出しながら，次のようにマルクス主義の環境に対する配慮のなさを指摘している。「生産的，産業的，テクノロジー上の発達至上主義の正統的マルクス主義神学を終結させるであろうような社会主義の創造的・人道的目的を，テイラーは強調している[14]。」

　以上のように，思想史上の分析を行った上で，ヨイチュンは，マクファースンの存在論，テクノロジー論を鋭く批判する。「マクファースンの民主主義的存在論において，テクノロジー，稀少性，所有権は，所有的個人主義としての自由主義に反対する相関関係にある概念である。彼にとって，テクノロジーは

第2章 グリーン・リベラリズムとC.B.マクファースン―地球環境問題を中心に―

存在論をアシストするので，テクノロジーは稀少性を除去し，充分に人間的に
なることに役立つものである。われわれの時代のテクノロジー革命は，無限の
領有者，欲求者，消費者としての人間についての自由主義的見方を，不必要で，
非現実的にしている[15]。」さらに続けてヨイチュンは言う。「テクノロジーは，
本質的に資本主義でも社会主義でもない。むしろ，両方に役立つものである。
より重要なことは，稀少性を文化的変種としてのみみたり，市場社会の社会的
変種としてのみみたりすることは，有限の地球の経済の具現化されていない問
題として，稀少性をみることを困難にする。結局，このことは，マクファース
ン自身の民主主義的存在論の原理である『生活の特質』を侵害することになる
だろう。現代世界において稀少性は，……多分に社会心理的現象であることは，
疑う余地がなく正しい。……有限の惑星の経済は，人間の基本的ニーズは何で
あるか，それらはどのようにして実現され得るのか，国内において，あるいは
諸国家間のなかで，乏しい資源の公正で公平な割り当ては何であるかという観
点で，生活の特質についての定義づけを，必要としている[16]。」

　ヨイチュンは最後に次のように締めくくっている。マクファースンの理論的
営為の欠陥として，次の点がある。「人間的発展についてのマクファースンの
倫理は，主として人間の社会的諸関係に関わっている。そのことによって，人
間の自然との関係を無視している。……マクファースンは人間と人間との関係，
人間と自然との関係を分離し，テクノロジーをイデオロギー的ではないが，倫
理的に中立的な道具であるとみているので，現代思想の主たる推進力として，
テクノロジーの破壊的，非人間的傾向をとらえることができなくなっている。
……充分に民主的な社会の発展は，われわれの技術中心文化の疎外的，客観的，
抑圧的，破壊的傾向の帰結を斟酌しなければいけない。科学主義の反人間的傾
向を無視するヒューマニズムは，充分に人間的なはずがない[17]。」

　以上のヨイチュンと同様の趣旨の批判を展開している研究者に，ジョン・
キーンという人物がいる。キーンによれば，マクファースンの主張に対する批
判が多い部分は，次の点である。「成熟した資本主義社会における実際上の推
し進められたテクノロジーの発展によって，ヒュームのいう『無限の欲求』に

43

よって駆り立てられた獲得的で競争好きの諸個人の単なる集合体としての人間に関する市場的概念を，最終的には放棄することを可能にするような稀少性後の民主主義の形態がもたらされ，そのことが可能になるという点である[18]。」キーンは言う。「マクファースンによれば，稀少性はこの千年間人類の普遍的な状態であった。豊かな社会は近代以前から存在するという最近の人類学で展開されている洞察を，彼は否定した。マクファースンによれば，稀少性は常に存在していたのであり，近代資本主義の台頭まで，それは恒久的で不可逆的現象として一般的に考えられていた。しかし，三世紀前，市場資本主義の到来とともに，稀少性の現象は，大きな意味の変容を余儀なくされた。人類の恒久的な状態は，生来，および後天的に獲得された無限の欲求との関連でいえば，稀少性の状態であるといえる。自由主義的市場社会の出現の前に，無限の欲求が人間の生来の固有の属性であると仮定する者は誰一人としていなかったことは，確かである。それは，アリストテレスやアキナスの著作にも見出すことはできない，とマクファースンは指摘した。人間の満足は無限の欲求と関連しているので，満足は恒久的に不足しているという見解は，17世紀の資本主義社会においてようやく現れる。この決定的な変化は，ホッブスとロックの著作に見出すことができる[19]。」

　マルクス主義の生産力信奉との類似性についても，キーンは指摘している。「マクファースンの稀少性に関する観察を要約すれば，近代的な生産力の発展を信用している進歩主義者の伝統，物質的稀少性を廃止し，専横な支配や盲目的服従のあらゆる関係を取り壊すことを容易にすることを，損なうような潜在性を持っている資本主義的生産様式を批判している進歩主義者の伝統に，マクファースンの観察はまともに陥ってしまうと指摘するだけで十分であろう。この立場は，社会主義のための潜在的基礎としての資本主義的生産に対する古い共産主義者の信奉を支持するものであった。……このようなテーゼの最も強力な説明は，資本主義的生産諸関係による生産諸力に対する足枷に関する伝統的なマルクス主義的テーゼである。マクファースンの公式化はこのテーゼに密接に類似している。……生産諸力に対するマクファースンの信頼─『資本主義に

第2章　グリーン・リベラリズムとC.B.マクファースン―地球環境問題を中心に―

よってなされた技術的進歩』と彼が呼んだものに対する信頼―はかなり大きい
ものがある(20)。」

　キーンはさらに続けて，マクファースンは自然のしっぺ返しを理解しない人
であると批判する。「マクファースンの物質的豊かさの可能性への信奉は，外
的な自然統御と支配における継続的な進歩という初期の近代的理念に相当する
ものである。……自然の統御における無限の進歩の理念に対するマクファース
ンの擁護は，ある理由から疑わしいといえる。人間の支配に対する自然の服従
は，人間性の民主化の条件であると，彼は考えていた。民主主義の最高の倫理
は，このように要約されるであろう。個人を人間として取り扱う。……モノを
生の原材料，あるいは人間の自己実現の手段として取り扱う。この倫理の人間
中心主義についての今日の重大な疑念が，発生している。テクノロジーのコン
トロールについての人間の力に対して，自然が無理やり従わせられていること
は，人間性に対する自然のしっぺ返しを誘発する証拠が存在するといえる。次
世紀における環境浪費の結果や人間生活への悪影響に対する心配は，ますます
大きくなってきている。ある主要な資源が枯渇するであろう，有害な廃棄物が
われわれの健康に悪影響を及ぼすであろう，気候上の変動が生じるかもしれな
い，という恐れが存在するのは正当なことである。結果的に，稀少性という近
代初期の問題は，廃棄物というグローバルな問題に対する増大する関心に取っ
て代わられる傾向にある(21)。」

　キーンは望ましいあり方として，持続可能な経済という考え方を展開してい
る。「持続可能な経済に賛成する議論は，上記の増大する関心という新しい優
先権に対する……もっともらしい反応である。産業化された社会は，その自然
環境を生活水準の将来の様式を危うくする程度にまで悪化させるので，生態学
上持続可能ではないと言われている。持続可能性は規範的な意味を持った基礎
的な概念である。それは，明日が存在しないかのように，われわれがむこうみ
ずに行動していることに対して警告を発している。それゆえ，生物資源の現代
の消費が，将来の世代が消費の同じ水準を享受できる機会を，減じることがな
いようにするポスト産業経済の様式の必要性を，持続可能性は指し示している。

45

持続可能な経済は，生物資源の消費において世代間の平等に基づくものであろう。われわれはわれわれの先祖から世界を継承し，われわれの子孫からそれを借りている，そのことによって，環境消費の同じ水準がまだ生まれてきていない人々にも利用できるように，むこうみずではない方法で，環境資源をわれわれが生産し消費できるよう求めるという原理を，持続可能な経済は制度化するであろう[22]。」

　さらに続けて，キーンは，マクファースンが環境問題に無理解であるかのように述べている。「マクファースンに反して，われわれすべてを等しくしたのは，核戦争の脅威ばかりではない。大気汚染，水質汚濁，放射能はその影響面で同じ水準の脅威である。それらは国境線を越えて，金持ちにも貧困者にも，権力を持っている者にも持たない者にも同様に，影響が跳ね返ってくる。それらは，森林全体の死が証明しているように，所有権の経済的，審美的価値を引き下げる傾向にある。有害な食糧添加物から核汚染物質，化学汚染物質まで，新しい環境上のリスクの多くは，それらが人間の知覚認識を回避し，場合によっては，広く影響を受けている人々の子孫においてのみ発見可能であるという意味において，目にはみえないものでもある。これらの環境上のリスクの増大する高まりは，われわれがわれわれ自身について，およびわれわれの生物上の環境について，大規模で長期の実験を行っている途上にあることを示唆するものであり，われわれの生産諸力がそれを慎重に行使する義務を負うほど恐怖に満ちたものであることを，示唆するものである[23]。」

　それでは，このような環境問題にわれわれはどのように対処すればよいのか，その処方箋について，キーンは次のように述べる。「民主的な手続きは，意思決定の柔軟性と可逆性の水準を増加させる。その手続きは，学びの増加と試行錯誤の修正を促進する。そのことが，民主的手続きが，複雑で，必ず付随するハイリスク・プロジェクトや組織を，公然とモニターリングし，コントロールし，時には停止させるという仕事に，最も適合している理由である。このハイリスク・プロジェクトや組織の失敗例としては，ボパール，チェルノブイリ，スリーマイル島にみられるように，生態学上，社会的に破滅的な帰結をもたら

46

第2章　グリーン・リベラリズムとC.B.マクファースン―地球環境問題を中心に―

し得るものがあった。民主的な手続きによってのみ，公衆の注目を得るような種類の危険を公然と公平に選択することができ，注意深くそれらをモニタリングすることができ，危険なプロジェクトを管理する責任のある人々を従わせることができる。そのことによって，エラーの可能性を縮減し，大きな誤りの機会を縮小させることができるのである。……科学技術進歩の全能性と便利さへの信仰を伴った無チェックの技術力は，環境問題の範囲の広がりと深刻度の強まりに，その責任の一端がある。したがって，リスクを規定し，縮小させる過程を独占しようとする職業専門家による現在の試みは，プロテスタンティズムに最近改宗したローマ教皇の不謬性の主張と同様に信じがたいものであるといえよう。……民主主義はテクノクラート的な勘違い，思い違いの無比の共済策である。それは環境上の損失に盲目的な政治家や企業家を，有責的にする不可欠の手段である[24]。」

　最後に，キーンはマクファースンについて次のように総括している。感謝という言葉を使用するが，マクファースンには極めて批判的である。「不運なことに，マクファースンは民主的政治の弁護において，特殊な方法で追及することは決してなかった。民主主義を本質的にみることを選択し，自己決定の個人の平和的な解放が倫理的にも実践的にも望ましいという新ロマン主義的概念に，マクファースンは拘っている。それゆえ，彼は，民主主義の偉大な進歩が，民主的手続きの参加者が彼ら自身の決定をモニタリングすることができるようにするのは，ある種の決定作成過程である，ということを理解しようとはしなかった。民主主義は権力の行使をコントロールする自省的な手段である。それは専横な権力を疑い，制限し，解消させる不可欠の武器である。この理由から，悪しき民主主義はよき独裁よりも常にましだということである。この教訓が，民主的な想像力を生き生きと保とうとするC.B.マクファースンの生涯にわたる取り組みの意図せざる成果である。この洞察を呼び起こすことによって，われわれは彼に永遠に感謝しなければならない[25]。」

47

第3節　マクファースンのテクノロジー論と環境論

　それでは，マクファースン自身のテクノロジー論と環境論をみていきたい。彼が，これらの問題に言及しているのは，『民主主義理論』（1973年）のなかである。「西欧民主主義の政治理論，そして願わくば，西欧民主主義のイデオロギーの最も根本的変化—こうした変化が，テクノロジーの変化によって必要とされているばかりか可能なものにもなっている，と私は考えている—は，本質的に無限の消費者ならびに無限の領有者としての人間概念（私はこうした人間概念を人間の本質についての市場的概念として簡潔に述べることにする）の拒絶である。……われわれの社会における二つの変化—つまり，世界全体のしだいに高まりつつある民主主義的風潮と，われわれの時代の技術革命—が結びついているために，そうした根本的変化は，現在ではなによりも切望したものとなってきている。……人間の本質についての市場的概念を拒絶することが現在ますます必要となっているのは，その概念が……自己を最大限に生かしきることにたいする個人の権利の平等性—世界全体のしだいに高まりつつある民主主義的風潮によって，こうした権利の平等性がいまや要求されつつある—と両立不可能になっているためである。風潮のそうした変化，ならびに世界的影響力と力をめぐる西側の体制と西側以外の体制との競争を前提とすれば，おそらく個人的自由と民主主義的権利とを併有している西側の社会が存続しうるかどうかは，そうした社会が，自らの人間的な潜在諸力の発揮者・享受者・展開者としての自らの本質を実現するための平等な権利を，その社会の構成員たちに提供しうるかいなかによって決まる。……技術革命ということで私が意味していることは，新しいエネルギー資源の発見とそれらの適用，ならびにエネルギーの適用の新しい制御方法と最も広い意味でのコミュニケーションの新しい方法のことである。技術革命は西側に限定されているわけではない。……技術革命は，西側以外の国々が歴史上はじめて，強制労働からの解放というマルクス主義的人間観の実現を開始しうるような生産性の水準にまで，そうした国々を導

第2章　グリーン・リベラリズムとC.B.マクファースン—地球環境問題を中心に—

いていくことが予測できるのである。こうして，西側以外の国々にとっては，技術革命によって，人間の本質についての自らの概念の実現がより手近なものになっている。そうした国々にとっては，テクノロジーが人間存在論を手助けするものとなっているのである[26]。」

　以上のように，テクノロジーが人間存在論を手助けするという考え方を，マクファースンは持っているということが理解できる。この考え方を，西側以外の国々に彼は適用している。これらの国々おいては，技術革命によって，人間本質についての市場的概念が放棄されている点で，マクファースンが高い評価を与えていることがわかる。世界的影響力と力をめぐる競争で，西側の社会は西側以外の社会に負け気味であり，西側の社会が生き残っていけるためには，そうした社会が，自らの人間的な潜在諸力の発揮者・享受者・展開者としての平等な権利を，その社会の構成員たちに提供できるかに，依存している，というのである。

　それでは，西側諸国は実際のところ，どのようになっているのか，についてのマクファースンの見解を見ておこう。「西側諸国についてはどうであろうか。ここでも同じく技術革命は，人間本質についての民主主義的な概念を実現するための手段を提供しうるはずである……。換言すれば，ますます多くの時間とエネルギーとを強制労働から解放することによって，技術革命は，人間が商品を獲得するのに必要な手段としての労働に一身をささげることよりも，むしろ自らの人間的な潜在的諸力の享受者・展開者として思考し行動することを可能にするはずである。同時に技術革命は，本質的に獲得者・領有者としての人間の概念を人々が放棄することを可能にするはずである。……西側の技術革命は，われわれが人間の本質についての市場的概念を放棄し，そしてその概念を道徳的により好ましい概念に置き換える可能性を提供している[27]。」

　以上のように，西側諸国においても，進展する技術革命によって，人間の本質についての市場的概念が放棄され，より道徳的にも好ましい人間的概念に転換する可能性が高まっていることを，マクファースンが評価していることがわかる。この価値観の転換は，以上のように「技術的に可能なばかりか，論理的

49

にも可能となっている」とマクファースンはみている[28]。

　しかし，技術革命が人間概念の転換を自動的にもたらすわけではなく，ある前提の除去が必要であることに，マクファースンは気づいている。次の彼の文章はヨイチュンのところでも紹介したところであるが，「しかし，一つの大きな困難が存在している。西側の国々における技術革命は，もしそれが現在の市場構造ならびに現在のイデオロギーの枠内で展開するにまかされるならば，消費をもっと魅力あるものにすることによって，無限の消費者としての人間像を強化するという直接的影響を及ぼすことになろう。テクノロジーが生産性を倍化していくにつれて，利潤のあがる生産は，新たな欲求と新たな欲求量の創出を必要とするようになるであろう。……利潤があがるかどうかは，さらに多くの欲求を創出できるかどうかにかかっているので，生産システムの指揮者たちは，自分自身を無限の欲求者とみなす西欧的な人間像を確固たるものにするためにできるかぎりのことをしようとする方向に傾いてゆくであろう。そうした方向に努力が向けられていることは，いまのマス・メディアを見れば十分に明らかである。こういうわけで西側においては，技術革命の直接的影響によってわれわれの人間存在論における変化が妨げられてしまうことになろう[29]。」

　このような困難が存在することを，マクファースンは認めた上で，われわれは何を行うべきかについて，言及している。「では，われわれはなにをすべきであろうか。……政治理論家であるわれわれが，ここで素描されているような分析を拡大し，しかもそれを掘り下げていくことである。もしこうした分析がその説得力を失わないならば，……無限の消費者，無限の領有者としての人間像―人生におけるそれの合理的な目的が，稀少性を克服しようとする果てしのない企てに一身をささげることにあるような一つの存在としての人間像―を打ちこわすうえで，われわれはなにごとかをなしてきたことになろう。稀少性は数千年にわたって人間の〔おかれた〕一般的な状態であった。三世紀前に稀少性は，人為的ではあるが有用な刺激物となった。だが，稀少性がより新たな，より人工的な形態をまとうことによってわれわれの心を奪ってしまうという危険にわれわれはさらされているけれども，稀少性は，現在ではなくてもよいも

のになっている。われわれはこのように言うべきである。このように言わないと，西側の社会の自由民主主義的な遺産が生き残るチャンスは乏しくなってしまうのである[30]。」

　さて，以上の文章以外に，マクファースンが環境問題等に直接言及している部分としては，同じ『民主主義理論』のなかの「所有権の政治理論」の一節がある。20世紀後半に所有権の概念がかなり変化してきているとマクファースンは言う。彼によれば，「大気や水質や土壌の汚染にたいする脅威についての公衆の認識のいちじるしい増大があり，こうした汚染に対する脅威は，快適な環境にたいする人間の権利の否定，私的所有権（法人の所有権も含めて）の尊厳についてのこれまでに受け入れられている思想に直接に帰することができるような否定，と考えられている。大気や水が財産であると考えられたことはこれまでほとんどなかったが，いまではそれらは共有財産と考えられつつある―澄んだ大気や水質にたいする権利は，だれもそれから排除されるべきではない所有権と考えられるようになりつつある[31]。」

第4節　考　　　察

　マクファースンのテクノロジー論，環境論は，ヨイチュンによれば，批判一辺倒の内容になっているが，それでも評価されるべき部分も備えているのではないかと私は考える。それでは，どの部分が批判され，どの部分が評価，傾聴に値する部分であるかを，ここでは検討していきたい。

（1）　テクノロジー至上主義について

　テクノロジーが人間存在論を手助けする，とマクファースンは述べたが，この部分に対する研究者の批判は根強い。確かに，ヨイチュンやキーンが批判したように，マクファースンの場合，テクノロジー至上主義，テクノロジーで人間存在論を良い方向に変えることができるという，技術中心的進歩・生産諸力への全幅の信頼，テクノロジー万能主義の印象を与えていることは否定できな

い。マクファースンから学ぼうとする西尾敬義氏でおいてすら，前述したように，マクファースンのテクノロジー論に対して，「やや楽観主義的な傾向を指摘することができよう……マクファースンのテクノロジー論には，テクノロジーのネガティヴな影響を被ることなく，……そのポジティヴな影響を享受するにはどのようにしたらよいのか，という肝心要の問題についての具体的な考察が欠落している」と述べ，「この考察を回避したままでテクノロジーのポジティヴな側面に期待を寄せるならば，そのかぎりで，やや楽観主義に傾斜していると言われてもしかたあるまい」とすら批判する[32]。

　マクファースン批判の急先鋒のヨイチュンによる手厳しい批判，マクファースンはテクノロジーの否定的影響，技術中心文化の反人間主義的傾向を考察していない，テクノロジーの破壊的，非人間的傾向をとらえることができなくなっている，という批判は，多分にあたっているように思える。技術革命が現在の市場構造・イデオロギーの枠内での展開にまかされるならば，無限の消費者としての人間像が強化されるだけと，マクファースンが述べているように，マクファースンは否定的影響について多少記述している部分もあることも事実である。しかし，全面的ではないが，ある程度，ヨイチュンの以上の批判は的を得ているところだと思われる。

　このような，マクファースンの技術至上主義の考え方が一体どのあたりから由来するのかについては，ヨイチュンの指摘が参考になる。上述したところであるが，ヨイチュンによれば，若き人道主義的なマルクスは，人間と自然との調和を唱道していたが，成熟したマルクスは，彼が構想した新しい社会が外的な自然の犠牲の上で成り立つという人間中心主義で功利主義的見解を取るようになった。人間の運命を改善する道具としてのテクノロジーに対するマルクスの楽観論のゆえに，彼は自然のしっぺ返しに気づいていなかった。マクファースンはマルクス主義に接近したが，マクファースンのテクノロジーに対する楽観的見方は，後期マルクス主義の影響を受けたものとみることができるとするヨイチュンの示唆は注視すべきであろう。また，マクファースンのマルクス主義の生産力信奉との類似性についてのキーンの指摘も，同様に参考になると思

第2章　グリーン・リベラリズムとC.B.マクファースン―地球環境問題を中心に―

われる。

（2）　テクノロジーの肯定的な面について

　テクノロジーが人間存在論を手助けするというポジティヴな面をマクファースンは熱心に強調したが，これは楽観的だというそしりを受けた。しかし，他方でテクノロジーの環境面に対するポジティヴな面もあることは事実である。その点について，マクファースンは言及したほうがよかったかもしれない。そのほうがテクノロジーと環境に関して，より洗練された議論になったといえよう。アンソニー・ギデンズによれば，「環境保護の現代化に向けての新しい考え方は，まったく異なった方針をとっている。洗練された環境保護の思想は，製造業者がより効率的に創業することを可能にし，資源の生産性を高める革新を促進しうるのである。多くの事例が存在する。1992年にドイツのグリーンピースは，当時一般に使われていたものよりも環境保全上，安全な冷蔵庫の冷媒を推奨した。……その冷蔵庫のシステムは，既成のものよりも安価で，効率的であることがわかった。……別の事例としては，オランダの花卉栽培がある。……生産者は花を土壌ではなく，水と石綿で栽培する閉鎖系システムを導入した。品質は改善され，栽培の手間にかかるコストは安くなり，その産業の競争力は向上したのである。もちろん，多くの場合，このようにものごとがうまく循環していくわけではない。しかしながら，時にはうまく循環していくこともある，と想定するだけの理由が存在する。……廃棄物処理産業は変革の必要性を例証している。……産業全体が変革されつつある。テクノロジーの発達により，木のパルプからよりもリサイクルされた紙から新聞紙をつくるほうが，はるかに安価になった。ガラス工場は今では原料の約90％をリサイクルされたものでまかなうことができるのである。いくつかの企業だけでなく，産業全体が廃棄物ゼロの目標を積極的に追及しているのである。……リサイクルに大きな貢献をしているものの中に，IT産業関連領域が……あるということは重要である。……新しい経済においては……経済成長はより少ない資源でより多くのものを生産することを意味しているのである。知識経済の到来によって，現在，

われわれが使用している物質的資源の半分を使って，二倍の量のものを生産することが可能になるだろう，ということを示唆する人々もいる。……ほとんどのコンピュータはそれが……再び要求されるまではコンピュータを休止状態にしておく装置の導入によって，必要なエネルギーの約70％が節約され，コンピュータの寿命が延びたのである[33]。」このようにテクノロジーの進歩は環境保護にとって肯定的な側面もあることを，ギデンズは強調するが，このような側面に対するマクファースンの明確な言及があれば，彼の議論は楽観論だという批判をある程度回避できる傾聴に値するものになったであろう。

（3） 旧社会主義国の環境問題について

　ところで，生産的，産業的，テクノロジー上の発達至上主義の正統的マルクス主義神学との類似性を，マクファースンは指摘されているが，マルクスが環境への配慮の意識を全く持っていなかったわけではない。マルクスの「人間と自然の物質代謝論」と『資本論』体系のなかに，公害問題を含む環境問題解明の鍵があるとみる研究者もいる[34]。しかしながら，マルクス主義を適用した旧社会主義国では（適用の仕方に問題があったのかもしれないが），深刻な環境問題の発生の現実がある。マクファースンは，西側以外の国々にとっては，技術革命によって，人間の本質についての自らの概念の実現がより手近なものになっている。そうした国々にとっては，テクノロジーが人間存在論を手助けするものとなっているのである，と述べているが，必ずしも，旧社会主義国において，このようなことがいえたかどうかは，疑わしい。吉田文和氏によれば，「世界で一番汚染されている地域は旧ソ連・ロシアであると推定されている。旧ソ連時代に蓄積された環境問題が，市場移行期の困難な問題によってさらに深刻になっている。都市の上下水道は劣化し，大気汚染も主要都市で依然として基準値を上回り，土壌の肥沃度も低下している。森林火災対策は縮小し，森林消失面積は年々拡大している。……冷戦時代の核兵器の実験と開発やチェルノブイリ原発事故をはじめ，放射能汚染の結果，広大な地域が汚染され危険な状態にある。こうしたロシアの環境問題の原因は，①ソ連時代の負の遺産であ

る『総生産第一主義と官僚主義の横行』，②モスクワ優先の地域開発，③急激な市場経済化によるひずみ，④法律の効力の薄さ，などが指摘できる[35]。」

　吉田氏は，久保庭真影氏の言葉を引用しながら，次のように述べている。「第一に，健全な市場機構と価格体系が存在しないから省エネと技術革新が促進されなかったためであり，第二に，個々の人間の価値がきわめて低くしか評価されず（人権が無視され，命の値段が安い），情報公開性と議会民主主義とが全く確立されていなかったためだと断言しうる[36]。」

　吉田氏は，旧東ドイツの環境問題についても，生産ノルマ達成第一主義，……設備と技術の低水準と老朽化，住民運動の抑圧などの要因を指摘している[37]。中国については，読売新聞中国環境問題取材班の分析を参照して，大躍進や文化大革命などの政治的混乱と生態環境の破壊は今でも負の遺産となって中国の環境問題を規定している，と述べている[38]。

　宮本憲一氏も，旧社会主義国の環境問題について，次のように述べている。「社会主義国の環境問題が深刻であることは，すでに多くの資料で明らかであり，私も過去の論文で指摘してきた。……旧ソ連……は……西欧工業国の10倍から100倍の公害による健康被害があるとOECDは推定している。水源の3分の2は汚染され，汚染された飲料水のために1,500人以上が毎年死んでいる。103市5,000万人以上の市民が環境基準の10倍以上汚染された地域に住み，呼吸器疾患が多い。……食品汚染もひどく，ウズベクでは食品の20％が欠陥商品であると報告されている。チェルノブイリ発電所の事故とその後の対策をみると，旧ソ連の環境政策は日本にくらべて多くの欠陥をもっていることが明らかになったが，環境の時代にソ連型社会主義の体制は適合できなかったであろう[39]。」

（4）　民主的な手続きについて

　さて，環境問題にわれわれはどのように対処すればよいのか，その処方箋について，キーンは，民主的な手続きの重要性を強調する。民主的手続きによって，複雑で，ハイリスクを伴うプロジェクトや組織を，公然とモニターリング

し，コントロールし，時には停止させることができる，その有効性にキーンは高い評価を与えている。しかし，この民主的手続きを，マクファースンは全く理解しようとはしなかった，という痛烈な批判が，キーンの見解である。

　しかしながら，この民主的な手続きとは参加民主主義のことを指すが，マクファースンは，参加民主主義の積極的提唱者として有名である。マクファースンは積極的自由として，PL 3（PLとは positive liberty の略）の重要性を主張するが，これは政策決定過程への人民による積極的参加，および産業上の民主主義の概念も含んでいる[40]。また，このようなPL 3を，所有権との関連でマクファースンは次のように述べている。各人の潜在諸力の発展のために生活の特質はどうあるべきか，それを考えるためには，「政治権力に関与する権利」（経済問題の民主的統制に関与する権利），「社会の支配的な権力的諸関係の決定に関与する権利」を所有権の項目に包摂すべきであると[41]。このような新しい所有権の概念は，人間的な潜在的諸力の行使のため，どのような生活の質が必要なのかについての決定に，すべての構成員が積極的に参加していくことを意味するものである。キーンがいう環境問題に関するモニターリング，コントロール等を含む民主的な手続きは，当然ながら，このような新しい所有権概念に含まれるものである。マクファースンに対するキーンの批判はあたらず，むしろ，マクファースンは環境問題に対応する民主的手続きを充分に理解していたといえよう。

（5）　マクファースンの積極的な環境保護論

　ところで，先述のように，研究者たちによって，マクファースンの生産力至上主義の傾向が批判された。また，キーンより，マクファースンは自然のしっぺ返しを理解しない人で，環境問題に無理解である，特に，大気汚染，水質汚濁には無頓着であるかのように批判された。しかし，彼には積極的な環境保護論が実際上存在することを，ここで指摘しておきたい。

　第3節で紹介したところである。マクファースンは，本質的に無限の消費者ならびに無限の領有者としての人間概念から，本質的に潜在諸力の発揮者・享

第2章　グリーン・リベラリズムとC.B.マクファースン―地球環境問題を中心に―

受者・展開者としての人間概念への転換の重要性を提唱したが，実はここに，彼の環境保護論の中核をみることができる。

　タウンゼンドによれば，「マクファースンは無限の消費に強力に反対してきた。環境が悪化し，人間のニーズを満たすことができないほど生産性を，マクファースンが擁護したであろうと，考えることは非論理的であろう。稀少性に対するテクノロジーによる一定の克服についての彼の思想は，反環境主義的であると解釈され得るけれども，マクファースンの観点から推論された『豊富さ』の概念は，際限のない必要物の消費を意味するものではない⑿。」マクファースンの弟子のカニンガムも，持続可能な発展にとって好都合な「文化的諸革命」の可能性に言及しながら，次のように述べている。「地球的規模の問題を考えると……一方で利己主義と消費中心主義の文化，つまり，マクファースンが『所有的個人主義』と呼んだもの，これは克服される必要にある。これは，少なくとも，地球的規模で，また世代を越えて，平等を実現するための必要条件である。他方では，人々がこうした平等を現に重視する必要にもある。率直に言って，必要とされている文化的諸革命をどのように成し遂げたらよいかについて確信があるわけではない。直感的には，この解答には，民主主義の問題と人生の意味の問題とが交差する領域の検討が求められているものと思える。マクファースンは，民主主義の原初的衝動が人間自身に授権されていて，諸個人は『真に人間的な潜在能力』（例えば，創造性や友情）を発達させる手段を所有しているという仮説を設定している。だが，競争的市場社会という生活条件にあっては，こうしたヴィジョンも機能せず，このような社会に即した所有的個人主義が支配的なものとなったのである。こうした所有的個人主義が広く認められるとはいえ，マクファースンは……人々が自らの内在的力能の展開を阻止されたがゆえにこそ……，いつの間にか，利己的で，消費中心主義的価値にしたがって行動するようになったと想定している。意味ある人生とは，受動的に財貨を蓄積することではなく，各人がその才能を積極的に育んでいくような生活である⒀。」

　マクファースンは，現代世界は，所有的個人主義が支配的で，利己主義と消

57

費中心主義の文化が全面的に開花しているとみており，そのことが，地球環境の悪化の主たる要因であると示唆している。このような推論が，カニンガムの見解から読み取れる。無限の消費者，無限の欲求者という文化は，ロック，ベンサム以来の資本主義の伝統であるが，その伝統が，1980年代以降の新自由主義の台頭のなかで，ピークに達し，それとともに，地球環境の悪化が進行したということであろう。所有的個人主義の痛烈な批判という形で，マクファースンは，積極的に地球環境保護論を展開した人物であると，評価できよう。

　デヴィッド・ハーヴェイは，新自由主義，グローバリズムを研究しているが，著作『新自由主義』のなかで，次のように述べている。「環境面における新自由主義化の帰結の全般的なバランスシートは十中八九マイナスである。……新自由主義の原理を無制限に適用したせいで環境が悪化したという個別的実例は……十分に存在する。1970年代から熱帯雨林の破壊が加速したことは，気候変動と生物多様性の喪失に重大な影響を与えている周知の例である。また，新自由主義化の時代は，近年の地球で最も速く生物種が大量に絶滅した時代でもある。……天然資源の開発に関しては，新自由主義化の実績は惨憺たるものである。……新自由主義が私有化に固執するために，貴重な生息環境や生物多様性—とくに熱帯雨林のそれ—を守るための森林管理の原則について，国際的な協定を結ぶことが困難になっている。……私有化後のチリにおける森林資源の乱獲が格好の例である[44]。」

　ハーヴェイの見解にあるように，新自由主義化が私有化を促進し，地球環境の悪化を帰結した。つまり，マクファースンがいう「所有的個人主義」が，1970，80年代以降，世界を席巻し，環境破壊につながったということであろう。所有的個人主義とは，個人を本質的に効用の極大化的消費者とみる見解であり，大きな財産所有を称賛するものである[45]。一部の人間による大きな財産所有，私有化の固執が，環境破壊につながっており，このような所有的個人主義を批判する形をとることによるマクファースンの地球環境保護の意義は，大きいということができよう。

　最後に，マクファースンが直接環境問題に言及している箇所は，3節の「マ

第2章　グリーン・リベラリズムとC.B.マクファースン―地球環境問題を中心に―

クファースンのテクノロジー論と環境論」で先述したように，「澄んだ大気や水質にたいする権利は，だれもそれから排除されるべきではない所有権と考えられるようになりつつある」という見解である。興味深い記述であるが，これは環境権についての言及であるとみることができる。環境権は，わが国の場合，一般的環境権と個別的環境権があるが，南・大久保共著『要説環境法』第四版によれば，判例には，（一般的）「環境権を正面から認めたものは存在しない。逆に，差止請求権の根拠としての環境権については，これを明示的に否定する判決が少なくない。その理由としては，まず，憲法13条および25条は，いずれも国の責務を宣言した綱領的規定であり，国民に具体的権利を付与したものではないことが挙げられている。……環境権の範囲，主体等が不明確であることを理由に環境権を否定した判決も少なくない(46)。」これに対し，環境権を実質的なものにすべく，個別的環境権として構成する考え方がある。日照権，静穏権，眺望権，入浜権，親水権，浄水享受権，景観権，自然享有権等である(47)。これらの権利のなかには，その権利性を肯定する判決も，少なからずある。マクファースンが言う「澄んだ水質に対する権利」は，浄水享受権に類似するものであるが，この享受権は，わが国では認められていない。『要説環境法』第四版によれば，琵琶湖総合開発計画差止訴訟では，「①水質が汚濁していても，浄水処理がなされれば健康に影響を及ぼさない，②民事訴訟は，水源の清浄さのように，多数人の利害対立の調整をするには不適当であるなどの理由で(48)，」浄水享受権を否定している。

　琵琶湖総合開発計画に対して，環境権，浄水享受権を根拠にした差止請求は，却下されたが，『環境法判例百選』によれば，「環境権が主張され……新たに『浄水享受権』が追加主張された……このような権利の主張は，環境破壊を環境破壊それ自体として，すなわち個々人の具体的な健康の侵害（人格権）や財産の侵害（物権的請求権）あるいは不法行為に結びつけなくても環境破壊の違法性をそれ自体として争える法的手段の必要性を，示唆していた」という点で(49)，注目される訴訟であった。『環境法判例百選』に記載されている通り，「浄水享受権が個別的環境権であるとすれば，問題は，一般的環境権にせよ個

59

別的環境権にせよ，環境権を認めるべきかどうか」の判断を[50]，裁判所はすべきであったといえよう。

　浄水享受権，マクファースンが言う「澄んだ水質に対する権利」などの環境権は，新しい権利概念として，今後，尊重されていくべきものであると考える。先述した『新自由主義』の著者のハーヴェイは，権利の両義性について言及している。彼によれば，「新自由主義のもとで生きるということは，資本蓄積に必要な一定の権利群を受け入れ服従するということを意味する。それゆえわれわれは，私的所有という個々人の不可譲の権利（企業は法の前では個人として定義されていることを想起してほしい）や利潤原理が，考えうるあらゆる他の不可譲の権利概念に優先するような社会に住んでいる。……終わりなき資本蓄積が含意するのは，新自由主義的な権利体制が暴力によって（チリやイラクのように），帝国主義的実践によって（WTO，IMF，世界銀行など），あるいは必要とあらば本源的蓄積（中国やロシアのように）を通じて，地理的に世界中に拡大しなければならないということである。どんな手段を講じてでも，私的所有権という不可譲の権利と利潤原理とが普遍的に確立されるだろう[51]。」つまり，マクファースンがいう大きな財産所有権を称賛する所有的個人主義が，現在世界を席巻しているということであろう。

　このような最優先の権利に対して，これに対抗する権利について，ハーヴェイは言及している。「しかし，われわれに利用できる権利はこれだけではない。国連憲章に述べられている自由主義的な権利概念の中にさえ，言論と表現の自由，教育と経済保障の権利，組合を組織する権利などの派生的権利が存在する。これらの権利を執行するならば，新自由主義に対する重大な挑戦を提起することになろう。これらの派生的権利を根本的権利とし，基本的な私的所有権や利潤原理を派生的なものにすることができれば，政治や経済の実践において大きな意義をもつ革命を実現することができるだろう。さらに，われわれが依拠することのできるまったく異なった権利概念も存在する——たとえば，地球の公共財を平等に享受する権利や，基本的な食料保障を享受する権利である。『同等な権利と権利とのあいだでは，力がことを決する。』適切な権利概念をめぐ

第2章　グリーン・リベラリズムとC.B.マクファースン─地球環境問題を中心に─

る，さらには自由そのものの概念をめぐる政治闘争こそが，オルタナティブを
探求する中で舞台の中心に進み出ることになるだろう[52]。」マクファースンが
いう「澄んだ大気や水質にたいする権利」は，ここでいう地球の公共財を平等
に享受する権利に該当するものであり，この権利の執行は，オルタナティブを
実践する上での重要な変革の手段となりうると考えられる。

第5節　おわりに

　マクファースンは環境破壊を帰結するような所有的個人主義に批判的であっ
たが，他方で，もう一つの個人主義の伝統である「発展的個人主義」を高く評
価していた。この「発展的個人主義」と環境保護という観点で，最後に，この
章をまとめておきたい。

　マクファースンは，西欧の個人主義には，「所有的個人主義」の伝統以外に，
「発展的個人主義」の伝統があると述べている。これは，J.S.ミルとT.H.グ
リーンから今日までのヒューマニスティクで新理想主義にみられるように，個
人を本質的にその人間的諸力ないし潜在的諸力の行使者，発展者とみる伝統で
ある[53]。この伝統では，大きな財産所有の規制を基調としている。

　P.H.G.スティーブンズが「グリーン・リベラリズム（green liberalism）」に
ついて書いているが，これと「発展的個人主義」との関連を探ってみたい。ス
ティーブンズによれば，「ロックは，自由な寛容の肖像としての自身のステー
タスにもかかわらず，森に住む牧歌的自由（sylvanliberty）の民俗的伝統に
よって支持された自由の概念に接する機会は全くなく，囲い込みや生産を拡大
するようなベーコン流の農業改善の熱心な擁護者であった。……ここでわれわ
れの視角から問題となることは，生産的，変換的目的のために横領する人々は，
大地を制圧する神聖な命令，および彼ら自身の土地に付加された設計図のもと
に活動しているということばかりではなく，そうすることによって，同時に，
彼らは道徳的合理性を表現し，自らの労働によって価値を生み出し，一定の自
然に対して，具体的な人間的自由の領域を拡大化しているということである。

61

……人間のみが自然を横領し，変換することができる。……神聖で非存在論的理由ばかりではなく，生産的労働は人間の創造性の特性を明瞭に表しているので，国家は特定の所有権を侵害すべきではない。経済的富裕化は，他人の権利を侵害することなしに達成され，単に権力への熱望と探求を通じてというよりも，正当な理由でなされるとしたら，問題はなく，倫理的に蓄積された客観的善であるとみなされる[54]。」以上のスティーブンズの分析によれば，ロックはグリーン・リベラリズムには関心はなく，ロックにとっては，土地をはじめとする自然は，利用され，横領される対象であり，経済的裕福化を彼は善であるとみていることがわかる。

　スティーブンズはロックについて次のように述べている。「ロックにとっての道徳的鍵は，キリスト教的自然法を破壊するであろうような願望を差し控えながら，経済上の生産的衝撃（impact）に対する獲得欲を養成しながら，正しい欲望を獲得することである。……ボブ・ブレッチャーの自由主義的道徳性に対する鋭い簡潔な最近の批判から言葉を引用すれば，ロック流の人間は，必要は原則上満たされるべきであるという追加前提のもとに，基本的には，不足しているものへの渇望である[55]。」このように，スティーブンズは，ロック流の人間を，獲得欲に基づいているとみなしている，ということが読み取れる。

　このようなロックを，ミルと対比させながら，スティーブンズは次のように分析している。彼によれば，「ミルにとって明らかに重要なことは，社会進歩の概念のなかに，基礎を置いているということである。しかし，厳密に言えば，環境保護（green）を受容することにおいては，この進歩の概念は，拡大する生産性の形態におけるロック流の進歩の体系とは，異なっている。……ミルの力点はロック流に感化された夢とは全く異なっている。人間の進歩は論理的に必要であり，無意識のうちに進むものであるという考えは，誤ったものであるとして，ミルは明確に拒絶している。他方で，経済成長の終局的な定常状態についてのミルの有名な唱道は，そのような状態が人間の内面的文化，道徳的，社会的進歩のあらゆる種類と同様に，多くの余地を残すであろうと公言する代わりに，経済的成長を道徳的進歩と同一視することを，ミルは拒否している。

第2章　グリーン・リベラリズムとC.B.マクファースン—地球環境問題を中心に—

……人間的発展についてのミルの理念は，単に知的なものよりも広い概念である。実際にそれは古典的理想に由来している。経済的，生産的自由は，それらがロックにとってよりも，ミルにとっての焦点となるようなものでは全くない。ミルの『自由論』は，自由市場の商人たちのための議論の教科書としてしばしば考えられてきたものであるが，所有的個人主義を弁護するものでないことは確かである。……豊かな多様性のなかでの人間的発展の絶対的，本質的重要性。このような力説は，社会を横断する多様性に訴えるばかりではなく，そのなかでの個人の発展に訴えるものであることが，明らかにされるべきである。ロックの動機と動因のモデルは，不足しているもの（a wanting thing）への欲求を究極的には養成することであるのに対して，ミルはしばしば，個性をとりまく外側の社会におけると同時に行為者自身の人格のなかにおける異なった要素の多様性を調整する概念に，訴えている[56]。」スティーブンズは，ミルのいう個人の発展に関して，ミルの言葉を引用して，次のように紹介している。「完全な一貫した全体に向かう諸力の最高度の，かつ最も調和した発展[57]。」

　以上のように，ロック流の進歩の体系では，生産の一層の拡大化を志向し，所有的個人主義を弁護するものであり，環境保護には熱心ではない，ということである。これに対し，ミルは人間の内面的な発展を重視し，経済成長の定常状態という概念を提唱している。

　最後に，ロックと緑，環境保護としてのグリーン（green）との関係について，スティーブンズは次のように述べている。「ロック流の政治哲学は，環境保護（green）に敵対するような生産主義的な規則の歴史的基礎に位置付けられているとみられ得る。ロックやベーコン流の科学によって表わされるような価値の革命は，文化，cultus，教養の理念の独創的な意味を放棄したものである。教養の理念はミル的な教育において表わされるものであるが，そこにおいては，自然は人間の敵というよりも人間の導きであった[58]。」ロック流の政治哲学は環境保護には熱心ではなく，自然を制圧するものとみていることが，以上より理解できる。

　スティーブンズのこれまでの議論をまとめてみると，ロック流の政治哲学の

63

流れは，獲得欲と生産の拡大化を基調とする所有的個人主義であり，環境保護にはあまり熱心ではない，ということである。このような所有的個人主義が，今日支配的であり，それを強く批判するマクファースンに，環境保護という観点から，学ぶべき点は大きいと，私には思える。

　他方で，ミルの人間の調和のとれた内面的発展の重視，自然を人間の導きとみる考え方，経済成長の定常状態という概念の提唱は，環境保護を受け容れるものである。マクファースンによるミル流の発展的個人主義の尊重は，今日的表現である「グリーン・リベラリズム（green liberalism）」と重なるものであり，注目に値するものであるといえる。マクファースンは生産力至上主義者と批判されたが，むしろ，彼の議論には環境保護という観点で，示唆に富む多くのものを有していると評価できよう。

注
(1) 西尾敬義『マクファースンの民主主義理論』御茶の水書房，1982年，21頁。
(2) 同書，21頁。
(3) 同書，163－164頁，170頁。
(4) JulesTownshend, *C.B.Macpherson and the Problem of Liberal Democracy* (Edinburgh：Edinburgh University Press, 2000), p.128.
(5) Frank Cunningham, *The Real World of Democracy Revisited* (New Jersey：Humanities Press, 1994), p.5. 中谷義和訳『現代世界の民主主義』法律文化社，1994年，8頁。
(6) *Ibid.*, p.22. 中谷訳，35頁。William Leiss, *C.B.Macpherson：Dilemmas of Liberalism and Socialism* (Montreal：New World Perspectives, 1988).
(7) Hwa YoI Jung, "Democratic Ontology & Technology：A Critique of C.B. Macpherson," *Polity*, XI, no.2 (1978), pp.258－259.
(8) *Ibid.*, p.259.
(9) *Ibid.*, p.260.
(10) *Ibid.*, p.260.
(11) *Ibid.*, p.260.
(12) *Ibid.*, pp.260－261.
(13) *Ibid.*, pp.261－262.
(14) *Ibid.*, p.263.
(15) *Ibid.*, p.264.
(16) *Ibid.*, p.265.

第2章　グリーン・リベラリズムとC.B.マクファースン—地球環境問題を中心に—

⒄　*Ibid.*, pp. 268 – 269.

⒅　John Keane, "Stretching the Limits of the Democratic Imagination," Joseph H. Carens ed., *Democracy and Possessive Individualism* (New York : State University of New York Press, 1993), p. 124.

⒆　*Ibid.*, pp. 124 – 125.

⒇　*Ibid.*, pp. 125 – 127.

㉑　*Ibid.*, pp. 128 – 129.

㉒　*Ibid.*, p. 129.

㉓　*Ibid.*, p. 130.

㉔　*Ibid.*, p. 131.

㉕　*Ibid.*, p. 132.

㉖　C. B. Macpherson, *Democratic Theory* (Oxford : Oxford University Press, 1973), pp. 36 – 37.（以下DTと略称）西尾敬義・藤本博訳，田口富久治監修『民主主義理論』青木書店，1978年，60 – 62頁。

㉗　*Ibid.*, p. 37. 西尾・藤本訳，田口監修，62頁。

㉘　*Ibid.*, p. 38. 西尾・藤本訳，田口監修，64頁。

㉙　*Ibid.*, p. 38. 西尾・藤本訳，田口監修，64 – 65頁。

㉚　*Ibid.*, p. 38. 西尾・藤本訳，田口監修，65頁。

㉛　*Ibid.*, p. 135. 西尾・藤本訳，田口監修，223頁。

㉜　西尾，前掲書『マクファースンの民主主義理論』21頁。

㉝　アンソニー・ギデンズ著，今枝法之・千川剛史訳『第三の道とその批判』晃洋書房，2003年，150 – 153頁。

㉞　吉田文和「環境問題と政治経済学の課題」http://www.econ.hokudai.ac.jp/～yoshida/articles/maruk.htm，2頁。吉田氏によれば，「環境問題・資源問題は究極のところ，『人間と自然とのあいだの物質代謝』に帰着する。『資本論』は，この『人間と自然とのあいだの物質代謝』について，体系的に分析している。」吉田文和「環境政治経済学講義」http://www.econ.hokudai.ac.jp/~yoshida/j_index.htm，第Ⅱ章，1頁。さらに吉田氏は述べる。「『資本論』は，人間の消費の廃棄物質（排泄物）が農村に還流せず，都市下水道によって河川，海へ流れ，土地肥沃度の低下をまねくとともに，河川が汚染されることを問題としていた。」同論文12頁。

㉟　吉田，前掲論文「環境問題と政治経済学の課題」6 – 7頁。

㊱　同論文，7頁。

㊲　同論文，7頁。

㊳　同論文，7頁。

㊴　宮本憲一『環境経済学』新版，岩波書店，2007年，18頁。

㊵　Cf. *DT*., pp. 108 – 109. 西尾・藤本訳，田口監修，前掲訳書，181 – 183頁参照。

㊶　C. B. Macpherson, "Human Rights as Property Rights," (1977) in Macpherson ed., *The Rise and Fall of Economic Justice and Other Essays* (Oxford : Oxford University Press, 1985), pp. 82 – 83. Cf. *DT*., pp. 131 – 140. 西尾・藤本訳，田口監

修，前掲訳書，216-232頁参照。マクファースンの新しい所有権概念は，小松敏弘『現代世界と民主的変革の政治学―ラスキ，マクファースン，ミリバンド』昭和堂，2005年，108-109頁を参照のこと。

⑷2 Townshend, *op.cit.*, pp. 128-129.

⑷3 Cunningham, *op.cit.*, p. 148. 中谷訳，223-224頁。

⑷4 David Harvey, *A Brief History of Neoliberalism*（Oxford：Oxford University Press, 2005）, pp. 172-175. 渡辺治監訳，森田成也・木下ちがや・大屋定晴・中村好孝訳『新自由主義』作品社，2007年，238-241頁。ハーヴェイはアルンダティ・ロイの見解を引用して，次のように述べている。「私有化とは本質的に生産的な公共の資産を国家から私企業に移すことである。生産的な資産には自然資源も含まれる。大地，森，水，空気。」デヴィッド・ハーヴェイ著，本橋哲也訳『ニュー・インペリアリズム』青木書店，2005年，162頁。

⑷5 C.B.Macpherson, "Pluralism, Individualism, and Participation," *Economic and Industrial Democracy*, Vol. 1（1980）, pp. 21-22.

⑷6 南博方・大久保規子『要説環境法』第4版，有斐閣，2009年，45頁。

⑷7 同書，43，46-47頁。

⑷8 同書，47頁。

⑷9 『環境法判例百選』別冊ジュリストNo. 171，有斐閣，2004年，71頁。浄水享受権とは，「上水道を飲料水として使用しているものは，その使用している上水道の水源の清浄さを侵害しもしくは侵害しようとするときは，侵害行為を差し止めることができる権利」とされる。同雑誌，71頁。

⑸0 同雑誌，71頁。

⑸1 Harvey, *A Brief History of Neoliberalism*, *op.cit.*, pp. 181-182. 渡辺監訳，248-249頁。

⑸2 *Ibid.*, p. 182. 渡辺監訳，249-250頁。

⑸3 Macpherson, "Pluralism,Individualism,and Participation," *op.cit.*, pp. 21-22.

⑸4 Piers H.G.Stephens, "Green Liberalisms：Nature, Agency and the Good," *Environmental Politics*, Vol. 10, No. 3, Autumn 2001, A Frank Cass Journal, pp. 6-7.

⑸5 *Ibid.*, p. 9.

⑸6 *Ibid.*, pp. 11-12.

⑸7 *Ibid.*, p. 12.

⑸8 *Ibid.*, p. 15.

第3章

グリーン・リベラリズムと
ミル，ラスキ，マクファースン

第1節　はじめに

　ヨーロッパ自由主義，特にイギリス自由主義は，ロック，ホッブス，ベンサム，J.S.ミルを通して，形成発展してきた。19世紀末から20世紀初頭にかけてはニュー・リベラリズム，20世紀後半から21世紀初頭にかけてはネオ・リベラリズムが台頭している。もろもろの自由主義論には共通項も存在するが，相違点も多く存在している。決して自由主義が単一の思想というわけではない。

　1970年代から地球環境汚染が問題視されるようになったが，自由主義思想のなかで，最もエコに配慮した自由主義がグリーン・リベラリズムである。このリベラリズムはJ.S.ミルの自由主義思想のなかで開花していると考えられる。ミルの「停止状態（定常状態）」論がグリーン・リベラリズムの表れであるとみることができる。

　ミルの「停止状態（定常状態）」論は，長年注目されてこなかったが，地球環境問題が登場した1970年代から注目されるようになった[1]。この「停止状態（定常状態）」論は三つの重要な視点を含んでいると思われる。一つは，多くの研究者が論じてきた地球環境保護の思想である。特に，1980年代末以降，頻繁に使用されてきた概念である「持続可能性」との関係，および森林保全や自然の景観の効用等についてもここで議論をしておきたい。二つは，労働時間の短縮である。三つは公平な分配と労働手段への接近である。

67

本章では，この三つの論点を詳細に見ていきたいと考えている。その際，ミルの自由主義思想を継承していると思われるラスキ，C.B.マクファースン（ラスキの弟子）の思想との関係で，論点の究明を行っていきたい。本章は，「停止状態」論の研究において，グリーン・リベラリズムとの観点で論じながら，ラスキ，マクファースンとの関連で考察しているところが，本論の新機軸であり，独自性である。

　本章の構成であるが，第2節では，グリーン・リベラリズムとは何か，これがJ.S.ミルにおいてどの程度開花しているのかについて考察したい。第3節では，ミルの「停止状態」論の中身について，詳細に紹介していきたい。第4節では，ラスキ，C.B.マクファースンの思想が，ミルの自由主義思想をどの程度継承・発展しているのかについて明らかにしたい。前者の二者，特にマクファースンの思想がグリーン・リベラリズムであることも明らかにする。第5節では，ミルの「停止状態」論の一つ目の論点，第6節では二つの目の論点，第7節では，三つの目の論点を考察していきたいと考えている。

　なお，これから明らかにする以上の三つの論点について，その論点間の関係は次の通りである。停止状態においては，富のための富の追求が行われず，地球環境への適切な配慮がなされる。このような状態においては，むしろ，万人が最善の自己であるための人間的進歩の余地が大きい。このような進歩のために必要なものとして，労働時間の短縮，公平な分配，ならびに労働手段への接近が挙げられる。

　この章を執筆した2011年はC.B.マクファースン生誕100年の年でもある。この論考を通して，生誕100年に想いを馳せ，彼の主張の重要性を再確認するよい機会であると考えている。

　ラスキが批判する富の獲得を是とする西欧の自由主義，マクファースンが批判する私的利益の獲得を是とする所有的個人主義が，新自由主義，グローバリズムの台頭のなかで支配的になってきているが，あるべきリベラリズムをここで検討したい。

68

第2節　グリーン・リベラリズム

　P.H.G.スティーブンズによれば、「私は第一にグリーンであり、つまり環境保護論者であり、第二に自由主義者である。自由主義的な諸価値を支持しながら、持続可能性を唱道するものとしてだけではなく、現代資本主義秩序に表れた……道具主義的合理性の手段に反対するものとして、環境保護運動をみている。……環境保護的価値と自由主義的価値（green and liberal values）の両方を守るための市民的徳性を唱導する必要がある[2]。」

　また、ミズーリー・カンザスシティ大学のJ.W.シェパードは「持続可能性の障害を克服する」という論文のなかで、自由主義をエコロジカルな諸問題に役立つように機能する方法で、自由主義を文字通り再構築すべきであるとするある研究者の熱心な主張を、紹介している[3]。グリーン・リベラリズムの研究を進めているビッセンブルグも引き合いに出して、リベラリズム（自由主義）のグリーン化が如何に可能なのかが容易に理解できる、そのようなリベラリズムについての彼の記述を紹介している[4]。J.M.マイヤーも、「グリーン・リベラリズムとその後」において、自由主義とエコロジカル・シティズンシップとの両立性について論じている[5]。

　このようなグリーン・リベラリズムが、どの思想家の思想において可能であるのかについて、スティーブンズは次のように述べる。「グリーンは、ひとえにミル流の花においてのみ開花可能である[6]。」続けてスティーブンズはいう。「グリーンと自由主義思想とをつなぐ最高の架橋はミルであり……真のグリーン・リベラリズムは、ミル流の花のなかでのみ開花することができるのである[7]。」

第3節　ミルの「停止状態（定常状態）」論

ミルは『経済学原理』のなかで，「停止状態（定常状態）」について，論を展開しているが，その中身をこれから詳細に紹介していきたい。

（1）停止状態

富および人口の停止状態―これを著述家たちは恐れ嫌っている。経済学者が進歩的状態と名づけているところのものの終点には停止状態が存在する[(8)]。ミルによれば，「最も富裕な，最も繁栄せる国々は，もしも今後生産技術における改良がなされず，かつ……地球上の諸地方への資本の流出が停止したならば，たちまちのうちにこの停止状態に達するであろう[(9)]。」このような停止状態を，当時の大方の経済学者たちが愉快でないとみていることを，ミルは紹介している。「たとえばマカロック氏においては，繁栄ということは……富の急速な増加を意味するものである。……その富の増加が低い利潤へみちびくのであるから……繁栄の絶滅へみちびくことにならざるをえないわけである。アダム・スミスは，国民の大多数の生活状態は，富の停止的な状態においては，……切り詰められて窮屈にならざるを得ず，ひとり進歩的状態においてのみ満足しうるものでありうる，といつも考えている[(10)]。」ミルは，マルサスの『人口論』に注目しながら，このような停止状態においては，人口制限が必要であり，そのための方法として，思慮のある態度と世論との合併した力に期待している[(11)]。

（2）停止状態の積極的評価

ミルは，「富および人口の停止状態は，しかしそれ自身としては忌むべきものではない」とみており，むしろその停止状態を「今日のわれわれの状態よりも非常に大きな改善となるであろう，と信じたいくらいである」と，積極的に評価している[(12)]。それは「退歩の兆候ではない。高い向上心と英雄的な道義とを破壊するものではない」と肯定的な見方を示している[(13)]。これに対して，旧

70

学派に属する経済学者の「互いに人を踏みつけ，おし倒し，おし退け，追いせまること」が望ましいと考える人々の理想に，ミルは魅惑を感じていない[14]。この理想の流れを汲むものとしてであるが，「すでに必要以上に富裕になっている人たちが，裕福さを表示するという以外にはほとんど或いはまったく快楽を生むことがないところのもろもろの物を消費する資力を倍加するということが，あるいは多数の個人が毎年毎年中産階級から富裕階級に成り上がり，あるいは有業の富裕者から無職の富裕者に成り上がるということが，なにゆえに慶ぶべき事柄であるか，私には理解できない」と，より多くの富を獲得することを是とする当時の大半の経済学者の考え方に，ミルは疑問を提示している[15]。

ミルは人性にとって最善の状態は，「だれも貧しいものはおらず，そのために何びとももっと富裕になりたいと思わず，また他の人たちの抜け駆けしよう」としない状態であるとみている[16]。そのために何が必要なのかについて，ミルは良き分配であると主張している。「最も進歩した国々では，経済的に必要とされるのはより良き分配であり，そしてよりいっそう厳重な人口の制限が……唯一の欠くべからざる手段となっている[17]。」「このようなより良き財産の分配というものは，個人個人の思慮および節倹と，ある個人の勤労の果実に対するその個人の正当なる請求権と矛盾しない範囲内における財産の平等を促進するような立法の一体系との共同作用によって，到達しうると考えることができる[18]。」

（3） 地球の収奪，自己実現

ミルは地球の自然の人間による収奪について警告を発している。「人間のための食糧を栽培しうる土地は一段歩も捨てずに耕作されており，花の咲く未墾地や天然の牧場はすべてすき起こされ，人間が使用するために飼われている鳥や獣以外のそれは人間と食物を争う敵として根絶され，生垣や余分の樹木はすべて引き抜かれ，野生の潅木や野の花が農業改良の名において雑草として根絶されることなしに育ちうる土地がほとんど残されていない―このような世界を想像することは，決して大きな満足を与えるものではない。もしも地球に対し

その美しさの大部分のものを与えているもろもろの事物を，富と人口との無制限なる増加が地球からことごとく取り除いてしまい，そのために地球がその楽しさの大部分のものを失ってしまわなければならぬとすれば，しかもその目的がただ単に地球をしてより大なる人口—しかし決してよりすぐれた，あるいはより幸福な人口ではない—を養うことを得しめることだけであるとすれば，私は後世の人たちのために切望する，彼らが，必要に強いられて停止状態にはいるはるかまえに，自ら好んで停止状態にはいることを[19]。」

ミルは，人生の美的美質を自由に探求することの大切さを説き[20]，自然の美観壮観と自己実現との関係について言及している[21]。「人間にとっては，必ずいつもその同類のまえに置かれているということは，よいことではない。孤独というものがまったく無くなった世界は，理想としてはきわめて貧しい理想である。孤独—時おりひとりでいるという意味における—は，思索または人格を深めるためには絶対に必要なことであり，自然の美観壮観のまえにおける独居は，思想と気持ちの高揚と—ひとり個人にとってよい事であるばかりでなく，社会もそれをもたないと困るところの，あの思想と気持ちの高揚と—を育てる揺籃である[22]。」

停止状態に進んで入ることの利点と停止状態においても産業技術の発展の可能性があることについて，ミルは論を展開し，労働の節約の望ましさについても強調している。「停止状態においても，あらゆる種類の精神的文化や道徳的社会的進歩のための余地があることは従来と変わることがなく，また『人間的技術』を改善する余地も従来と変わることがないであろう。……産業上の技術でさえも，従来と同じように熱心に，かつ成功的に研究され，その場合における唯一の相違といえば，産業上の改良がひとり富の増大という目的のみに奉仕するということをやめて，労働を節約させるという，その本来の効果を生むようになる，ということだけとなるであろう[23]。」今から150年以上前の時代に，すでにミルは労働時間の短縮について触れている点は興味深い。しかし，他方で，ミルは次のようにも述べる。「従来行われたすべての機械的発明が果たしてどの人間かの日々の労苦を軽減したかどうかは，はなはだ疑わしい[24]。」む

第3章　グリーン・リベラリズムとミル，ラスキ，マクファースン

しろ，一部の人々に多くの財産をもたらしただけではないかという懐疑的な見方をミルは示している[25]。

（4）　労働者階級の従属保護と自立論

　停止状態において，労働者階級の従属保護の理論は近代社会の状態にもはや当てはまらない，とミルは展望した上で，「分配の改善」と「労働に対する報酬の増加」を主張する[26]。「人生の必要な労働の分担分を負担することを免れているような人間がいるような社会状態は，私は公正なものとも，また有益なものとも認めない」と，不労働階級の不労所得をミルは痛烈に批判し[27]，労働者階級のあるべき状態を模索する。その際，従属保護の理論を拒否する。その理論は，上層諸階級が，貧しい人たちのために考慮をめぐらし，その考慮・保護に，労働者階級は感謝しなければならない，というものである。しかし，実際には，上層諸階級である特権と権力を握った階級は，「すべてその階級自身の利己的利益のためにその権力を使用」するものであり[28]，愛情をもった配慮はありえない，とミルは分析し，従属保護理論を拒否する。かわりに，労働者の自立の理論をミルは提唱する。

　今後は労働者階級自身の諸能力に委ねるべきであるという考えをミルは披瀝する。「彼らが必要とするところの特性は，独立の特性である。……将来の見通し如何は，彼らが合理的な人間となされうる，その程度如何にかかっている[29]。」確かに，現時点では労働者階級の教育程度がかなり低いことを，ミルは認めた上で[30]，今後，「学校教育が質量ともに大きな進歩を遂げ，その結果，精神的教養における，またそれに依存する特性における大衆の進歩向上が……行われるであろうことを，期待しうる理由がある」と期待感をミルは表明する[31]。その上で，労働者階級が自治的なものとなることをやがて要求するようになるであろう，という見通しを彼は示している[32]。また，ミルは次のようにも述べている。労働者階級の「知能の向上はおそらくより適切な人口調節を行わせるという効果をもつ。この効果は婦人の社会的独立によって促進されるであろう[33]。」

（5）　雇用関係廃棄への社会の傾向

　ミルによれば，「労働者階級がいつまでも彼らの究極の地位が賃金のために労働するという状態であるということで満足しているであろうと，考えることができない[34]。」「人類を雇用者および被雇用者という二つの世襲的階級に分けておくなどということは，永続的に維持しうると期待しうることではない[35]。」つまり，資本主義社会における二つの階級の維持は将来的にはありえない，とミルはみている。さらに続けて彼はいう。「相反する利害と感情とを有する二つの党派に……分裂させなくても，また労働に従事する多数の人たちを，資金を供給する一人の人の命令のもとに立ち，及ぶかぎり少ない労働をもってその賃金をとる」ということは必要なくなるであろう[36]。今後は次のような形態にとって代わられるであろうと，ミルは展望する。「ある場合には労働者と資本家との共同組織という形態，他の場合には—そしておそらく最後にはすべての場合において—労働者たち同志のあいだの共同組織という形態……によって取って代わられるようになるであろうということ，このことにはほとんど何の疑いもありえないのである[37]。」

（6）　労働者と資本家との共同組織

　ミルによれば，「労働者が資本家との間に共同組織をつくった実例」はいくつも存在しており，なかには見事な成功を収めたものもある[38]。例えば，イギリスのコーンウォールの鉱山労働者の事例，フランスのパリの家屋塗装者ルクレール氏の例をミルは紹介している[39]。後者では，労働者に利潤の分け前が与えられ，労働者の能動性の高まりをみることができる[40]。

（7）　労働者たち同志の間の共同組織の実例

　この組織とは「労働者たちがその作業を営むための資本を共同で所有し，かつ自分自身で選出し，また罷免しうる支配人のもとで労働するところの，労働者たち自身の平等という条件に則った共同組織である[41]。」このような組織を

望ましいものとしてミルは考えているが，その成功例として，「パリだけでも百以上」に上るとミルは述べている(42)。この成功例は，「自分たち自身の零細な資金および仲間の労働者からの少額の借入れしかもたず，資本の形成に努めていたあいだはパンと水とで生活し，利潤の剰余はその全部をあげて資本の形成にあてていたものの場合であった(43)」と，困苦心労が成功の背景にあったということを，ミルは述べている。一例として，ピアノ製作工場がある。「その出発の当初をなやましていた種々の障害や生活の窮乏」は次第に克服されていった(44)。ミルによれば，「この共同組織は……応じ切れないほどの注文を受け」るに至っている(45)。報酬に関しては，最初のうちは労働者全員相等しい賃金が支払われていたが，その後，生活の維持に必要な最低限のものが支給されたのち，それ以上の報酬はなされた仕事に比例されるようになった(46)。イギリスのロッチデイル公平先駆者協会も成功した一事例である。ミルによれば，この組織は繁栄を極め，新聞閲覧室を教育基金によって維持し，図書室を多くの最良の蔵書で充たし，若い人たちの学校を経営したり，社会人教育を実施したりしている(47)。

　ミルはイギリスの協同組合史に言及している。「協同組合は，今日，現代の進歩的傾向を構成する重要な要素と認められるものの一つとなっており(48)」「勤労の総生産性においてさえも，一大増進を期待することができよう(49)。」また，協同組合の利点として，「仕事に対する全労働者の利害の協同ということ」をミルは挙げている(50)。この協同組合のあるべき姿として，ミルは，労働者全員を漸次的に利潤の分配にあずかるものにしていく必要があり，かつ，この「共同組織の諸種の権利および管理に対しては男女両性が平等に参与する」ことを前提とすべきであると主張している(51)。

（8）　競争の必要性

　社会主義に接近し，社会民主主義の立場に立つミルであるが，競争については，「競争は有害なものではなくて，有用かつ不可欠なものである」という考えを示す(52)。社会主義者たちの目的には賛成の意を示しつつも，彼らが競争へ

の偏見を持っており，競争への攻撃の姿勢を強めていることに，ミルは反対する[53]。共同組織と共同組織とのあいだの競争は，勤労諸階級全般の利益となるものであり[54]，フーグレー氏の言葉を引用して，「競争が弊害を生み出す大きな力をもっているとすれば，それは，それに劣らず，福利をもたらす力をももっているものである。ことに個人の能力の伸長および革新の成功に関する事柄において，そうである[55]。」今日において必要とされることは，「一部の限られた労働者群に局部的な利得を獲得させ，それによって現在の社会機構を温存することを彼らの利益とさせるところの，古くからの慣習を維持してゆくことではなくして」競争によって，「むしろすべての人に有益な新しい一般的慣行を採用実施することである」と強調して[56]，ミルは論を結んでいる。

第4節　ラスキ，C.B.マクファースンとJ.S.ミル

　ここでは，ラスキ，C.B.マクファースンの思想が，ミルの自由主義思想をどの程度継承・発展しているのかについて明らかにしたい。

（1）　ラスキとミル

　渋谷武氏は，『ラスキの政治理論』（1961年）のなかで，J.S.ミルとラスキとの関係について次のように述べている。以下，渋谷氏の分析を紹介していきたい。

　ミルは，人間の「自己の人格を形成する力」に強い確信をいだいている[57]。その確信をもとに，財産の観念は，ミルにおいては，「あらゆる人々に対する共通の利益に導かれた社会的に有用な財産の蓄積へ向かうべきこと」であるという認識が示されている[58]。そのためには，現制度の根本的・究極的変革が必要とされると，ミルは展望している。このようなミルの主張・認識とラスキの財産権論とを比較することは興味深い。財産の蓄積の追及から生じる所有と非所有の矛盾にラスキは注目する[59]。財産権が拡大の一途を辿る近代国家においては，「他人を排除して物事を統制する権利としての財産」は[60]，問題を孕ん

第3章　グリーン・リベラリズムとミル，ラスキ，マクファースン

でおり，「時代の中心的課題は，人間の道徳的感覚を満足させる財産の観念を
見出すこと」であると[61]，ラスキは強調する。ラスキは，「新しい財産の観念
の再構成」を試みる[62]。それは，「なんびとも，遂行される機能に対する返報
として以外には，財産に対する道徳的権利を持たない。……その財産が他人の
努力である人々は，社会に対しては，寄生虫的存在であるといわなければなら
ない」ということである[63]。さらに，ラスキの財産権論は次の通りである。「財
産は，個人的努力の結果である場合に，存在価値があり，義務の遂行に伴う場
合に，正当な権利を持つことができるものと言える。……財産の所有者が社会
的役務を果し得る時，はじめて，彼の財産は道徳的に正当化されるに至るので
ある[64]。」渋谷氏は，「このようなラスキの叙述は……ミルの論理・主張と共通
のものを有していることを示している」と分析・評価している[65]。

　渋谷氏によれば，イギリスのフェビアン社会主義者の思想形成に，J.S.ミル
の個人主義に含まれる集産主義が影響を及ぼしている[66]。「フェビアン社会主
義の思想が，イギリス労働党の政策にきわめて明白に反映していった。……彼
らの目指したものは，あくまでも個人人格の発展を基礎とした社会改革であり，
……換言すれば，彼らの主張の基礎は，個人における自己形成力の強化，人間
における主体性の確立であると同時に，それへの限りなき信頼を基礎としてい
た[67]。」渋谷氏は続けていう。「フェビアン社会主義は，ラスキの指摘するよう
に，典型的なイギリス社会主義であった。それは，まさに，イギリスにおける
自由主義の必然的な発展形態とみることは可能であろう。それは，事実，決し
て自由主義の特質を失ってはいないのである。……ミルの思想的意義は，イギ
リス自由主義と，フェビアン社会主義に現わされるイギリス社会主義との接続
点をなすものとして……注目されなければならないのである。そして，このこ
とは，ラスキの理論に現われるフェビアン社会主義的表現との関連において，
興味ある問題を投げかける[68]。」

　渋谷氏はミルとラスキとの思想の連関について次のように総括する。「ミル
はイギリス労働運動史を支配する政治哲学に対しては，一種予見的地位を有し
ていた。……ラスキは，具体的日常行動を通じて，その政治哲学を表明してい

たと言える。……このような点に，ミルとラスキの接続に関する一つの問題を摘出することができるであろう。ラスキが同意による革命が二つの前提に基づくべきことを力強く述べている時，そこに述べられた二つの前提がミルの理論に現われ，イギリス労働運動史を支配し続けて来た……政治哲学であったことを，われわれは指摘することができる。……ラスキがこの革命に対してあげた前提とは，第一に，およそ人間たるものは，自己自身を目的とするものであって，他人の目的のための手段ではない。第二に，個人の人格が実現される程度が深ければ深いほど，このような個性の活動が行われる社会は，一層豊かになるという二つの前提であった。そして，この二つの前提は，ミルにおいて説かれた，人間の『自己の人格を形成する力』を中心とした理論の必然的発展に他ならなかったのである[69]。」以上の渋谷氏の総括にもみられるように，ミルとラスキの思想の接続と継承・発展関係を指摘することができる。

ラスキ自身も，自身の著書のなかで，J.S.ミルを高く評価している。ラスキは『ヨーロッパ自由主義の発達』（1936年）のなかで，ヨーロッパ自由主義の形成・発展の歴史を考察している。以下，彼の考察をみていこう。「自由主義の観念は歴史的に，財産の所有と不可避的に関連を持っている[70]。」資本主義社会の到来とともに形成された自由主義観念のエートスは，「富獲得の観念」であり，富のための富の追及を是とする考え方である[71]。この形成・発展に寄与した思想家がロック，アダム・スミス，ベンサム，バーク等である。ロックは「国家を，努力して財産を蓄積する人が欲する利益を守るために作られたもの」と看做していた[72]。アダム・スミスにおいては，「自分自身の利益のためになされる個人個人の無数の行動が，不思議な錬金術によって，結果として社会的利益をもたらすのである[73]。」ベンサムは「商業一般の自由は望ましいものだ」と断定していた[74]。保守主義者のバークにとって，「財産が支配権を持つということは，彼のすべての思考の『口には言えぬ大前提』であった[75]。」

このようにして形成・発展した自由主義に対して，ラスキは批判的である。このような自由主義は「社会のほんの一部の人々のためにのみ役立つ一つの教説である[76]。」多くの工場の職工や土地を持っていない労働者にとっては，犠

第3章　グリーン・リベラリズムとミル，ラスキ，マクファースン

性を強いるものであった。この自由主義の不都合に対する真の批評は社会主義
者から主張されただけでなく，明白な人道主義を名とする新しい干渉主義から
も提唱された[77]。その提唱者のなかにT.H.グリーンがいたのである。

　上記の批評を受けて，19世紀後半に，積極的国家観，累進課税の観念を不可
欠の部分とする自由主義観念が生まれ，1870年代には社会奉仕国家がヨーロッ
パに出現した[78]。その基本原理は二重であった。「一面においてそれは，一般
原則として生産手段の私有は維持せらるべきことを肯定したが，他面では，既
に普通の生活水準の一部をなすものと認められていた快適品を自分の賃金では
買う余裕のなかった人々の利になるように，この私有の結果を統制すべき用意
をした[79]。」このような自由主義観念が，1914年の戦争までに，全ヨーロッパ
の人心を支配した。イギリスでは，フェビアン社会主義が有力となったが，こ
の社会主義にとっては，マルクスよりもジョン・スチュアート・ミルの影響の
方が大きかった[80]。

　以上がラスキの主張であるが，ロック，スミス，ベンサム，バーク等によっ
て，無制限の私有財産の蓄積を是とする自由主義が形成・発展し，今日に至っ
ているが，他方で，19世紀の後半，末葉以降，T.H.グリーン，J.S.ミル等に
よって，新しい自由主義が生成された，という見方をラスキがしているのが理
解できる。ラスキは前者の自由主義には批判的であり，後者の自由主義を不十
分さがあるとはいえ，高く評価しており，J.S.ミル等の問題意識を継承してい
るとみることができる。

（2）　マクファースンとミル

　マクファースンは，『自由民主主義は生き残れるか』（1977年）のなかで，
J.S.ミルの政治思想を高く評価している。マクファースンは，西欧の自由民主
主義をいくつかのモデルに分類して考察しているが，J.S.ミルの提供した民主
主義のモデルをモデル2発展的民主主義と呼んでいる。これに対して，ベンサ
ム，J.ミルの提供したモデルをモデル1防禦的民主主義と呼んでいる。モデル
2の発展的民主主義とは次のようなものである。J.S.ミルは，「民主主義が人

79

間の発展に何を寄与しうるかという点に力点を置いた。ミルの民主主義モデル
は一つの道徳的モデルである。ミルのモデルをモデル1からもっとも鋭く区別
するのは、ミルのモデルが、人類の向上可能性とまだ達成されていない自由で
平等な社会についての道徳的ヴィジョンを持っていることである。民主主義的
な政治体制はこの向上への手段—必要だが十分ではない手段—として評価され
る。そして民主主義社会はこの向上の結果であるとともに、より一層の向上に
とっての手段として考えられる。期待される向上は、社会の全成員の人格的な
自己発展の量的な増加であり、ジョン・ステュアート・ミルの文句によれば、
『知性、徳性、実践上の積極性と能率性における……共同社会の前進』である。
……ある個人の価値は、彼が自分の人間的潜在能力を発展させる程度によって
判断される。『人間の目的は……完全でかつ矛盾のないひとつの全体へと、彼
の諸力を最高かつ最大に調和的に発展させることである。』……人間は自らの
力と潜在能力を発展させることのできる存在である。人間の本質は、それらを
行使し発展させることである。人間は本質的に消費者、領有者（モデル1にお
いてそうであったように）ではなく、自らの潜在的能力の行使者、開発者、享
受者である。よき社会とは、自らの潜在的能力の行使者、開発者として、さら
にその行使と発展の享受者として万人がふるまうことを認め奨励するような社
会である[81]。」このミルのモデルを継承した20世紀初頭の政治思想家、政治学
者として、次の名前をマクファースンは列挙している。「L.T.ホッブハウス、
A.D.リンゼイ、アーネスト・バーカー、ウドロー・ウィルソン、ジョン・
デューイ、R.M.マッカイヴァー」である[82]。このモデル2については、マク
ファースンは、「かなりの注目を払う価値がある」と高い評価を与えている[83]。

　マクファースンによれば、J.S.ミルは、「平等な人間的発展の主張と既存の
権力と富の階級的不平等とが両立不可能であることを認めて深く悩んでいた。
彼は……問題を理論の次元においてさえ解決したわけではなかったけれども
……少なくとも民主主義に必要な社会的・経済的な前提条件に自らかかわって
いるかぎりで、それを処理しようと試みた[84]。」マクファースンは上述のように、
J.S.ミルの発展的民主主義を高く評価したが、その理論には限界・問題点も

第3章　グリーン・リベラリズムとミル，ラスキ，マクファースン

あったと鋭く指摘している。マクファースンによれば，J.S.ミルは，「労働の生産物の実際におこなわれている配分が全面的に不当なものであることを……知っていた。彼は，この不当な配分を，資本主義的原則それ自体によってではなく，歴史的偶然として説明したのである[85]。」J.S.ミルは，未熟練労働者が1票，熟練労働者が2票，製造業者は3，4票，専門職業人・文筆家・官吏・学術団体の選出会員は5，6票と，複数投票権を提唱していた[86]。このことは，J.S.ミルが，政治への不平等参加を容認するものであり，資本主義的階級関係を是認するものであるとみなされるということを，マクファースンは示唆している[87]。

　それでは，モデル1の防禦的民主主義とはどのようなものであろうか。それは，ジェレミイ・ベンサムとJ.S.ミルの父のジェームズ・ミルが体系的に提唱した理論である[88]。このモデルでは，民主主義的選挙権は，一人一票の選挙権を認めている。この民主主義モデルは「自らの私的利益の無限の欲求者であると仮定されている，本来的に自己利益中心で相争う諸個人の統治のために論理的に必要とされたもの以外の何ものでもない。このモデルは，人間は無限の消費者であり，彼の最も重要な動機は社会から彼自身へと向う満足ないし効用の流出を極大化することであり，国民社会はこのような諸個人の単なる集合であるという仮定に基礎をおいて唱えられた。責任政府は一その責任が民主的選挙人にたいする責任というところまで進んでいる場合でさえ一諸個人の防禦と国民総生産の促進のために必要とされるのであって，それ以上のどんな目的のために必要とされるのでもない[89]。」

　マクファースンは，モデル1とモデル2において，どちらの民主主義を評価しているのか。これに関して，マクファースンは次のように述べている。「ベンサムとジェームズ・ミルは既存の資本主義社会を留保条件抜きで受け容れていた。ジョン・ステュアート・ミルはそうではなかった[90]。」「ミルのモデルは，原則的に『一人，一票』を規定したモデル1からの一歩後退である。しかし，道徳的次元においては，モデル2はモデル1よりもより民主的である。モデル2は現にあるがままの個人，無限の消費者にして領有者である人間に満足して

81

いない。モデル2はより人間的に発達し，より平等に発達した個人の社会に向って進むことを欲する[91]。」このように，マクファースンはモデル1の防禦的民主主義には批判的で，モデル2のJ.S.ミルの発展的民主主義を高く評価しており，彼の問題意識を継承していることがわかる。

　個人主義の次元においては，ベンサム等の防禦的民主主義と関連の深いのが「所有的個人主義」であるが，これに対して，マクファースンは当然批判的である。所有的個人主義とは，マクファースンのオリジナルの名称・概念である。ホッブス，ロックからベンサムまでの功利主義的伝統にみられるように，個人を本質的に効用の極大化的消費者とみる伝統であり，20世紀後半の現代社会においても支配的である。この所有的個人主義からどれほど離脱できるかが肝心であると，マクファースンは展望している[92]。

　さて，人間を本質的に無限の消費者，領有者とみる伝統である防御的民主主義，所有的個人主義は，金満主義，赤裸々な市場原理主義につながるものであるが，地球環境，自然に対してはどのように作用するのだろうか。また，人間を自らの潜在的能力の行使者，開発者，享受者であるとみる発展的民主主義は，公平性に力点を置くものであるが，地球環境，自然に対してはどのように作用するのだろうか。ここで，「グリーン・リベラリズム」を著したスティーブンズ氏の見解をみておきたい。「経済的，生産的諸自由は，ミルにとっての焦点ではなく，ロックにとっての焦点であった。ミルの『自由論』は，よく頻繁に自由市場商人の議論のハンドブックであると考えられがちであるが，所有的個人主義を擁護するものでないことは確かである[93]。」続けてスティーブンズはいう。「ロックの利己的モデルに対して，ミルは個人の内面性にしたがった十全たる発達という古典的理想を発現させている[94]。」スティーブンズによれば，「ロック流の政治哲学は，グリーン（環境保護）を無視する生産至上主義的動機に歴史的基礎をおいているようにみえる。ロックやベーコン流の科学によってあらわされる価値革命は，自然が人間の敵であるというよりもむしろ人間の導きであるとするミル流の教育によってのちにあらわされる文化のオリジナルな意味，修養の理念を放棄したものである[95]。」つまり，ロック流の所有的個

第3章　グリーン・リベラリズムとミル，ラスキ，マクファースン

人主義はグリーン無視であり，ミル流は自然を敵視しない導きであるとみることができる。

　シェパードも同様のことを述べている。マリウス・ド・ゲウスの言葉を引用して，「自由主義理論におけるロック流の伝統は，個人，個人的所有権，成長にかなりの重点を置いているために，エコロジカルな問題に対する関心の適切な枠組みとしては，失敗している。……これに対し，ミルは，ある種のエコロジカルな価値を尊重するような方法で，われわれのために自由主義を再解釈してくれており，役立っている[96]。」

第5節　停止状態と地球環境保護

（1）　持続可能性と地球環境保護

　J.S.ミルの停止状態論は，地球環境保護と持続可能性の先駆的存在として，多くの研究者が注目している。彼の思想に，今日の地球環境保護につながる思想をみることができるという。スティーブンズによれば，「持続可能性という言葉は，持続発展可能性の概念を広めた『環境と発展に関する世界委員会（WCED）』の報告書『われわれの共通の未来のために』における1987年世界委員会以来，環境に関する事柄において一般的となった。しかし，この理念は長い歴史を有している。……経済思想における持続可能性の概念の最初期の明確な事例は，『経済学原理』（1848年）の第4分冊におけるジョン・ステュアート・ミル（1806 - 1873）の停止状態の取扱のなかにみられる。……ミルの停止状態は，持続可能性の現代的唱道のなかで一般的となった定常状態経済（steady-state economy）の概念の先駆的存在である[97]。」

　鈴木安次氏は，「J.S.ミルの自然観と定常状態の経済思想」のなかで次のように述べている。ミルについては主著『経済学原理』（1848年）のなかで，「今日の環境問題にも通じる示唆に富む洞察が示されているのが，『定常状態』」についての議論である。「定常状態の経済思想は，その後100年以上にわたって顧みられることがなかったが，地球環境問題の顕在化や持続可能な発展のあり方

83

との関連でミルの定常状態の経済思想を継承した新たな経済学が提唱されている[98]。」ミルの原書ではstationary state と記されているが，これを「停止状態」と訳す場合が多かった。しかし，あるべき社会状態を指す場合は，鈴木氏は「定常状態」と訳している[99]。20世紀後半になって最初にミルの定常状態論に注目した研究者がいる。鈴木氏によれば，「環境問題の観点から，ミルの定常状態の経済思想を再評価し，蘇らせたのは，ハーマン・E・デイリーである。デイリーは1973年に出版された『定常状態の経済：生物物理学的均衡と道徳的成長の政治経済学に向けて』において，GNPの極大化を目指す経済を批判し，人類と環境のために新たなパラダイムが要請されるとして，ミルの定常状態を取り上げた。その意図するところは経済学と生態学の統合であり，その後一貫して定常状態の経済と持続可能な発展のあり方を論じている[100]。」また，鈴木氏は次のようにも述べている。「ミルの定常状態の経済思想は，デイリーらによって再評価され，現代の地球環境問題も踏まえ，持続可能な発展のための経済学として再構築された[101]。」

　日本のミル研究者の杉原四郎氏は，『ミル・マルクス・エンゲルス』（1999年）のなかで，次のように述べている。「ミルの新経済学は……1970年代以降，環境問題が全地球的な規模で深刻化するにつれて，再び脚光を浴びることになる。もとよりミルには，核汚染や地球温暖化問題のような切実な問題意識はない[102]。」ミルの経済思想が1970年代に注目を浴びるようになった歴史を紹介しつつも，今日の地球環境問題との問題意識のレベルでの相違点にも，杉原氏は言及している。しかしながら，「資本と人口が経済成長と共に増大してゆく結果……自然と人間との全地球的な共生が失われてしまう状態に対して，いちはやく警告を提起したのはミルであった。ミルは……経済のみならず人間と社会の全体的な新体制のビジョンを提示している。」と，杉原氏はミルを高く評価し，今日の地球環境問題を解決する示唆を彼のビジョンに読み込んでいる[103]。

　ミルの停止状態論と持続可能性，地球環境保護との関連性の歴史をみてきたが，その関連性については，多くの研究者が紹介している。ここでは，そのなかの2，3の例を上記に紹介した。

84

第3章　グリーン・リベラリズムとミル，ラスキ，マクファースン

（2）　二つの民主主義と個人主義

　第3節の（2）で紹介した部分である。ミルの停止状態論の議論のなかに，二
つの民主主義についての記述をみることができる。ミルが，防禦的民主主義を
拒否し，発展的民主主義を採用しているという観点での整理で，第3節の（2）
で紹介した部分を読み解くことができる。

　第3節の（2）で記載したところであるが，互いに人を踏みつけ，おし倒し，
おし退け，追いせまることが望ましいと考える人々，これは旧学派に属する経
済学者であるが，彼らの理想に，ミルは魅惑を感じていない。この旧学派には
アダム・スミスらがいると思われる。彼らの理想は，利己主義的なものを感じ
させるが，これは，マクファースンがいう所有的個人主義を連想させるものだ
といえる。これにミルは魅力を感じてはいないということである。

　旧学派の理想の流れを汲むものとしてであるが，すでに必要以上に富裕に
なっている人たちが，裕福さを表示するという以外にはほとんど或いはまった
く快楽を生むことがないところのもろもろの物を消費する資力を倍加するとい
うことが，あるいは多数の個人が毎年毎年中産階級から富裕階級に成り上がり，
あるいは有業の富裕者から無職の富裕者に成り上がるということが，なにゆえ
に慶ぶべき事柄であるか，私には理解できないと，ミルは述べている。より多
くの富を獲得することを是とする当時の大半の経済学者の考え方は，人間を無
限の領有者，消費者とみる所有的個人主義，民主主義レベルでは防禦的民主主
義に相当するものであると明確にいえよう。これにミルは疑問を提示している
のである。

　ミルは人性にとって最善の状態は，だれも貧しいものはおらず，そのために
何びとももっと富裕になりたいと思わず，また他の人たちの抜け駆けしようと
しない状態であるとみている。また，ミルは人生の美点美質を自由に探求する
ことを理想として掲げている[104]。ミルの見解には，他者への配慮，まなざし
をみることができるが，マクファースンが分析したように，万人が自らの潜在
的能力の行使者，開発者としてふるまえる状態を理想とする発展的民主主義社

85

会を彼は求めていたとみることができよう[105]。停止状態論のなかで，ミル自身が防禦的民主主義に嫌悪感をいだき，これに代わるモデルを積極的に提示しようとしているのを，興味深く理解することができる。

（3）　森林保全に利用

スティーブンズは「持続可能性」という論文のなかで，森林保全にミルの停止状態論が活用されていると評価している。「森林管理は持続可能性に関する現代的理念が適用される領域であった。アメリカの森林保全家ギフォード・ピンコット（1865－1946）の仕事は，大きな影響を与えた。ミルの理念を反映させながら，ピンコットは資源稀少性の理論と人間福祉のための人間中心の功利主義的な倫理的関心とを結びつけた[106]。」続けてスティーブンズはいう。「ピンコットは自伝『ブレーキング・ニュー・グラウンド』（1947年）のなかで，ヨーロッパでの森林管理の訓練期間（留学）のあと，1890年にアメリカに戻って，アメリカの森林伐採の浪費（乱伐）に衝撃を受けたと詳述している。彼と彼の仲間は，材木が不足するようになる危険性を指摘しながら，科学的な森林管理，植林，山火事，窃盗，不適切な利用と破壊からの保全を通じて，資源の効率的な獲得の原理に基づいて，アメリカ森林局（U.S.Forest Service）を設立した。これらの実践は，恒久的に資源を保全することを企図していた。この遵守原理は，経済的な長期的な社会正義の関心を含むようになった。この関心は，ネーティブ・アメリカンからの森林地の強奪に対するピンコットの関心，ならびにアメリカン・インディアンの居留地における体系的な森林管理を導入するための1908年，1909年におけるピンコットのキャンペーンに表れている[107]。」このように，J.S.ミルの停止状態論の理念は，アメリカの森林管理，森林保全に大きな影響を与えたことが読み取れる。

（4）　自然景観の美の効用

上述の鈴木安次氏は，「J.S.ミルの自然観と定常状態の経済思想」のなかで，ミルが定常状態論で説いた自然景観の美の効用について詳述している。上述し

第3章　グリーン・リベラリズムとミル，ラスキ，マクファースン

たが，鈴木氏は，あるべき社会状態を指す場合は，「定常状態」という風に使い分けて訳している。鈴木氏は，先ず，ミルの若いころのピレーネ行きが自然美の理想であったと紹介し，自然の美を讃えるワーズワースの詩が，ミルを含め人間に安らぎを与えると紹介している[108]。自然の景観のかけがえのない価値について，鈴木氏は，定常状態論のなかのミルの次の記述を紹介している。「孤独—時おりひとりでいるという意味における—は，思索または人格を深めるためには絶対に必要なことであり，自然の美観壮観のまえにおける独居は，思想と気持ちの高揚と……を育てる揺籃である[109]。」このように，自然の美観壮観が思索や人格を深めるためのものとして特記されていることが注目に値し，「自然の美が，人間の精神的な発達や人間的進歩にかかわる，かけがえのない価値を有することを表現するものである」と鈴木氏は高く評価している[110]。

　このミルの自然景観の美に関する思想のその後の影響について，鈴木氏は追っている。その思想はミルが結成に携わった土地保有改革協会の綱領に反映し，1895年に発足したナショナル・トラストに継承されていく[111]。また，ミルの経済学を継承し，発展させたアルフレッド・マーシャルの政策論の中に，ミルの経済思想の反映が読み取れるという。その政策論は「都市労働者の住環境の悪化に対して，空気と陽光とオープンスペースが必要だとして，空気浄化税を提言し，また，開発に対してゾーニングや建築規制を提言した[112]。」

　J.S. ミルは，人間の精神的・文化的価値の重要性を強調した思想家であるが，自然景観の美が，これらの価値の向上に大きな役割をもたらすことを，鈴木氏の論文からみることができる。鈴木氏によれば，「ミルの定常状態の経済思想の大きな意義は，経済的進歩よりも人間的進歩を重視することであり，人間的進歩のために不可欠な自然景観の保全を経済的進歩に優先するものと位置づけたことである。その現代的な再評価と継承が必要である[113]。」

第6節 労働時間の短縮について

第3節(3)で，停止状態に進んで入ることの利点と停止状態においても産業技術の発展の可能性があることについて，ミルは論を展開し，労働の節約の望ましさについても強調している点を紹介した。また，従来行われたすべての機械的発明が人々の日々の労苦を軽減したかどうかは，はなはだ疑わしく，産業上の改良が一部の人々に多くの財産をもたらしているというミルの見方を紹介した。

後者については，産業上の改良，技術革新が進めば，逆に一部の人に多くの富が集中し，大半の労働者にとっては労働強化が発生する方向で進むというのは，21世紀初頭の現代社会においても同様であり，ミルの先見性を感じられる。森岡孝二氏は『働きすぎの時代』のなかで，次のように分析している。情報通信革命は仕事を増やし，労働時間を長くした。森岡氏によれば，「コンピュータやインターネットなどの新しい情報通信技術は……工場でもオフィスでも労働を軽減し労働時間を短縮するだろうと期待されながら……仕事量を増やし，労働時間を長くする役割をはたしてきたと考えられる。第一に，新しい情報通信技術は……雇用形態の多様化と業務のアウトソーシングを容易にして，正規雇用の多くを非正規雇用に置き換え……雇用はますます不安定化していく。第二に，新しい情報通信技術は……ビジネスの加速化や，時間ベースの競争の激化や，商品とサービスの種類の多様化や，経済活動のボーダレス化や24時間化を促進することによって……仕事量をむしろ増やしている。第三に，新しい情報通信技術は……労働の時空と生活の時空をネットワークで「接続」することによって，労働時間を際限なく延長する恐れがある。……第四に，情報技術のめまぐるしい進歩に不断に適応するよう迫られる労働者は，情報化から取り残されまいとする強迫観念から無縁ではいられない[114]。」

また，産業革命でも似たようなことが起きたと，森岡氏は分析している。森岡氏によれば，「労働時間を軽減し労働時間を短くするはずの技術が実は仕事

第3章　グリーン・リベラリズムとミル，ラスキ，マクファースン

量を増やし労働時間を長くするという事態は今になって初めて生じたことではない。18世紀後半から19世紀前半のイギリスなどにおける産業革命では，今わたしたちが目撃していることとある意味で似たことが起こった。産業革命を牽引した工場への機械の導入と普及は，時間当たりの生産量を飛躍的に増やしはしたが，さしあたりは労働時間の短縮にも，労働者の状態の改善にもつながらなかった。それどころか……機械化にともない，……労働者相互の競争が強まり，工場主に対する労働者の立場は，雇用，賃金，労働時間などの労働条件の維持・改善を目的に労働組合が組織されるようになるまでは弱くなるほかはなかった。……機械経営は，機械に投じられる資本の節約のためにも，機械をできるだけ長時間稼働させる必要を生み出す。また，より新しいより高性能の機械が登場して，現在使っている機械が競争に耐えられなくなる恐れがつねにあるために，機械の償却を早める必要がある。こういう理由で，機械化とともに，交替制勤務や深夜労働が登場し，昼と夜の区別がなくなった。労働者は安息日の日曜日でも工場を欠勤すれば契約違反のかどで処罰されるようになった。こうして産業革命の時期には，機械の威力によって一日の労働時間の自然的，慣習的制限がことごとく取り払われて，イギリスでは19世紀前半には労働者は，それ以前の1日10時間程度から，当然のように1日12時間，週70時間も働くようになった[115]。」続けて森岡氏はいう。「イギリスで過重労働による健康破壊から労働者を保護するために，法律による労働時間の制限と短縮が始まったのは1830年代からである。……労働時間があまりに長くなると，働くひとびとの間に人間らしい生活を求める声が広がり，それが社会意識の変化や，労働組合の要求や，労働時間法制の整備などをとおして，早晩，労働時間の短縮をもたらさずにはおかない[116]。」

　森岡氏の分析から，産業化，機械化，技術革新は，生産量を飛躍的に増大化させるが，労働時間を短縮させるどころか，過重労働をもたらす傾向がきわめてつよいということが理解できる。そのことによって，一部の資本家のみに富が集中することになる，ということが容易に推察することができよう。ミルはこのような社会に異論を唱え，産業上の改良がひとり富の増大という目的のみ

89

に奉仕するということをやめて，労働を節約させるという方向に進むべきであり，その状態が停止状態において早晩生まれるであろうことに期待している。時代に先駆けて労働時間の制限を提唱したという点で，ミルは高く評価されるべきであろう。

　ミルにおいては，「あらゆる種類の精神的文化や道徳的社会的進歩のための余地」と「労働の節約」が同じ段落のなかに記述されているが，人間の目的，つまり人間の諸能力の最高度の調和のとれた発展との関連で労働時間の制限が語られているといえよう。本章第４節で述べたようにミルを評価し，ミル『自伝』を校訂したラスキも，人間の目的との関連で労働時間の短縮を提唱している。労働者にとって，このうえもなく重要なものは，「彼らの余暇が与える機会である[117]。」労働者が最善の自己となるために，「合理的な労働時間を持つ権利」をラスキは主張する[118]。具体的には，１日８時間が最大限度であるという認識をラスキは示している[119]。

　しかし，ラスキの場合には，労働者が日々の生活に意義を見出し，人間らしい生活を送り，つねによりよい自分自身であるためには，「労働時間の制限だけでは十分ではない」という見方を彼は示している[120]。さらに，労働者が産業の管理にかかわる権利をもつことが必要であるという[121]。これを別の表現を使ってラスキは「産業のなかに代議政治をもつ権利」と述べている[122]。これは，J.S.ミルが停止状態論で展望した「労働者と資本家との共同組織」あるいは「労働者たち同志の間の共同組織」につながるものであるとみることができよう。

　人間を潜在的能力の行使者，開発者，享受者であるとみるミルの参加民主主義モデルを高く評価しているマクファースンも，人間の諸力という観点で，労働および労働時間の問題を考察している。マクファースンによれば，資本主義社会における労働手段への接近の欠如によって，労働者は三つの力の移転と喪失を余儀なくされる。①労働手段の所有者への非所有者の生産的力という物質的価値の移転，②もし，非所有者がその生産的な潜在的諸力の行使をコントロールできたならば，彼が得ることができたであろう満足という価値の喪失，

第3章　グリーン・リベラリズムとミル，ラスキ，マクファースン

③生産過程の外部における自らの潜在的諸力（合理的，道徳的，美的，情緒的な力など）の喪失である[123]。そこで，この三つの力の移転，喪失を解消するために，マクファースンは，ミルと同様に，労働時間の短縮を主張している。しかし，マクファースンの場合は，この労働時間の短縮に重きを置いていない。人の力の移転・喪失と労働時間との間には直線的関係はない。多少の効果は期待できるが，余暇の増大によって，人の力の増大が可能であるという単純な主張をマクファースンは退ける[124]。むしろ，労働者の労働手段への接近に人の力の移転・喪失の最も有効な解決策をマクファースンは見出している。この労働手段への接近の主張は，ミルが停止状態論で展望した「労働者と資本家との共同組織」あるいは「労働者たち同志の間の共同組織」につながるものであるとみることができる。力の移転と喪失の由来の根本原因を探れば，労働手段への接近の重要視も理解できると思われる。しかし，マクファースンの場合は，労働手段への接近の主張一辺倒に陥っている嫌いがある[125]。

第7節　労働者と資本家との共同組織，労働者同士の共同組織

　第3節の(6)で，労働者が資本家との間に共同組織をつくった実例のミルの紹介に言及した。ミルによれば，これらの組織は，労働者に利潤の分け前を与え，労働者の能動性の高まりをもたらすものであるという。第3節の(7)で，労働者たち同志の間の共同組織の実例のミルの紹介に言及した。ミルによれば，この組織は労働者たちが資本を共同で所有し，かつ自分自身で選出し，また罷免しうる支配人のもとで労働するところの共同組織であり，勤労の総生産性，仕事に対する全労働者の利害の協同という意識をもたらし，労働者全員に利潤を付与していくものである。この共同組織のなかには，労働者の社会人教育，労働者の子女の教育に寄与できる基金を創設するところもあったということである。

　以上の共同組織，特に労働者と資本家との間のそれは，20世紀前半において

91

は，ラスキの「産業上の民主主義」にその一端をみることができる。生産者の経営への参加を意味する産業上の民主主義を，ラスキは唱導している[126]。具体的には，工場毎に労働条件の問題について労働者が経営者と話し合う工場委員会の設置をラスキは提唱しているが，それは生産者には労働条件の決定に参加する権利があることを認めるものであり，各人が創意を充分に発揮すべく積極的自由を実現することを保障するものである[127]。

また，ミルのいう共同組織は，20世紀後半以降の今日においては，彼の問題意識を継承するマクファースンが提唱した「労働手段への接近権」のことを指すと思われる。労働手段の非所有者である労働者が，労働手段へ接近すること，あるいは接近し続けることが，重要であるという。しかし，経営権への参加もここに含まれるが，これが具体的に何を意味するかについては，マクファースンはほとんど説明をしておらず，曖昧なままである。また，マクファースンは非市場社会への移行を提唱したが，彼が市場社会を完全に否定したかどうかも曖昧である。マクファースンの弟子のカニンガム教授は「経済市場の余地が，資本主義のオールタナティブにあっても保持される必要にある」と述べている[128]。

マクファースンのいう労働手段への接近についての具体的モデルは説明されていないが，例えば，今日のスウェーデンにおける労働者の経営への参加の試みや労働者基金構想の実施が，これに類似していると思われる。このスウェーデンの試みや実施はあくまでも市場社会を前提とするものである。

丸尾直美氏によれば，スウェーデンは産業民主主義と経営参加の先駆国である。丸尾氏は次のように説明している。スウェーデンでは1938年に，労使間の利害の共通する問題を平和的かつ民主的に協議して決めていこうという考えのもとに，基本協約が締結された。1969年には，企業内での労使共通の利益を効果的に進める目的で労使の協力発展委員会が設置された。1973年には，取締役会への労働者代表の参加制度，いわゆる労働者重役制が法制化された。企業利潤の一定比率を労働者基金に積立て，これでもって企業の株式を取得して，漸進的に労使共同所有企業を実現していこうとする勤労者基金構想が，経営者団

第3章　グリーン・リベラリズムとミル，ラスキ，マクファースン

体の抵抗はあったが，1984年に修正を経て導入された[129]。

　この勤労者基金制度についての丸尾氏の説明は次の通りである。当初の案では，基金は従業員50人以上の企業の税引前利潤の一定比率（20％）を徴収して積み立てることになっていた。その後，基金の資金はノーマル利潤を超す超過利潤の20％を徴収するとともに，賃金の１％に相当する金額を社会保険料と同様な方式で徴収するという方式になった。集められた資金は主として株式の取得に当てられ，一部は勤労者の教育訓練・調査などの共同目的のため利用されるものとされた。その後この案が修正され，1984年に実施された。実施された制度では，地域ごとに５つの基金をスウェーデンに設立された。基金の目的として，将来の年金財政の強化も付加された。この基金制度は，スウェーデンで運営されている法人企業，有限企業，協同組合，貯蓄銀行，相互保険会社に適用された。５つの基金では，それぞれ11人構成の理事会によって構成され，そのうちの過半数６人は勤労者から選出されることになっている。理事会の理事長は政府によって任命される。理事会は基本的決定を行い，実際の運営は少人数のスタッフとコンサルタント業者に委ねられている。勤労者基金制度の目的は，①連帯原理に基づく賃金政策を保管すること，②産業の自己金融から生ずる富の集中（財閥系家族を中心に高い集中度）に対抗すること，③経済プロセスに対して勤労者が持つ影響を高めること，④資本蓄積と経済発展を促すことである[130]。

　基金はスウェーデンの製造業とその関連会社の株式を購入することが要請されており，そのことによって，スウェーデンの経済成長を促し，国際競争力を高めることが意図されている。勤労者基金の運用収入は，逼迫した年金財政の強化にも用いられているが，勤労者教育・訓練にも活用され始めてきている。問題点として，労組幹部に権力が集中するのではという心配・懸念があったが，これは今のところないようである[131]。

　ラスキとマクファースンのいう労働者の経営への参加の主張に，ミルの問題意識の継承をみることができる。スウェーデンの勤労者基金制度とミルとの関係は不明であるが，マクファースンの労働手段への接近権の具体像として，本

章で私は，スウェーデンの勤労者基金制度に注目した。この制度には，ミルが共同組織に期待した意義，効果をみてとることができる。同基金制度における富の集中への対抗，連帯意識の向上，勤労者教育・訓練，経済発展は，ミルのいう共同組織における労働者全員への利潤の付与，仕事に対する利害共同の意識の向上，労働者の社会人教育等，勤労の総生産性につながるものをみることができる[132]。但し，労組幹部への権力集中に対する警戒心をもつことと，巨大株式の運用による無限の消費者，領有者に陥らないようにしておくことが必要である。マクファースン自身，ミルのいう独立の協同組合企業が，個人的な獲得にたいする欲求の刺激によって駆り立てられることもあろうと述べていることからも，警戒は必要である[133]。

第8節　おわりに

ラスキは，ロック，ベンサム等の自由主義思想を批判し，J.S.ミル，T.H.グリーンの自由主義思想を評価した。このラスキの問題意識を継承し，専門用語を駆使して精緻化したのがマクファースンである。ロック，ベンサム流の所有的個人主義が，金満主義と経済成長至上主義を生むために，地球環境保護には適切に対応していない。J.S.ミルの発展的民主主義は人間の自己実現と公平性に力点を置いているために，地球環境保護に適切に対応する。われわれが日々の生活に意義を見出し，人間らしい生活を送り，最善の自己であるためには，労働時間の短縮，分配の公平性，労働手段への接近が重要不可欠である。

さて，1980年代から今日までの約30年間を席巻した新自由主義，これはアメリカを中心としながら，日本，イギリスなどの先進国を始め，今日，新興国の中国でも支配的となっている[134]。新自由主義は，富の集中と格差の拡がり，ならびに深刻な環境破壊をもたらしている。この新自由主義は実は所有的個人主義をドラスティックに推し進めたものである。所有的個人主義を基調とするリベラリズムではなく，発展的民主主義に基づく社会への転換が今，必要とされる。別の表現をすれば，リベラリズムのグリーン化への転換，つまりグリー

第3章　グリーン・リベラリズムとミル，ラスキ，マクファースン

ン・リベラリズムの方向に進むべきであり，その最たるものであるJ.S.ミルの停止状態論，ならびに，ミル思想の流れを汲むラスキ，マクファースンの思想に今日学ぶべき点は大きいと思われる。

　新自由主義の進行に伴い，先進国だけではなく世界的な働きすぎ社会への移行が進んでいる。わが国では時短促進法の数値目標の廃止，ホワイトカラー・エグゼンプション制度の導入の画策があるなかで，ミル主張の労働の節約，ラスキ，マクファースン主張の労働時間の短縮に耳を傾けるべきである。産業上の改良，競争の意義を否定するものではないが，それが富の増大，つまり所有的個人主義に陥ることがないように留意する必要がある。

　ベルリンの壁の崩壊，ソ連の崩壊により，今は社会主義の時代ではないことは確かである。経済的には市場経済を前提とすべきであるのは当然である。しかし，ベンサム功利主義から社会主義に接近したが，最終的には社会改良主義者に踏みとどまったと思われていたミルが，人類を雇用者および被雇用者という二つの世襲的階級に分けておくなどということは，永続的に維持しうると期待しうることではないと分析し，労働者と資本家との共同組織および労働者たち同志の間の共同組織に将来とってかわるであろうと展望したことは，大きな驚きである。特に，わが国における格差の固定化，産業上の改良の持続の必要性のなかで，ミルの共同組織論，また，その現代版であるラスキの産業上の民主主義論，マクファースンの労働手段への接近権論等に，今後大いに学ぶべきではないかと思われる。

注

(1)　杉原四郎『ミル・マルクス・エンゲルス』世界書院，1999年，37頁。

(2)　P.H.G.Stephens, "The Green only Blooms amid the Millian Flowers : A Reply to Marcel Wissenburg," *Environmental Politics* (A Frank Cass Journal) Vol. 10. No. 3, 2001, p. 43.

(3)　J.W.Sheppard, "Overcoming Obstacles to Sustainability," *Organization & Environment*, 16(2), June 2003, p. 253.

(4)　*Ibid.*, p. 253.

(5)　J.M.Meyer, "Green Liberalism and Beyond," *Organization & Environment*, 18(1),

March 2005, p. 118.

(6) Stephens, "The Green only Blooms amid the Millian Flowers," *op. cit.*, p. 43.

(7) *Ibid.*, p. 44.

(8) J.S. Mill, *Principles of Political Economy in Collected Works of John Stuart Mill*, Vol. Ⅲ (London：Routledge & Kegan Paul, 1965), p. 752. 末永茂喜訳『経済学原理』（四）岩波書店（岩波文庫），1961年，101頁。

(9) *Ibid.*, p. 752. 末永訳，102頁。

(10) *Ibid.*, pp. 752 - 753. 末永訳，102 - 103頁。

(11) Cf. *Ibid.*, p. 753. 末永訳，104頁参照。

(12) *Ibid.*, pp. 753 - 754. 末永訳，104 - 105頁。

(13) *Ibid.*, p. 754. 末永訳，105頁。

(14) *Ibid.*, p. 754. 末永訳，105頁。

(15) *Ibid.*, p. 755. 末永訳，106頁。

(16) *Ibid.*, p. 754. 末永訳，105 - 106頁。

(17) *Ibid.*, p. 755. 末永訳，106 - 107頁。

(18) *Ibid.*, p. 755. 末永訳，107頁。

(19) *Ibid.*, p. 756. 末永訳，108 - 109頁。

(20) *Ibid.*, p. 755. 末永訳，107頁。

(21) *Ibid.*, p. 756. 末永訳，108頁。

(22) *Ibid.*, p. 756. 末永訳，108頁。

(23) *Ibid.*, p. 756. 末永訳，109頁。

(24) *Ibid.*, p. 756. 末永訳，109頁。

(25) Cf. *Ibid.*, pp. 756 - 757. 末永訳，110頁参照。

(26) *Ibid.*, p. 758. 末永訳，112頁。

(27) *Ibid.*, p. 758. 末永訳，113頁。

(28) *Ibid.*, p. 760. 末永訳，115頁。

(29) *Ibid.*, p. 763. 末永訳，122頁。

(30) Cf. *Ibid.*, p. 764. 末永訳，123頁参照。

(31) *Ibid.*, p. 764. 末永訳，124頁。

(32) Cf. *Ibid.*, p. 764. 末永訳，124頁参照。

(33) *Ibid.*, p. 765. 末永訳，126頁。

(34) *Ibid.*, p. 766. 末永訳，129頁。

(35) *Ibid.*, p. 767. 末永訳，130頁。

(36) *Ibid.*, p. 769. 末永訳，133頁。

(37) *Ibid.*, p. 769. 末永訳，133 - 134頁。

(38) *Ibid.*, p. 769. 末永訳，136頁。

(39) *Ibid.*, pp. 769 - 774. 末永訳，136 - 141頁。

(40) Cf. *Ibid.*, p. 772. 末永訳，140 - 141頁参照。

(41) *Ibid.*, p. 775. 末永訳，154頁。

第3章　グリーン・リベラリズムとミル，ラスキ，マクファースン

⑷　*Ibid.,* p. 776.　末永訳，155頁。

⑷　*Ibid.,* p. 776.　末永訳，156頁。

⑷　*Ibid.,* p. 778.　末永訳，159頁。

⑷　*Ibid.,* p. 778.　末永訳，161頁。

⑷　Cf. *Ibid.,* pp. 782－783.　末永訳，161頁参照。

⑷　Cf. *Ibid.,* pp. 787－788.　末永訳，167－168頁参照。

⑷　*Ibid.,* p. 790.　末永訳，171頁。

⑷　*Ibid.,* p. 791.　末永訳，172頁。

㊿　*Ibid.,* p. 792.　末永訳，175頁。

⑸　*Ibid.,* p. 794.　末永訳，177頁。

⑸　*Ibid.,* p. 794.　末永訳，194頁。

⑸　*Ibid.,* p. 794.　末永訳，194－195頁。

⑸　Cf. *Ibid.,* p. 795.　末永訳，195－196頁参照。

⑸　*Ibid.,* p. 795.　末永訳，196頁。

⑸　*Ibid.,* p. 796.　末永訳，198頁。

⑸　渋谷武『ラスキの政治理論』弘文堂，1961年，153頁。

⑸　同書，154頁。

⑸　同書，156頁。

⑹　同書，159頁。

⑹　同書，159頁。

⑹　同書，159頁。ラスキの財産観念の再構成については，拙著，小松敏弘『現代世界と民主的変革の政治学―ラスキ，マクファースン，ミリバンド―』昭和堂，2005年，28－32頁を参照のこと。

⑹　渋谷，前掲書，160頁。

⑹　同書，161頁。

⑹　同書，161頁。

⑹　同書，162頁。

⑹　同書，164頁。

⑹　同書，164－165頁。

⑹　同書，176－177頁。

⑺　H. J. Laski, *The Rise of European Liberalism*（London：Transaction Publishers, 1997.）（Originally published：London：George Allen & Unwin, 1936），p. 18.　石上良平訳『ヨーロッパ自由主義の発達』みすず書房，1953年，8頁。

⑺　Cf. *Ibid.,* pp. 20－24.　石上訳，10－14頁参照。

⑺　*Ibid.,* p. 116.　石上訳，112頁。

⑺　*Ibid.,* p. 178.　石上訳，179頁。

⑺　*Ibid.,* p. 192.　石上訳，194頁。

⑺　*Ibid.,* p. 199.　石上訳，202頁。

⑺　*Ibid.,* p. 195.　石上訳，198頁。

(77) Cf. *Ibid.*, pp. 195 – 196. 石上訳, 198頁参照。

(78) Cf. *Ibid.*, pp. 240 – 241. 石上訳, 247頁参照。

(79) *Ibid.*, p. 241. 石上訳, 247頁。

(80) Cf. *Ibid.*, p. 241. 石上訳, 248頁参照。

(81) C.B.Macpherson, *The Life and Times of Liberal Democracy* (Oxford：Oxford University Press, 1977), pp. 47 – 48. 田口富久治訳『自由民主主義は生き残れるか』岩波書店 (岩波新書), 1978年, 79 – 80頁。

(82) *Ibid.*, p. 48. 田口訳, 80 – 81頁。

(83) *Ibid.*, p. 48. 田口訳, 81頁。

(84) *Ibid.*, p. 49. 田口訳, 81 – 82頁。

(85) *Ibid.*, p. 55. 田口訳, 91頁。

(86) Cf. *Ibid.*, p. 58. 田口訳, 97頁参照。

(87) Cf. *Ibid.*, p 62. 田口訳, 102 – 103頁参照。

(88) *Ibid.*, p. 24. 田口訳, 41頁。

(89) *Ibid.*, p. 43. 田口訳, 71頁。

(90) *Ibid.*, p. 50. 田口訳, 84頁。

(91) *Ibid.*, p. 60. 田口訳, 99 – 100頁。

(92) C.B.Macpherson, "Pluralism, Individualism, and Participation," *Economic and Industrial Democracy*, Vol. 1. 1980, pp. 21 – 22. C.B.Macpherson, *Democratic Theory：Essays in Retrieval* (Oxford：Oxford University Press, 1973), pp. 24 – 38. 訳書は, 田口富久治監修, 西尾敬義・藤本博訳『民主主義理論』青木書店, 1978年。

(93) PiersH.G.Stephens, "Green Liberalisms：Nature, Agency and the Good," *Environmental Politics* (A Frank Cass Journal) Vol. 10. No. 3, 2001, pp. 10 – 11.

(94) *Ibid.*, p. 11.

(95) *Ibid.*, p. 15.

(96) Sheppard, *op.cit.*, p. 251. マリウス・ド・ゲウスとブライアン・ドヘルティは『民主主義と環境保護政治思想』のなかで, 次のように述べている。「この著作を通して取り上げているテーマ—自由民主主義は環境保護の観点においては偏向しているのか, 民主主義の環境保護の見解を形作る環境保護の正義の理論は存在するのか, 環境保護に適合するような基準はどのような状態を考えるべきか—は, ここで初めて究明されたといえる。」B.Doherty and M.Geus, "Introduction," in B. Doherty and M.Geused., *Democracy &Green Political Thought* (London and New York：Routledge, 1996), p. 15. このように, この著作は, 自由民主主義が, 自然に反するように偏向しているのか, また, その民主主義は環境保護 (greens) の障害となっているのか, それとも擁護する機会を提供しているのか, という問題意識で書かれている。

(97) Piers.H.G.Stephens, "Sustainability," *Encyclopedia of Environmental Ethics and Philosophy* (London：Routledge, 2008), p. 286.

(98) 鈴木安次「J.S.ミルの自然観と定常状態の経済思想」『情報と社会』19号, 2009年2月, 69 – 70頁。

第3章　グリーン・リベラリズムとミル，ラスキ，マクファースン

⑼　同論文，76頁。

⑽　同論文，73頁。ミル再評価のハーマン・E・デイリーの著書は次の著作である。H.E.Daly, *BEYOND GROWTH The Economics of Sustainable Development*（Boston, Massachusetts：Beacon Press, 1996）．新田功・蔵元忍・大森正之共訳『持続可能な発展の経済学』みすず書房，2005年。

⑾　鈴木，前掲論文，74頁。鈴木氏によれば，「デイリーは，経済に対する環境の制約と分配の公平について，ミルを継承し，より客観的な理論を示したといえるが……自然の美の精神的・文化的価値は取り上げられていないのである。」同論文，75頁。この点に鈴木氏は不満をいだいている。

⑿　杉原，前掲書，37頁。

⒀　同書，37頁。四野宮三郎氏も地球環境保護の観点から，ミルの定常経済に注目している。四野宮氏によれば，「ミルの提唱した定常経済は，人間的成長と生存が，自然の生態系や地球自然の全生物の生存と密接にかかわっている，という認識に立っている。…………そこでは汚染をもたらさないような，代替的材料や生産技術の転換のための研究が，絶えずなされていかれねばならないのである。」四野宮三郎『J.S.ミル思想の展開Ⅰ』御茶の水書房，1997年，118－119頁。

⒁　Mill, *op.cit.*, p.755. 末永訳，107頁。

⒂　マクファースンはミルの「停止状態論」について次のように述べている。「社会は，競争し合い，相争い，自己利益中心の消費者，領有者の集合である必要はないし，そうあってはならない。社会は自らの人間的潜在能力の行使者，開発者の共同社会でありえたし，またそうあるべきである。」Macpherson, *The Life and Times of Liberal Democracy, op.cit.*, p.51. 田口訳，85頁。

⒃　Stephens, "Sustainability," *op.cit.*, p.287.

⒄　*Ibid.*, p.287.

⒅　鈴木，前掲論文，70頁。

⒆　Mill, *op.cit.*, p.756. 末永訳，108頁。

⒇　鈴木，前掲論文，72頁。

(111)　同論文，75頁。

(112)　同論文，75頁。

(113)　同論文，75頁。

(114)　森岡孝二『働きすぎの時代』岩波書店（岩波新書），2005年，52－53頁。

(115)　同書，53－55頁。

(116)　同書，55頁。

(117)　H.J.Laski, *A Grammar of Politics*（5thed., London：George Allen and Unwin Ltd., 1967），p.76. 日高明三・横越英一訳『政治学大綱』上巻，法政大学出版局，1952年，118頁。

(118)　*Ibid.*, p.111. 日高・横越訳，167頁。

(119)　*Ibid.*, pp.111－112. 日高・横越訳，167－168頁。ラスキのゆとり論は，小松，前掲書，127－151頁を参照のこと。

⑿ *Ibid.*, p.112. 日高・横越訳, 168頁。

⑿ *Ibid.*, pp.112-113. 日高・横越訳, 169頁。

⑿ *Ibid.*, p.113. 日高・横越訳, 170頁。

⑿ Macpherson, *Democratic Theory*, *op.cit.*, pp.61-62, 64-67, 69-70.

⑿ *Ibid.*, p.69.

⑿ マクファーソンのゆとり理論は, 小松, 前掲書, 127-151頁を参照のこと。

⑿ Laski, *A Grammar of Politics*, *op.cit.*, p.148. 日高・横越訳, 219-220頁。

⑿ *Ibid.*, p.450. 横越英一訳『政治学大綱』下巻, 法政大学出版局, 1952年, 210頁。

⑿ F.Cunningham, *The Real World of Democracy Revisited* (NewJersey：Humanities Press, 1994), p.8. 中谷義和訳『現代世界の民主主義』法律文化社, 1994年, 12頁。

⑿ 丸尾直美『スウェーデンの経済と福祉』中央経済社, 1992年, 162-166頁。

⒀ 同書, 247-257頁。

⒀ 同書, 257-263頁。

⒀ 『多元的国家論—G.D.H.コール, J.N.フィギス, H.J.ラスキの選集』(*The Pluralist Theory of the State：Selected Writings of G.D.H.Cole, J.N.Figgis, and H.J.Laski*《London：Routledge, 1989》) を著したP・ハーストは, アソシエーティブ・デモクラシーを提唱している。W・アヒターベルグによれば, 「ハーストによって考えられたアソシエーティブ・デモクラシーは, 二つの理由でコミュニティの成長に寄与しているといえよう。ひとつは, 協同と調整の増加を通して, 連帯心を深める潜在性をもたらしているということである。……ふたつに, 選択する諸コミュニティ間のネットワークの増大が, 将来の世代との連続性と同一性のより強固な認識をもたらしているということである。……ハーストによって提案された制度変革は, より持続可能でより公正な社会をさらに実質的に達成することに寄与することを約束している。」

W.Achterberg, "Sustainability, Community and Democracy," in B.Doherty and M.Geus ed., *op.cit.*, p.185. つまり, アソシエーションは, 協同性の高まりだけではなく, 持続可能な社会をも企図する効果があることを示しているといえよう。

⒀ Macpherson, *The Life and Times of Liberal Democracy*, *op.cit.*, p.61. 田口訳, 101頁。

⒀ D.Harvey, *A Brief History of Neoliberalism* (New York：Oxford University Press, 2005), p.120. 渡辺治監訳『新自由主義』作品社, 2007年, 170-171頁。ハーヴェイは, 中国の新自由主義を「中国的特色のある」新自由主義と呼んでいる。ハーヴェイによれば, 「中国では, 権威主義的な中央集権的統制と絡み合いながら新自由主義的な諸要素がますます組み込まれていく独特の市場経済が構築された。」*Ibid.*, p.120. 渡辺監訳, 170頁。

なお, 新自由主義には二種類存在する。19世紀末から20世紀初頭にかけてはニュー・リベラリズム, 20世紀後半から21世紀初頭にかけてはネオ・リベラリズムである。日本語の表記はともに新自由主義である。

上記のハーヴェイの新自由主義は後者である。前者のニュー・リベラリズムについ

第3章　グリーン・リベラリズムとミル，ラスキ，マクファースン

ては，次の文献を参照のこと。大塚桂『ラスキとホッブハウス』勁草書房，1997年，
102 – 118，194 – 211頁。

第4章

アメリカの二大政党制の
批判的考察

第1節　はじめに

　アメリカで二大政党制が根付いているのは，アメリカ社会のイデオロギー的同質性にある。二大政党の共和党，民主党の政策に根本的相違はないとされる。両党とも資本主義政党であり，安全保障ではアメリカの利益・権益の擁護に熱心である。両党の前提の同一性が政権交代の円滑化を生み，長期にわたって二大政党制の存続をもたらしている。

　一方で，政党名が異なる以上，多少の政策の傾向の違いは存在している。共和党は保守的で健全財政を志向し，安全保障ではタカ派であり，民主党は革新的でリベラルで積極財政を志向し，安全保障ではハト派である。時には抜き差しならない激しい政策論争が生じることがある。但し，戦争に関しては，実際の大戦争はハト派の民主党政権のもとで発生し，東西の緊張緩和（デタント），核軍縮はタカ派の共和党政権のもとで進行している。

　このように，アメリカの二大政党制は，同質性と傾向の相違の共存と矛盾によって成り立っているといえよう。同質性と傾向の相違がアメリカの政治を見る際の重要な視角である。本章では，この同質性と対立（傾向の相違）の共存と矛盾の歴史を，先ず，20世紀前半のアメリカ政治を深く分析，考察したラスキ（1893〜1950）の理論を通してみていきたい。次に，20世紀末から21世紀初頭のアメリカの政治を通してみていきたい。現在では，傾向の相違が先鋭化し，

103

政策の分極化が強まり，アメリカの政治が機能不全に陥っている印象をわれわれに与えている。グローバル資本主義の時代にこのようなことが起こっている。

　二大政党制の代表的な国はアメリカであり，この政党制が政党制のなかの理想のひとつとされている。二大政党制化の傾向にあるわが国において，この政党制が理想であるのか，採用すべき政党制は何が望ましいのかを考える際のヒントをこの論考を通して得たいと考えている。

第2節　ラスキの考察

（1）同　質　性

　ラスキは，『アメリカ・デモクラシー』（The American Democracy），アメリカの大統領制（The American President），「ネーション」（The Nation）などのなかで，アメリカの二大政党制について論じている。ラスキは共和党と民主党の同質性について次のように述べている。両党の特色はなかなか区別しにくい[1]。「共和党の共和党たる所以の恒久的理念を，民主党の民主党たる所以の恒久的理念と対照させて，規定すべき，基準ということになると，これはなかなか見つからない[2]。」「二大政党のイデオロギーは，これらの政党の目的の函数であるというよりも，これらの政党がこの人のために戦っている当の人物の函数になっている[3]。」つまり人物との結びつきが大事ということであり，政党の目的はどうでもよいということである。「共和党の政策が，民主党の政策と格段に違うなどということが，とても有りそうもない」ということすら，ラスキはいう[4]。「肝要な事実は，アメリカの二つの主要政党が，見方の上でも哲学の上でも，相互にそう重大な相違をもっていないという点である」というラスキの記述に[5]，アメリカの政党制の重要な特徴をみることができる。同様のことを別の表現を使用して，ラスキは次のようにいう。「南北戦争以来，政党と政党との間に引かれる境界線は，引かれてはいるものの実は架空のものでしかないのだ[6]。」アメリカの諸政党は理念とは関係がない選挙マシーンであるとラスキはみており[7]，「諸政党は理念のブローカー（仲介人）ではなく，

104

第4章　アメリカの二大政党制の批判的考察

投票のブローカーであるというのが重要な事実である」とラスキはいう[8]。

　以上のようにラスキは，共和党と民主党の同質性を強調しているが，前提とすべき経済体制では両党とも資本主義経済体制を支持しているとみている。共和党，民主党，「政党はどちらにしても本質的にはこの国の資産階級の代理者であり，同じ主人に全く同じ様に仕えてきた[9]。」「政党はこの国の実業人の……立法的代理者である。政党が拠って立っている前提は……アメリカ資本主義がアメリカの社会に適応しているという考え方である[10]。」つまり，共和党も民主党もともに資本主義政党であるとラスキはみているのである。「アメリカの政党も英国のそれも所詮は巨大な会社とその代表者達によって不当に支配されているのだ」とラスキは主張するが[11]，この主張には資本主義政党であることへの批判がこめられている。ラスキによれば，「共和党員も民主党員も無統制の市場経済へ回帰したいという一般的な願望を持っており，そのことによって，南部と西部の大規模な改善事業を真剣に計画することを，今まで以上に困難にしている[12]。」つまり，共和党員も民主党員も資本主義経済，特に自由放任主義経済を基本的には信奉する本性をもっているとラスキは洞察しているのである。

　一方で，アメリカ国民は社会主義や共産主義に対するアレルギー反応をもっている。上述のように資本主義はアメリカ社会に適応しており，共和党，民主党が資本主義政党であることが二大政党制の存続する大きな要因となっている。ラスキによれば，「アメリカの労働社会は政治の舞台でヨーロッパ諸国のそれのような役割を演じたことが無い。……社会主義が今に至るまでアメリカの投票者達の心を掴む力を持たないのは注目に値する[13]。」「合衆国の社会主義とか共産主義が，殆んどこれといった前進を見せなかったということは，驚くべきことだ。……合衆国の社会党は，1933年このかた，その力を減じてきている。アメリカの共産党は，異教徒の国なるソヴィエト外務省の一支部以上のものと見えたことは一度もない[14]。」続けてラスキはいう。「合衆国の共産党が，どこででも，主要政党に代るべきものとして明々白々たるものだと考えられているとは，誰ひとり真面目に主張しうるものではない[15]。」このように，アメリカ

105

では社会主義や共産主義は人気が無く，社会党や共産党がほとんど議席を得たことがないことをラスキは説明しており，その特有性を強調している。

ラスキによれば，このような社会主義政党も含めて，アメリカでは共和党や民主党に続く第三党をつくり出そうという努力が功を奏していない[16]。「南北戦争このかた，第三党で，アメリカの政治上，永久的な勢力であると同時に深甚な勢力として，自己を確立することができたものが，一つもなかったということは，本当である[17]。」具体的には，人民党運動，ラ・フォレットの第三党運動があるが，「そのどれ一つとして，永続きという方面では採るに足るものはない」とラスキは断言している[18]。第三党が育たないのは，小選挙区制の影響が大であると考えられるが，同じイギリスの二党制と比較しても，第三党の規模が極小すぎる。

アメリカの二党制のことを，保守二党制ということがあるが，革新的と言われる民主党も基本的には保守的勢力に挑戦できず，保守性へ回帰する。ラスキによれば，「歴史的にみて，保守党と言うべきものが，たとえどんな名で呼ばれていようとも，合衆国では，いつも政権を掌握してきたということと，連邦の面で言えば，どんな急進政党も，この保守党の権威に真面目に挑みかかるわけにいかなかったということは，大ざっぱではあるが概括として正確なものをもっている[19]。」「アメリカの政党組織は保守勢力を永遠の権力の王座につかせるように仕組まれている[20]。」民主党はリベラルと言われるが，実際はそのようなものではないとラスキは考えている。「民主党はリベラルなオルタナティブであるということを，共和党の保守的な性質から推論できるような観察者など存在していない。民主党の核は堅固な南部にある。南部は少なくとも共和党の大半と同様に保守的であると例外なしに主張できる証拠が圧倒的に多い[21]。」ラスキは続けていう。「アメリカのリベラルはどちらの政党にも恒久的な精神的故郷は存在していない[22]。」「アメリカの政党の全エートスは，危険な可能性のある思想に対して，合衆国の現存利益を擁護することである。共和党員と民主党員はともに，彼らが安全と感じられる大統領を望んでいる。彼らにとってリベラルな大統領やリベラルな議会も侵入者のたぐいである[23]。」つまり，リ

ベラルはアメリカのなかに拠り所はなく，民主党ですらリベラルではないし，リベラルではありえない，ということである。ラスキはいう。「アメリカのリベラルは，深く持続的な方法で，彼らの原理を履行するために，現在の政党制を利用することができるとは私は信じていない。……民主党の機構がニューディールを持続することに思いを致すことができると信じることは，奇跡を信じることと同じであり，奇跡を信じることは最悪の種類の政治的な現実逃避である[24]。」ルーズベルト政権後のトルーマン民主党政権のもとで，このような現実認識をラスキは強めている。

（2） 傾向の相違

アメリカの二大政党の同質性をみてきたが，同質性を前提としながらも，相違点が存在する。ひとつは政党と地域との結びつき，もうひとつは，政策の傾向の違いである。前者はセクショナリズムである。ラスキによれば，「共和党員と民主党員とのあいだに区別を設けることは，なかなか容易ではない。この区別は，一つには，地域的なものである。……誰も，メイン州やヴァーモント州が，民主党に行くとはおもわない。ちょうど，ジョージア州やミシシッピー州が，共和党に行くとおもう人がないようなものである[25]。」続けてラスキはいう。「木綿とタバコの大きな所有主が，伝統的に大方は民主党員であり，ニュー・イングランドと北西部の農民が，主として共和党だという事実である[26]。」ラスキは次のようにもいう。「民主党は南部諸州では必勝を確信している。それで，南北戦争後は，党の候補者を東海岸地方特にニューヨークから出す傾向になった。北東部は共和党の地盤だが，共和党は選挙に勝とうとしたなら此処だけでは足らず，中西部諸州と北部南部の中間地方の諸州を盟合しなければならない[27]。」つまり，少なくとも北東部が共和党の支持地盤で，南部が民主党の支持地盤であるということである。

政策については，種類の相違ではなく，程度の相違が存在している。先ず共和党であるが，ラスキは次のような政策の傾向があるという。「共和党の特徴を主として強調すれば，その保守性の強さである，またその政策を決定する中

心人物は，大企業の資産を保有する代表的人物であると述べることは，かなり正確である。そのことは疑いようがない。また，一般的に共和党員はアメリカの経済生活への政府の統制に反対であり，市場の自由経済に干渉する政府の果たす役割が小さければ小さいほど，アメリカ人民にとってはよりよいものであると確信しているということは，正当な主張である。そのことは疑いようがない[28]。」つまり，共和党は保守的で，金持ちの味方であり，自由放任主義経済を志向する傾向が強いとラスキはみているのである。

　共和党は「ビッグ・ビジネス」との結びつきが強く，ウォール街やステイト街との関わりが深いとラスキはみている[29]。「富裕な有権者が共和党員のあいだに見出される……比較的裕福な人々のあいだでは共和党に重きをおく方向にむかっている」とラスキはいう[30]。権力の集中に猜疑心をもつような消極的政治がアメリカの伝統であり，特に共和党の時代にその傾向がみられるということを，ラスキは別のところで示唆している[31]。やはり，金持ちの味方，消極的国家論が共和党の傾向であることが読み取れる。

　共和党に対して民主党の場合は積極的政治を行う傾向が強い。ラスキによれば，「大統領の消極的態度ということが何にもならなくなったのは，大恐慌とその結果生まれたニューディールからだけではない。少なくとも今世紀に入ってから，大統領たるべき人物の特性いかんが，連邦政策の一般的性質を進んで決定するものとなったことは，明らかである[32]。」つまり，大統領による積極的政治は特にニューディールから強まったが，すでに20世紀になってから始まっているというのである。「偉大な大統領は，やはり必要である。したがって，偉大な大統領のもつ意義は，単に，これこれの措置を遂行する力があるということだけにあるのでなく，広く公衆の関心を呼びおこすことができるという点にもあるわけである[33]。」ラスキはさらに続けていう。「アメリカの歴史が，だんだん，偉大な指導者の手腕で左右されるようになってきていることを今更のように想わざるをえない[34]。」この傾向は，民主党政権だけではなくて共和党政権でもみられることをラスキ自身認めているが，大統領の職務が消極的なものではなく，積極的なものでなければならないという認識は，民主党政権の

「ニューディールの第一期に完全に表現されるに至った」というのである[35]。この時点で、「大統領のイニシアティヴこそが、連邦機構というアーチ全体の頂上に置かれる要石」になった[36]。積極的職能国家の時代がアメリカにもすでに到来している、そのことをラスキは歓迎しているのである[37]。民主党のフランクリン・ルーズベルト大統領が、アメリカにおける一つの積極的職能連邦国家を生みだしたことに、ラスキは注目し[38]、ルーズベルトの当選が合衆国史上に一新紀元を画するものであると、評価している[39]。積極的国家を意味する革新、資産階級が進んで譲歩するような乃至は止む無く承認するような、革新の速度と分量が、今後のアメリカ政治の論議の的になるとラスキはいう[40]。つまり、特に1930年代以降の民主党政権は、消極的政治ではなく積極的政治を大胆に遂行する傾向にあり、そのことをラスキが高く評価していることが以上より読み取れる。

　ラスキによれば、労働組合の産業別組織会議は、ルーズベルト大統領の選出のために大いに努力した[41]。ここからは、民主党の支持基盤が労働組合であるということが読み取れる。「じみな資力の有権者が民主党のあいだに見つけられる。……フランクリン・ルーズベルトに対する敵意の主な出所が、金持ち階級のあいだにあった。……比較的貧窮な人々のあいだでは、民主党に重きをおく方向」にあるとラスキはいう[42]。つまり、共和党が金持ち階級の味方であるのに対して、民主党は貧困者や労働者階級の味方であるという認識をラスキが持っていたことがうかがえる。

第3節　現代のアメリカ二党制論

　ラスキは、アメリカの二党制を同質性と傾向の相違という二つの観点から分析したが、冷泉彰彦氏の『民主党のアメリカ　共和党のアメリカ』（2008年8月）[43]も松尾弌之氏の『アメリカの永久革命』（2004年11月）[44]も、同様の観点からの考察を行っている。冷泉氏はどちらかというと両党の対立軸に重きを置いて論を展開しているが、本章では、冷泉氏の著書を中心としながら、松尾氏

の著書の紹介も行っていきたい。

（1） 同 質 性

　先ず両党の同質性の側面である。三点存在する。一つは民主主義に対する信仰，二つは愛国心，三つは資本主義体制への支持である。先ず一つ目である。冷泉氏によれば，「民主主義に対する強烈な信仰だ。……二大政党はそれぞれが，ニュアンスの違いはあっても合衆国憲法，つまり自由と民主主義に対する忠誠ということではお互いに一歩も譲らないというのはアメリカという国の大きな特徴だろう[45]。」二つ目は，冷泉氏によれば，共和党に対して反対党と思われがちの民主党は反対党ではなく，愛国的政党であるということである。「アメリカの民主党は『愛国の党』だということだ。……アメリカの民主党には『自分たちがアメリカの国是を護持する本流の存在』という自負がある。……その強烈なまでの自負は，二度の世界大戦の戦勝を『民主主義の勝利』だと規定する中で強固なものとして確立したと言ってよいだろう[46]。」つまり，民主党も共和党も対外的にアメリカの権益を擁護する愛国の党だという点で，大きな共通点が存在しているということである。三つ目は，松尾氏によれば，「アメリカの共和党と民主党という二大政党は，市場経済体制を中心とした資本主義システムを支持しているという点で，とても似かよった政党だ。両党の違いははっきりせず，たんに政策に関する重点のおき方が異なっているように見える[47]。」つまり，一方が資本主義政党で，他方が社会主義政党であるということではなく，二大政党はともに資本主義政党であるということである。

（2） 対 立 軸

　アメリカの二大政党は共通面を前提としつつも，それぞれ独自のDNAを持っている。冷泉氏は共和党のDNAについて次のように述べている。共和党は保守の政党である。財政面の保守主義である小さな政府論を採用している[48]。「小さな政府を志向する姿勢には，強大な中央政府の権力や，課税権の肥大によって個人の財産権が侵されることへの本能的な疑念がある[49]。」共和党の共

第4章　アメリカの二大政党制の批判的考察

和党たるゆえんはこのような小さな政府論であるが，これについて，冷泉氏は
詳述している。「共和党はいわゆる『小さな政府』つまり民間に任せる部分は
民間に回して，その分だけ税負担を軽減しようとする。……小さな政府を志向
する共和党は規制緩和と自由競争という軸になっている。……共和党の思想の
背景には自由放任というイデオロギー」がある[50]。これは古典派経済学の学説
である。「放っておけば自由な市場の作用によってよい方向に行くという発想
法だ。これは18世紀から19世紀に英国のアダム・スミスなどによって確立した
『神の見えざる手』という思想が源流になっている[51]。」

　共和党に関して同様のことを松尾氏も述べている。自由か平等かという選択
肢のなかで，共和党は「『自由』のもつ側面を強調しがちな政党だ[52]。」「アメ
リカに必要なのは，政府の活動を縮小して自由を復活させることではないか。
このような主張を強く前面に押しだしたのが，ロナルド・レーガン大統領（共
和党）であった。80年代早々に就任したレーガン大統領は，『アメリカはよみ
がえる』というキャッチフレーズをかかげて，民間に介入しない『小さな政
府』を主張した[53]。」小さな政府論の提唱の典型はレーガン政権であるが，共
和党は以前よりこのような政策を取り続けてきたと考えられる。松尾氏によれ
ば，「共和党は……政府の介入をできるだけ少なくして，自分のことは自分で
始末することのできる体制を保持するという政策を得意とする[54]。」このよう
な共和党と実業界との親密性がよく指摘されているところである[55]。松尾氏は
いう。「共和党はスタートライン（出発点，競争条件，与えられた機会など）
の条件が同じならば，世の中は公正だとする[56]。」つまり自由と両立する機会
均等の平等を，共和党は伝統としているということが，読み取れる。

　この小さな政府論の延長線上に，公的医療保険制度への反対論がある。冷泉
氏によれば，この制度の導入には「共和党側として絶対阻止という構え」であ
る[57]。「『命というのは自分で守るもので，支払い能力のない人間の医療保険に
自分の税金が使われるのはいやだ』という，70年以来一貫した共和党のイデオ
ロギー」が存在している[58]。冷泉氏は説明する。「公的な医療保険が高齢者と
貧困者しかカバーしておらず，残りは全て民間の営利企業が販売している医療

111

保険に頼っているのがアメリカの現状である[59]。」この現状を変えようとして，1993年発足のクリントン政権（民主党）が，2008年大統領選のオバマ候補（民主党）が国民皆保険制度の導入を試みた。共和党側は強硬に反対した。70，80年代の過去の共和党政権も断固反対して潰してきた。この強硬な反対論の背景にあるのは，「『自分の命は自分で守る』のが当然だという発想であり，同時に他人の生命を守るために自分が経済的負担を強制されるのはゴメンだという感覚である[60]。」このように冷泉氏は説明する。松尾氏によれば，1994年後半以降，クリントン政権（民主党）において，ヒラリー・クリントン大統領夫人が中心になってまとめた健康保険制度が，共和党の激しい反対でつぶされたが，そこで共和党によって展開されたのが「はたして政府は保険事業のような『企業活動』をおこない，私企業を圧迫しても良いのかという論議」である[61]。

　次に社会的価値観である。共和党は社会価値観における保守主義を採用している。冷泉氏によれば，共和党は，中絶，同性愛婚，銃規制に反対の立場である[62]。共和党の場合は，「プロ・ライフ」（生命優先，中絶反対）の立場が大統領候補の最低条件として求められる[63]。また，政府つまり警察組織の肥大化には反対するという風土から個人の武装，つまり銃所持が正当化される。ここにも小さな政府論が反映している[64]。このように冷泉氏はみている。

　次に軍事外交である。冷泉氏によれば，「国内的にはナショナリズムを煽っておきながら，敵とはドラスティックな交渉をやりたがる」のが共和党である[65]。軍事面での保守主義を共和党は採用しているという[66]。さらに詳しく冷泉氏は説明する。共和党の核にあるのは「懐疑」の思想である。「対外的な軍事外交の姿勢も同様だ。……異文化を疑い，多文化が共存できるというようなリベラルの言辞へ深い『懐疑』の心情を持つことから，共和党の外交は始まっていると言ってよいだろう。時には自国内に閉じこもり，時には先制攻撃に突っ走ったり，時には相手との大胆な交渉もやってのける共和党外交のウラには，こうした『懐疑』というキーワードがあるのだ[67]。」

　最後に共和党と地域との結びつきについてである。冷泉氏によれば，「中西部から深南部にかけての『バイブル・ベルト』と言われる地域には福音派の人

第4章　アメリカの二大政党制の批判的考察

口が多く，したがって保守的である。……大平原の中の農業地帯になると共和党色が強くなる。そんな中……政党のイメージカラーを用いて，共和党の強い州のことを『レッド・ステート』」という[68]。つまり大雑把に言えば，アメリカ合衆国の南半分がレッド・ステートということになる。ラスキの時代は東北部が共和党の支持地盤，南部が民主党の支持地盤であったが，ラスキの時代から数十年経ち，支持地盤の逆転が起こっているという印象を持つ。しかし，政党と地域との結びつきが異常に強いということは，ラスキの時代も今も変わらないアメリカの特性であろう。

　それでは，次は民主党のDNAについてみていきたい。冷泉氏によれば，「民主党が『大きな政府』すなわち福祉や行政サービスを拡大する一方で，その財源としての税収を確保しようとする志向性を持つ。……政府の権限を拡大しようとする民主党はコントロールを行う方向に」軸足がある[69]。このような「民主党には政府の機能を通じた『正義』の実現をしたいという強烈なイデオロギーがある[70]。」このイデオロギーの背景の思想にはケインズ経済学があると冷泉氏はみる。彼によれば，「この学説が大規模な形で実行に移されたのはアメリカであり，特にフランクリン・デラノ・ルーズベルトが大恐慌からの脱出を狙って開始した『ニューディール』と呼ばれる一連の政策は，このケインズ経済学を理論的な根拠としている[71]。」ジョンソンの「偉大なる社会」論にしてもこれを理論的根拠としており，「特に国内政策だけに注目してみれば，民主党というのは修正資本主義であるとか，社会民主主義と言ってもおかしくないだろう」と冷泉氏はいう[72]。

　民主党の政治思想的背景として，松尾氏は次のように述べている。「民主党にとっては『平等』の実現こそが，みずからの存在意義にかかわる政治思想だ[73]。」この思想を実行したのがルーズベルトであるが，その後，彼にならって社会政策を推し進めようとしたのが，「1960年代のケネディーやジョンソン大統領だった。公民権法を提案して黒人差別を廃止しようとしたのはケネディーだった（実際には法案が議会を通過したのはケネディーの死後）。『貧困に対する戦い』と称して国内の貧困撲滅対策にのり出したのはジョンソン大統

113

領だった。このような動きに見ることができるのは，私企業の自由裁量にまかせたままでは，社会の不公平は改まらないという発想だ[74]。」松尾氏は次のようにまとめる。「民主党はゴール（到着点，結果，成果，最終的分け前など）が平等ならば，社会は公正だと考える。……民主党は能力差や運不運による収入の格差を政府の介入によってできるだけ均等に再分配しようとする[75]。」つまり，民主党は大きな政府路線であるが，その背景にはこのような平等思想があるということである。

　このことに関連するが，冷泉氏によれば，「民主党は人権志向の党である。黒人の人権，女性の人権，移民の人権，さらには……消費者の権利保護……まで，民主党は個人の人権を重視するということでは，世界で最も熱心な政党だと言って構わない[76]。」

　大きな政府論，平等思想，人権重視の延長線上に公的医療保険制度の導入に向けての民主党の執念がある。冷泉氏によれば，公的医療保険制度を「民主党としては，ジョンソン政権で実現できず，ビル・クリントン政権当時にも，ファーストレディのヒラリー・クリントンを中心に立案した政策を議会共和党に葬られているという苦い過去がある。この2008年選挙で……念願を果たしたいということで，予備選の早期からオバマも公約の筆頭に掲げている[77]。」このように，公的医療保険制度導入に対する民主党の並々ならぬ意欲，意気込みが感じられる。松尾氏によれば，クリントン民主党政権時に国家が管掌する国民保険制度の提案が行われたが，それは日本で実現している制度に似たものであった。この政権も含めて歴代の民主党政権は政府が管理する健康保険制度を提案してきた[78]。政府による干渉で社会全体の福祉のレベルアップをはかりたいというのが「民主党の基本的スタンス」である，と松尾氏はいう[79]。

　次に社会的価値観である。民主党はリベラルな社会的価値観を採用している。冷泉氏によれば，民主党は，銃規制，中絶，同性愛婚に賛成の立場である[80]。民主党の場合は，「プロ・チョイス」の立場で，中絶を是認し，尊厳死には賛成である[81]。銃規制を積極的に推進しているが，過剰な拒絶反応を前にして慎重になることがある。このように冷泉氏はみている[82]。

114

次に軍事外交である。冷泉氏によれば,「大義を認めない戦争には反戦,大義を認めた戦争には積極的という」のが民主党である[83]。さらに詳しく冷泉氏は説明する。「民主党のDNAには異文化を敬遠したり,自国にひきこもるような発想はない。自分たちの持っている『麗しい民主主義の理想』は,どんな人に対しても『話せば分かってもらえる』という楽観がある。……そうした民主党のDNAは,一旦その相手が自分の理念とは相容れない存在であるとか,意を尽くしても理解してもらえない存在だということになると,激しい落胆の余りに攻撃性となることがある。……自爆攻撃を恐れない『カミカゼ』特別攻撃隊への恐怖が……広島と長崎への原爆投下を正当化するに至ったのも民主党政権のエスカレーションの典型と言えるだろう[84]。」

最後に民主党と地域との結びつきについてである。冷泉氏によれば,「建国の理想を継承しているというプライドを持ちつつ,ヨーロッパの影響を受けやすい東北部はリベラルな志向が強い。……中部でも北の方は大規模な商工業が栄えており,組合組織の残る中で民主党が勢力を保っている。……そんな中……政党のイメージカラーを用いて……民主党の強い州のことを『ブルー・ステート』」という[85]。つまり大雑把に言えば,アメリカ合衆国の北半分がブルー・ステートということになる。

第4節　相互補完か分極化か

共和党と民主党は,以上のように共通性と対立性を有しているが,対立性は先鋭化しているのかどうかについてみていきたい。

（1）　相互補完と抜き差しならない対立

ここで,冷泉氏の見解をみていこう。両党の対立軸が相互補完関係になっている分野もあるが,抜き差しならない対立として先鋭化している分野もある。先ず前者についてである。小さな政府か大きな政府か,自由競争か規制か。「アメリカの経済はそうしたイデオロギーに引き裂かれて停滞しているのだろ

115

うか。そんなことはない。経済の分野では民主党的カルチャーと共和党的カルチャーが相互補完しつつ、複雑なシステムを作り上げているのを見ることができる[86]。」「多くの政策において、民主党＝ケインズ的な施策と、共和党＝自由競争的な施策が、積み上がるような形で複雑に絡み合っている。その一番典型的な例は、M&A（企業の買収・合併）という文化だろう。……ここでは『正義』を追求し政府のコントロールなくしては全体がうまくいかないという民主党カルチャー＋ケインズ理論が精緻なレギュレーションのインフラを作る一方で、とにかく自由に経済を進めようという共和党的カルチャーがそれを追いかける中で、世界的なM&Aビジネスの競争力を維持してきたのである[87]。」さらに冷泉氏の見解をみていく。「大きな政府」か「小さな政府」かという対立軸は、うまく機能するようになっている。「アメリカの政治は、この対立軸を中心に回っていると言っても過言ではない。財政の逼迫時やあえて減税を進めようという時には大胆なまでに歳出をカットしようという動きにつながるし、逆に民生の向上や景気への刺激が政策となった時には、思い切った財政出動を行うことになる[88]。」また教育の奨学金に関しては、一方に能力主義的な「メリット奨学金」があり、他方に家庭の経済状況に応じた「ニード奨学金」と呼ばれるものがある。共和党的カルチャーと民主党的カルチャーがガッチリと相互補完をして多くの学生に公平に奨学金を用意するシステムになっている[89]。

　お互いに譲れないほどの対立軸となっているのが、社会的価値観、医療保険制度、環境である。冷泉氏の見解を見ていこう。「民主党と共和党の対立を抜き差しならないものにしているのが……『社会価値観』論争だ。……『銃規制』『生命倫理』『同性愛者間の結婚』……こうした問題が国論を二分するというようなことは、アメリカ以外では考えにくい[90]。」このような分野で決定的な対立になるのはなぜか。「どうして国政選挙のたびに、銃や中絶、同性愛といったいわば『極端な』問題を取り上げて、賛否両論の論争を行うのか。それは、直接的に宗教や地域の対立をしていては大変なことになるので、その代わりとして、こうした問題を取り上げているという側面が大きい[91]。」南北戦争の傷跡から、「大統領選そのものを地域間の対決にはしないという生活の知恵

が，アメリカの政治にはある。その代替として，一見すると『他に大事なことがありそう』であるにもかかわらず，社会価値観の論争を繰り広げることで，安全な範囲での地域色をアピールするという構造になっている[92]。」

　医療保険制度，環境についての冷泉氏の見解は次の通りである。「医療保険制度というのは，小さな政府か大きな政府かという対立軸が行くところまで行ってしまった，極端な例というしかない[93]。」「経済政策では対立軸の弱まりや，相互補完が見られる一方で，民主党と共和党との間でどうしても譲れない対立として残っているのが環境とエネルギーの問題だ。現時点でのアメリカは，例えばヨーロッパや日本などと比較すると，省エネルギーという意味でも，環境問題への取り組みという意味でも著しく遅れている。……その背景にあるのは，やはり共和党的な発想だ。……人間にとって自然は恐れの対象なのだ。人の力ではどうにもならないのが自然であって，そのような自然と闘って自分の身を守らなくてはならないのが人間なのである。そうした前提からは『たかが人間の努力で温暖化がコントロールできるわけがない』という感覚が出てくる。また，『地球全体の気温上昇は，間氷期と氷河期を繰り返してきた地球の自然な変動の範囲』だと言われると納得してしまうのである。……『自然を恐れ，人間を無力だと感じ，それゆえに人間だけが特別だ』という信仰と，何をやっても良いという意識があり，それがリベラルへの憎悪にまみれている部分がある中で，何事も対応が遅れるということになってしまっている。……小さな政府論と大きな政府論は，百年以上にわたって論争を繰り広げ，お互いが補完するように精緻なシステムを作り上げてきた。だが，この環境とエネルギーの問題は，議論が始まったばかりである[94]。」

　つまり，二大政党制のもとで，小さな政府か大きな政府か，経済政策，教育に関しては対立軸が相互補完のシステムになっているが，社会価値観，医療保険制度，環境に関しては，抜き差しならない激しい対立として先鋭化していると冷泉氏はみているのである。

117

（2）　ギクシャクのなかにダイナミズム

　ここで松尾氏の見解をみておきたい。共和党と民主党，「その相違の根底には，根の深い，根源的なイデオロギーの問題が横たわっている。……アメリカの政治制度は完全なものではない。いわば発展途上の動的な制度だ。だからといってこれをさげすむわけにはいかないし，反対にあがめまつる必要もない。むしろその生き生きとして，同時にギクシャクとした制度のなかにこそ，かえって柔軟でしたたかな『アメリカの民主主義』が息づいている[95]。」自由と平等，「アメリカの共和党と民主党は，この解決策のいまだ存在しない問題をかかえたまま，いわば永遠の対立を続けている。社会政策は実施すべきである，いや実施すべきではないという議論をくり返し，一見泥仕合のように見える政争をくり返しながら，ある時には右に，そしてある時には左にとアメリカの政治を動かしている。個の幸せと全体の幸せの矛盾という西欧思想の根源的な問題をはらんだまま，アメリカの政治はゆれ動き，現在進行形で走り続ける。それは未完の動体なのである[96]。」松尾氏は両党の対立をギクシャクとした泥仕合だと見つつも，そこにしたたかな民衆の政治のダイナミズムが展開されていると，むしろ対立を悲観することなく，積極的に評価している。しかし，従来，アメリカの二大政党制は，両党の同質性が強調されてわが国に伝えられる傾向にあったが，松尾氏の解釈から，どうも永遠の対立がアメリカの二大政党制の真相に近いように思える。

第5節　おわりに

　渡辺将人氏は，『分裂するアメリカ』（2012年）を著している。2000年代後半以降，理念の対立で大国アメリカの分裂が深まっているという。渡辺氏によれば，「2010年から2011年にかけて，アメリカでは2つの草の根の運動が巻き起こった。保守的な『小さな政府』を訴えるティーパーティ運動と，リベラルなニューヨークから始まったウォール街占拠デモだ。……真ん中の無党派をおい

てきぼりにして，左右がどんどん先鋭化している[97]。」さらに詳細に渡辺氏は次のように論述する。「ティーパーティ運動とウォール街のデモのような散発的な動きが象徴する『分裂』は，オバマが目指し，そして次の『ポストオバマ世代』に残そうとしているアメリカとは真逆のように見える。リベラル派はティーパーティをオバマが黒人だから認めない人種差別主義者だと罵り，保守派はデモに参加する主婦や市民活動家を『社会主義者』とラベルを貼って中傷する動画をYouTubeなどの動画サイトにどんどんアップロードしている。両者のつばぜり合いに関わろうとしない『真ん中のアメリカ』は虚無主義に陥りがちだ。……今そこにあるアメリカの危機の本質は……アメリカが元来抱える『理念』をめぐる分裂が，負の作用をもたらしていることにある[98]。」つまり，アメリカは特に2000年代後半以降，左右の分裂が激化しており，それは理念をめぐる分裂だということである。

　松本俊太氏は，アメリカの二大政党制の先行研究を紹介するなかで，「二大政党間の分極化は，1970年代のアメリカ政治を理解する上で……最も重要なテーマであるといっても過言ではない」という[99]。特に，2000年代には，「支持政党なし層」が減少し，強い党派性を持った有権者の増加がみられる。これに並行して，従来は，党派的な争点ではなかった文化的な諸問題が，次第に党派性を帯びてきており，文化的争点と党派性との結びつきが強まっている。このように松本氏は先行研究を紹介している[100]。分極化という現象の肯定的見方として，政党組織がきわめて弱いとされてきたアメリカにおいて，政党を中心とした政治が実現することを意味するという見方もあるが，むしろ，圧倒的に多くの論者は，分極化の帰結を悲観的にとらえていると松本氏はいう[101]。特に，「議会の多数派と大統領の政党が異なる『分割政府』と呼ばれる状態の下では，重要な意思決定が滞る，グリッド・ロックと呼ばれる現象が起こる。……分極化が進行することは，党派性が必ずしも強くない大多数の人々に対しては疎外感をあたえ，それがひいては政治不信につながる。……その他にも，分極化により，有権者の所得や生活水準の格差が拡大するという議論なども存在する[102]。」

前嶋和弘氏も近年のアメリカの分極化を懸念している。同氏によれば、「こ
こ数年のアメリカ政治における最も顕著な変化のひとつに、連邦議会での共和
党と民主党両党の間の各種立法をめぐる対立がきわめて激化している点がある。
過去に例がないほどの両党の対立激化の背景には……保守とリベラルとの分極
化という国民世論そのものの変化もある[103]。」前嶋氏は法案審議が進まない理
由を短期と長期に分けて考察している。短期的理由としては、連邦議会の上下
両院のいずれかの多数派政党が大統領の所属政党と異なるねじれ型になってい
る「分割政府」の場合は法案審議が困難になるという[104]。それだけではなく、
「2010年選挙の結果に大きく影響したティーパーティー運動の存在も、両党対
立の激化の短期的な原因だろう。同運動は『小さな政府』をスローガンに減税、
財政規律を求める保守運動である[105]。」

　長期的理由については、前嶋氏は次のように考察している。「政党の結束は
1980年代から強まっており、特に近年一気に共和党は共和党で、民主党は民主
党でまとまるようになってきた。……近年の野党の大統領支持スコアの低さは
群を抜いている。オバマ大統領は保守とリベラルの融和を掲げて当選したもの
の、そのレトリックとは裏腹に、当選後、最も議会が分断しているのは事実で
ある。……しかも、アメリカの場合、近年、民主・共和両党の議席数は拮抗し
ており、圧倒的な差とは言えないレベルで推移している。それがいっそう、長
期的な傾向である、共和・民主両党の党内結束の強化を促進させていることも
あり、議会内での妥協がまったく進まない状況になりつつある。……民主・共
和両党間のイデオロギー距離が拡大している[106]。」このような状況のなかで、
特に2000年代からの国民世論の分極化、メディアの分極化も強まる傾向にある
という。「政治報道が明確に保守とリベラルに分かれているのは、ケーブルテ
レビのニュース専門局に顕著だが、政治ブログなどを中心にインターネットで
も保守系のサイトとリベラル系のサイトが対立しながら、保守とリベラルの政
治的言説が作られている[107]。」

　このように、1980年代、特に2000年代以降、民主党、共和党、両党間のイデ
オロギー距離が拡大し、国民世論の分極化が進行しており、政治の膠着状態が

続いている。二大政党制が定着した1860年代以降，現在は分極化が最も際立った時代であるといえよう。しかし，このような状況に近い現象は，今回が初めてではなく，ラスキが活躍した1930年代のニューディール期にもみられた。

　ラスキは，民主党も共和党もともに本質的には資本家階級の代理人であり，「ニューディールそのものが拠って立つ前提は，アメリカ資本主義がアメリカの社会に適応しているという考え方である[108]」という基本的見方を示している。基本的にはそうであるが，ニューディールに対する保守勢力の反抗がかなり強烈であったことも事実であると，ラスキはいう[109]。歴代の大統領のなかで，フランクリン・ルーズベルトほど「憎まれた大統領」は[110]，まずいなかったであろうとさえ，ラスキは述べている。それだけ，資本家階級や保守勢力，共和党の反抗は凄まじいものであったということであろう。アメリカ社会のエートスは，ビジネス文明の精神であるが，大規模な国家干渉を意味するニューディール政策への嫌悪・敵対心のなかに，ビジネス文明の精神を垣間見ることができるとラスキは示唆している[111]。「アメリカのビジネスマンは個人主義的経済が進歩への鍵であると信じている」が[112]，世界大恐慌以降，もはやアメリカは個人主義的経済に依存できない状況になってきているという見方をラスキは提示している[113]。つまり，全般的福祉の向上のためのニューディール政策に対するラスキの大きな期待が表明されているのである。

　決まらない政治，決められない政治をもたらす分極化，両極化の危険性を，私たちは常に認識する必要がある。この危険性を回避するためには，政党制と選挙制度についての再考も必要である。また，国民全体の幸福量の増大のために，どのような政治に私たちは未来を託すべきかを常に考えておく必要がある。日本の政治を考えるためのヒントをアメリカの政党制から私たちは得ることができる。

　1990年代以降，特に2000年代以降，アメリカの二大政党の分極化が高まったと述べたが，それはグローバル資本主義の時代にあたる。国家の相対的自律性による国民の幸福量の増大を牽制する動きも強まった時代であることに留意しておく必要がある。

注

⑴ H.J.Laski, *The American Democracy* (Fairfield：Augustus M.Kelley・Publishers, 1977). 以下*Democracy*と略称。First Published 1948, p.72. 東宮隆訳『アメリカ・デモクラシー』第2巻, みすず書房, 1953年, 5頁。

⑵ *Ibid.*, p.78. 東宮訳, 16頁。両党の同質性については, 他に次のようなラスキの記述がみられる。「合衆国の政党は……観念よりもむしろ人を中心として集まる地方的な組織として, 遥かに有効なものをもっている。合衆国の政党の奉仕する目的のあいだに区別を立てることはなかなか難しい。」*Ibid.*, p.78. 東宮訳, 16頁。「一流の産業経営者が, 大統領選挙に際して, 両主要政党のどちらが投票所で勝ちを占めることになっても, どちらにも適当な勢力を揮うために, 両方に寄付するということを, 何の困惑も覚えずに認めてきたという点に留意することは, 更に一層重要なことである。」*Ibid.*, p.129. 東宮訳, 112頁。

⑶ *Ibid.*, p.130. 東宮訳, 113頁。ラスキによれば, 「南北戦争このかた, どの政党の候補者も, かりに反対党の被指名者になったところで, いささかも知性の上での行き詰まりを感じなかったであろう。」*Ibid.*, p.130. 東宮訳, 114頁。つまり, どちらの政党の政策も似たり寄ったりということを, これは意味しているといえよう。

⑷ *Ibid.*, p.130. 東宮訳, 114頁。

⑸ *Ibid.*, p.130. 東宮訳, 115頁。

⑹ H.J.Laski, *The American Presidency* (New York and London：Harper & Brothers Publishers, 1940). 以下*Presidency*と略称。p.235. 池田謙一郎訳『アメリカの大統領制』日本ブッククラブ, 1948年, 301頁。

⑺ Cf.H.J.Laski, "The American Political Scene," *The Nation*, November 23, 1946, p.583.

⑻ *Ibid.*, p.584.

⑼ Laski, *Presidency*, *op.cit.*, p.235. 池田訳, 302頁。

⑽ *Ibid.*, p.236. 池田訳, 302頁。

⑾ *Ibid.*, p.236. 池田訳, 303頁。

⑿ Laski, "The American Political Scene," *op.cit.*, p.584.

⒀ Laski, *Presidency*, *op.cit.*, p.235. 池田訳, 301頁。

⒁ Laski, *Democracy*, *op.cit.*, pp.80-81. 東宮訳, 22頁。

⒂ *Ibid.*, p.131. 東宮訳, 116頁。ラスキは左翼の政党がアメリカ社会では人気がないことを説明している。「左翼の政党が, 選挙民の心を殆んど捉えていない。……アメリカの社会党は, 6千万有権者のうち, わずか2, 3十万の人々から成っているに過ぎないし……一般公衆からは耳を傾けられることがなく, 少なくとも真面目に取られることはない。……合衆国の共産党が, 1944年に候補者を立てもしなかったという事実そのものこそ, 合衆国の共産党が, 実際に, 依然として, いかにソ連外務省の一出張所にとどまっているかをはっきりと例証するものである。」*Ibid.*, pp.130-131. 東宮訳, 115-116頁。

⒃ Cf. *Ibid.*, p.81. 東宮訳, 22頁参照。

122

⑰　*Ibid.*,　p. 131.　東宮訳，117頁。

⑱　Laski, *Presidency*, *op.cit.*,　p. 234.　池田訳，300－301頁。

⑲　Laski, *Democracy*, *op.cit.*,　p. 133.　東宮訳，119頁。

⑳　Laski, *Presidency*, *op.cit.*,　p. 244.　池田訳，312頁。

㉑　Laski, "The American Political Scene," *op.cit.*,　p. 582.

㉒　*Ibid.*,　p. 583.

㉓　*Ibid.*,　pp. 583－584.

㉔　*Ibid.*,　p. 584.

㉕　Laski, *Democracy*, *op.cit.*,　p. 129.　東宮訳，112頁。

㉖　*Ibid.*,　p. 134.　東宮訳，121頁。

㉗　Laski, *Presidency*, *op.cit.*,　p. 228.　池田訳，293－294頁。

㉘　Laski, "The American Political Scene," *op.cit.*,　p. 582.

㉙　Cf.,Laski, *Democracy*, *op.cit.*,　p. 80.　東宮訳，20－21頁参照。

㉚　*Ibid.*,　p. 134.　東宮訳，121頁。

㉛　Cf.,Laski, *Presidency*, *op.cit.*,　pp. 238－241.　池田訳，305－308頁参照。

㉜　Laski, *Democracy*, *op.cit.*,　p. 73.　東宮訳，7頁。

㉝　*Ibid.*,　p. 73.　東宮訳，7頁。

㉞　*Ibid.*,　p. 74.　東宮訳，9頁。

㉟　*Ibid.*,　p. 77.　東宮訳，15頁。

㊱　*Ibid.*,　p. 77.　東宮訳，15頁。

㊲　Cf., *Ibid.*,　p. 77.　東宮訳，16頁参照。ラスキによれば，「アメリカが強力国家の必要のもはや打ち消しようのない歴史段階に到達した。……巨大資本主義の時代には唯だ連邦政府のみが甚大な産業の支配力に同等の権力をもってよく対抗し得ることを望めるのである。」Laski, *Presidency*, *op.cit.*,　pp. 241－242.　池田訳，309頁。

㊳　Laski, *Democracy*, *op.cit.*,　p. 81.　東宮訳，23頁。

㊴　*Ibid.*,　p. 81.　東宮訳，23頁。

㊵　Laski, *Presidency*, *op.cit.*,　p. 250.　池田訳，320頁。

㊶　Laski, *Democracy*, *op.cit.*,　pp. 131－132.　東宮訳，117頁。

㊷　*Ibid.*,　p. 134.　東宮訳，121頁。

㊸　冷泉彰彦『民主党のアメリカ　共和党のアメリカ』日本経済新聞社，2008年。

㊹　松尾弐之『アメリカの永久革命』勉誠出版，2004年。

㊺　冷泉，前掲書，6頁。

㊻　同書，38頁。

㊼　松尾，前掲書，11頁。

㊽　冷泉，前掲書，42頁。

㊾　同書，43頁。

㊿　同書，174頁。

(51)　同書，175頁。

(52)　松尾，前掲書，12頁。

⑸　同書，16頁。

⑸　同書，23頁。

⑸　同書，23頁参照。

⑸　同書，26頁。

⑸　冷泉，前掲書，19頁。

⑸　同書，19頁。

⑸　同書，190頁。

⑹　同書，190頁。

⑹　松尾，前掲書，13頁。

⑹　冷泉，前掲書，42頁。

⑹　同書，49，64頁参照。

⑹　同書，61－62頁。

⑹　同書，16頁。

⑹　同書，42頁。

⑹　同書，45－46頁。

⑹　同書，52頁。

⑹　同書，174頁。

⑺　同書，174頁。

⑺　同書，175－176頁。

⑺　同書，37頁。

⑺　松尾，前掲書，12頁。

⑺　同書，22－23頁。ルーズベルトの前に社会政策を推進した民主党の大統領として，ウィルソンを松尾氏は挙げている。「ウィルソンの政策の中心は，巨大企業の利益追求活動を抑え込み，政府の規制を強化することによって，一般アメリカ人の権利を保護するところにあった。」同書，21頁。

⑺　同書，26頁。

⑺　冷泉，前掲書，37頁。

⑺　同書，19頁。同様のことは次の箇所にも記述されている。同書，190頁。

⑺　松尾，前掲書，13－14頁。

⑺　同書，15頁。

⑻　冷泉，前掲書，47－82頁参照。

⑻　同書，49，69－73頁。

⑻　同書，57－63頁。

⑻　同書，16頁。冷泉氏によれば，「民主党は反戦の党ではなく大義があれば積極的に戦争を仕掛ける党でもある。」同書，207頁。

⑻　同書，41頁。

⑻　同書，52頁。冷泉氏によれば，東北部やカリフォルニアのような「都会的カルチャー」の地域では「プロ・チョイス」（中絶是認）という考え方が多数を占める。同書，64頁。

第4章　アメリカの二大政党制の批判的考察

⒃　同書，175頁。

⒄　同書，177－178頁。

⒅　同書，185頁。

⒆　同書，192－193頁。

⒇　同書，46－47頁。

(91)　同書，50頁。

(92)　同書，53頁。

(93)　同書，191頁。

(94)　同書，203－207頁。

(95)　松尾，前掲書，4－5頁。

(96)　同書，27－28頁。

(97)　渡辺将人『分裂するアメリカ』幻冬舎，2012年，10－11頁。

(98)　同書，22－24頁。渡辺氏によれば，「右からはティーパーティ運動が，そして左からはウォール街占拠デモが，保守とリベラルのポピュリズムが，アメリカを引き裂いている。」同書，253頁。

(99)　松本俊太「アメリカ連邦議会における二大政党の分極化と大統領の立法活動（一）」『名城法学』第58巻4号（2009年），192頁。

(100)　松本，同論文，189－190頁。

(101)　松本，同論文，189頁。

(102)　松本，同論文，188頁。

(103)　前嶋和弘「予算をめぐる連邦議会の対立激化と2012年選挙のゆくえ」『国際問題』No.609（2012年3月）5頁。

(104)　前嶋，同論文，6頁。

(105)　前嶋，同論文，6頁。

(106)　前嶋，同論文，7頁。

(107)　前嶋，同論文，8頁。

(108)　Laski, *Presidency*, *op.cit.*, p.236. 池田訳，302頁。

(109)　Cf. *Ibid.*, p.244. 池田訳，312頁参照。

(110)　Laski, *Democracy*, *op.cit.*, p.135. 東宮訳，123頁。

(111)　H.J.Laski, "The American Myth and the Peace," *Nation*, *February* 12, 1944, p.180.

(112)　*Ibid.*, pp.182－183.

(113)　*Ibid.*, p.182.

125

第5章

二大政党制の批判的考察
―ラスキ，ミリバンドを中心にして―

第1節　はじめに

　二大政党制の代表的な国はアメリカであるが，グローバル資本主義の到来以降，ティーパーティ運動やウォール街占拠にみられるように，アメリカ国内のイデオロギー距離が拡大し，二大政党間の対立が激化している。国民皆医療保健制度は他の先進国では一般的に導入されている制度であるが，その導入をめぐって，アメリカでは国論を二分する対立となっている。

　もうひとつの二大政党制の代表的国家のイギリスでは，2010年の下院選挙で，ハングパーラメント（宙ぶらりん議会）が発生し，民意を適切に反映できるように，単純小選挙区制度の見直しを求める自由民主党が，第一党の保守党と連立政権を組んでいる。選挙制度の転換はまだ困難な状況ではあるが，単純小選挙区制度の矛盾に対するイギリス国内の認識の高まりをみることができる。

　わが国では，1990年度半ばに，衆議院の選挙制度として，小選挙区比例代表並立制（小選挙区の割合が大きい）が導入されて以降，連立政権ではあるが，二大政党制化の傾向が強まってきていた。2009年の民主党への政権交代は，このことの証左であった。しかし，2012年末の衆議院選挙，これに続く2013年夏の参議院選挙で自由民主党が圧勝し，二大政党制化の終焉とともに，連立政権ではあるが，一党優位政党制へ移行した印象を呈している。小選挙区制度は大政党に有利なために，二大政党制ではなく，むしろ一党優位政党制になるので

127

はという研究者もいるが，その通りになったということができよう。

　わが国では近年，二大政党制化のなかで，一方で二大政党の基本的政策の一部の収斂化がみられる反面，他方で，政策の対立の激化（反対のための反対）がみられていた。国民全体の幸福度を上げるべく，どのような政策を現実的にどのように遂行するのかが，問われているといえる。つまり，「国家の相対的自律性」のより一層の顕現が重要なのである。

　近年のアメリカ，イギリス，わが国にみられるように，二大政党制，小選挙区制は，意見の対立の激化（特にグローバル資本主義の到来以降），民意の反映の不十分さなどが問題になっている。本章では，二人の政治学者，政治思想家を取り上げる。一人は，ロンドン大学の教授で，二大政党制，小選挙区制の擁護者として知られるH.J.ラスキ（1893-1950）である。イギリスの二大政党の一つである労働党のイデオローグである。もう一人は，ラスキの弟子で，現代を代表する西欧のマルクス主義者のR.ミリバンド（1926-1994）である。ミリバンドは，二大政党制，小選挙区制には多少懐疑的であるが，常に軸足を労働党に置いている。ミリバンドの息子の一人は現在，労働党の党首であり，もう一人は労働党政権の外相を務めていた。

　本章では，H.J.ラスキ，R.ミリバンドの二人の政党制論，選挙制度論を通して，あるべき政党制，あるべき選挙制度について考察したいと考えている。先ず，第2節では，ラスキの二大政党制，小選挙区制擁護論，続く第3節では，その擁護論の根拠について説明したい。第4節では，ミリバンドのアメリカ二大政党制論，第5節では，ミリバンドの二大政党制・小選挙区制批判論，第6節ではミリバンドが政党制，選挙制度を考える際の根拠について，解説し，論を展開したいと考えている。そして，第7節が「おわりに」であるが，グローバル資本主義の時代のなかで，どのような選挙制度，政党制が望ましいのかを，考察する。

128

第5章　二大政党制の批判的考察─ラスキ，ミリバンドを中心にして─

第2節　ラスキの二大政党制，小選挙区制擁護論

　ラスキは，「危機と憲法」（1932年）のなかで，政党制と選挙制度について論じている[1]。彼によれば，「イギリス人はこれまでの経験を通じて二大政党制のもつ魅力ある単純さに慣れてきているので，この二大政党制が自然に則したものとして，それをやや過大評価しすぎてきたきらいがある。事実，アメリカはべつとして，二大政党制は，現代におけるどの国家においても十分に消化しきれなかった贅沢品である[2]。」このように，ラスキは逆説的ではあるが，ごく自然なものであり，魅力のあるものとして，二大政党制を高く評価している。これに対して，「現代の国家にみられるもっとも一般的な政治形態は連立政権であるが，この政権は，極右から極左まで，ほとんど無限な思想的差異をもった人たちの集合体であって，これらの人たちの思想的差異にかんしては，きょくたんな場合をのぞいては，実際にそれを区別することはきわめて困難である[3]。」このような光景は，特にフランスやドイツの議会にみられ，当惑すべき光景であるとラスキは批判的にとらえている[4]。連立政権について，彼は極めて懐疑的である。

　イギリスの二大政党制化について，ラスキは次のように説明している。「第一次大戦いらいイギリスには三つの政党が存在し，これらの政党はそれぞれ下院において重要な役割をはたしてきた。……自由党の大部分は，保守・労働の両党に吸収されたために，これら三つの政党は急速に集約されて，保守・労働の二大政党に改編される形態に変わってきた[5]。」

　しかし，その後，1931年8月に，マクドナルドを首班とする連立政権が誕生したが，これについてラスキは痛烈な批判を展開している。世界大恐慌以来，悪化する財政状態に鑑みて，内閣委員会は，マクドナルド労働党内閣に対して，失業手当を削減するなどの勧告案を提起した。「マクドナルド氏自身は他の幾人かの同僚たちと歩調を合わせて，その案に同意した。しかも，下院の労働党の多数が……失業手当の削減に反対投票するであろうことは予知されていた。

129

事態がきわめて切迫していたので，――イギリスの金本位制を維持するために必要な資金が，他の方法ではとうていえられなかったであろうといわれていた――マクドナルド氏は国王に辞表を提出した。マクドナルド氏や野党の指導者たちと協議したのちに，国王は労働党内閣の首班としてのマクドナルド氏の辞表を受理し，あらためて，彼を新内閣の首相に任命したが，この新内閣には，保守・自由の両野党と彼の腹心である前労働党内閣の四人の閣僚が参加した。しかも，党会議においては，マクドナルド氏が指導者の地位を追われて，アーサー・ヘンダーソン氏が次の指導者に選ばれた。その後にもたれた労働党の全国執行委員会において，新マクドナルド内閣と結びついていた労働党員は，みな正式に労働党から追放された。……イギリスの歴史に前例のないことである。……マクドナルド氏は21人の労働党閣僚のうち，わずか４人を率いて挙国政府に参加したが……そのとき労働党議員のわずか19分の１がマクドナルド氏を支持したにすぎなかった(6)。」このように，31年８月の事件をラスキは説明した上で，このマクドナルドを首班とする挙国一致内閣は，実質的には保守党と自由党の内閣であるという見方を示唆し(7)，「マクドナルド氏がとった戦術が，正常なイギリス政治のもつ意義を破壊してしまった」と落胆している(8)。

　以上の事態から学ぶべき教訓として，ラスキは次のように言う。「労働党にとって大切なことというのは，労働党の哲学に結びついた根本原則を実現することなのであって，まにあわせの便法などはどうでもいい。……イギリスの諸政党は，すぐさま二大政党制に復帰すべきだ，ということだと思う(9)。」この復帰は必ず，「イギリス国民に利益をあたえることはまちがいない」とラスキは確信した上で(10)，三政党制に対する批判を強める。「三政党制は，政治をおこなうさいに，明確さと誠実さを欠く。この制度は，政府の政策にたいして国民が真実の審判を下すことを阻止してきた。また，この制度は，国民が肯定しているデモクラシーの諸原則をテストできないような政府を政権の座につけてきた(11)。」

　この三政党制は，保守党，自由党，労働党の三党が林立する状態を指しているが，今日でいえば，単独政権ではない連立政権の多党制のことを指している

130

第5章　二大政党制の批判的考察—ラスキ，ミリバンドを中心にして—

と解釈できよう。単独政権ではない諸政党の集合体であるので，政府は一貫した政策が断行できないという点で，明確さと誠実性を欠くとして，ラスキは三政党制にはきわめて批判的な立場をとっていることが，上記より理解できる。一方で，二大政党制をラスキが評価しているのは，単独政権として，首尾一貫した政策を断行，実施できる，その点の明確さと誠実さを生んでいることが理由だと解釈される。

　三政党制，比例代表制に対するラスキの批判的見解が，「危機と憲法」のなかで，さらに詳細に展開されているので，少し長くなるが，ここに紹介しておきたい。「マクドナルド氏が勝利して得た議席数は，総選挙のさいに獲得した得票数に比してきわめて不釣合であるので（得票数に比して，議席数が少な過ぎたという意味—筆者），比例代表制を要求する声が，総選挙いらい，しだいに高まってきている。……選挙制度をこのように変えるとすれば，重大な不利益をもたらすことになるだろう。なぜならば，その場合には，三政党制を存続させるばかりか，おそらく，将来には，これらの政党の分裂をつくりだして，少数党内閣につきまとう，さまざまな危険を永続さすことになるだろうからである。さらに政府が，ただ力と団結さえもてば，誠実で率直な政治を実行できるにもかかわらず，この比例代表制は，政府の行政権力を弱めることになろう。また比例代表制は連立政府に拠る政治を助長することになるが，連立政府が成立すれば，選挙民が政府を構成する力は奪われてしまって，党利・党略のために離合集散をかさねる下院によって実質的に，それが握られてしまうことになるだろう。大陸の諸国で実施されてきた比例代表制の経験をみると好ましい結果は生まれていない。とくにドイツにおいては，比例代表制にたいする批判者たちの予言していたようなもっとも悪い結果が生まれている。戦後の経験によれば，デモクラシーの欠陥にたいするまったく誤った判断にもとづいて比例代表制がつくりあげられてきている。議会をして国民の世論の動向を正確に反映する鏡にしむけようとするあまり，この比例代表制は，かずかずの事件にみうけられる最近の傾向を，正しい方向に向けることが緊急に必要であることを忘れてしまっている。そしてもしも，われわれが，行政権力を麻痺さす傾向をも

131

つ政府の存続を許すような冒険を試みようものなら，正しい方向に政治の向きを変える……努力も達成できなくなってしまう。イギリスの政治制度には，かずかずの制約があることはいうまでもない。しかし善意と常識をもってそれを運営すれば，それらの制約も，イギリスの政治制度が掲げている目標の実現を阻止することはできないように思われる[12]。」

　以上より，小選挙区制は，得票数と議席数の不釣合があることから，比例代表制を求める世論が当時あったことが読み取れる。しかし，これを受けて選挙制度を比例代表制に変更した場合に，重大な不利益が発生することになるというのが，ラスキの強い憂慮の念である。比例代表制が，三政党制を存続させ，少数党内閣，連立政権をもたらすことは必至であり，それは，党利・党略のための離合集散を横行させ，選挙民が政権政党を選択することを不可能にするだけではなく，警察国家から行政国家に移行したにもかかわらず，行政権力を衰弱させてしまうなどの問題を引き起こすというのである。イギリスに比して，ヨーロッパ大陸の多くの諸国で比例代表制が実施されてきたが，好ましい結果を生んでいないとラスキは分析しており，特に，第一次大戦後のドイツではもっとも悪い結果が発生していると，彼は断罪する。このように，比例代表制の欠陥に対する批判を，歴史的事例も挙げながら説明する姿勢が，ラスキにはみられる。

第3節　ラスキの擁護論の根拠

　小選挙区制の積極的擁護論者として，ラスキを位置付け，それに対して批判論を展開しているのが柳沢尚武氏である。同氏によれば，小選挙区制を肯定した代表的論客として，労働党の幹部でもあり理論家でもあったラスキがいた。ラスキは，二党制は有権者が直接政府を選ぶことを可能にする政党制であると肯定した上で，社会主義を承認するかしないかが政党間の対立の基準になっていると主張したと紹介している[13]。このラスキの主張について，柳沢氏は，「いまからみれば，彼の歴史認識には疑問があるが，労働党があえて小選挙区制を

132

第5章　二大政党制の批判的考察—ラスキ，ミリバンドを中心にして—

理論的に擁護するとすれば，資本家と労働者の階級対立における権力闘争という二者択一は小選挙区制によってこそ雌雄が決せられるのだ，と納得する以外になかったのであろう[14]」と解釈している。このように，労働党と小選挙区制・二大政党制との関係の深さに言及する柳沢氏は，小選挙区制は民意を反映しない制度であり，二大政党が得票数以上に不当な議席を得ている（4割の得票で6割の議席を得ることもある）と批判的である[15]。

　柳沢氏だけではなく，多くの研究者は，小選挙区制の欠陥を指摘している。比例代表制と比較して民意を反映しない制度であり，得票数以上に過大な議席を第1党，あるいは第2党に与える。つまり，ふくらし粉が作用しているということである。得票数における第1党が議席数で第2党になることがあり得る。そして最大の欠陥は，議席に結びつかない死票（死に票）が多いということである。

　それでは何故ラスキは，このような欠陥があるにもかかわらず，小選挙区制，それに伴う二党制を擁護するのか。その理由，根拠として，二つのことを挙げることができると考えられる。二つとも歴史的事実に基づいている。一つは，第一次大戦後，完全比例代表制を採用したワイマールドイツの苦い経験（その後のファシズムの台頭）に対するラスキの批判である。この批判は，第2節で紹介した通り，イギリスに比して，ヨーロッパ大陸の多くの諸国で比例代表制が実施されてきたが，好ましい結果を生んでおらず，特に，第一次大戦後のドイツではもっとも悪い結果が発生しているとするラスキの断罪に表れている。1930年代以降のラスキの闘いの最大の対象がナチスドイツにみられるファシズム勢力であったことからも，完全比例代表制に対するラスキの失望は大きい。

　これに対して，比例代表制がナチズムをもたらしたかどうかについては，異なった見解がある。柳沢氏によれば，「ナチの台頭は，比例代表制であったからではない。当時の破綻し混乱した資本主義社会のもとでナチは台頭したのであって，そこには強い政府を期待する意識も醸成され，むしろ小選挙区制の場合，多党化していた当時のもとではもっと早く進出したとすら考えられる。……むしろ当然ながら，スウェーデンなどの北欧やオランダ周辺諸国の比例代

133

表制の国の政治が，連合政権であっても安定している(16)。」同じく単純小選挙区制，二大政党制に批判的な吉田徹氏は，「多党制のもとでの連立政権が恒常的に続いたドイツのワイマール共和国（1919～33年），フランスの第三共和政（1875～1940年）や第四共和政（1946～58年）では，短命政権が相次いだ。連立政権が不安定な政治であり，短命な政権であるというイメージが定着したのも……こうした……経験が想起されるからだろう。ワイマール期のドイツの内閣の平均寿命は10カ月」であると(17)，ワイマールドイツの政権の短命性を一応は認めている。しかし，個別的にそうであるに過ぎず，「多党制のもとでも，二大政党制と同等かそれ以上永続的で安定的な内閣を持つ国は，戦後西ドイツ……など複数国存在している」という(18)。

確かに柳沢氏や吉田氏が言うように，多党制のもとでも，永続的で安定的な政権が存在することも事実である。しかし，その場合の選挙制度は，完全比例代表制ではなく，何らかの形で連立政権であっても安定化する仕組みが組み込まれている場合があると考えられる。小党林立を回避する手立てである。西ドイツの場合は，小選挙区比例代表併用制であり，５％条項も存在している。ワイマール期の反省から，完全比例代表制とはなってはいない。ドント式発祥の地のベルギーの場合は，比例代表制であるが，５％阻止条項が存在している。５％の得票に達しない政党の議席を阻止するという条項である。これに対して，完全比例代表制による小党林立のワイマール共和国の連立政権に，ラスキが危険な兆候を見たとしても致し方なく，最悪の結末のアンチテーゼとして，ラスキが小選挙区制，二党制を擁護したということであろう。

第二の根拠は，二党制であってもというより，二党制こそが，国民のための政治，つまり社会奉仕国家が実現するということである。二大政党，そのなかでも，とりわけ一方の政党が政権を担当した場合に，このような政治が実現するとラスキはみている。第一次大戦前のイギリスでは自由党政権，第二次大戦後のイギリスでは労働党政権，アメリカの場合は民主党政権が国民のための政治を果敢に断行できるとラスキは考えている。ラスキは，1920年代から世界大恐慌後まで続いたアメリカの共和党政権を批判しているが，1933年に誕生した

第5章　二大政党制の批判的考察—ラスキ，ミリバンドを中心にして—

ルーズベルト民主党政権には高い評価を与えている。アメリカの選挙制度は小選挙区制であり，1860年代より共和党と民主党の二大政党制になっているが，ルーズベルト民主党政権のニューディール政策の実験的試みに対するラスキの期待はかなり大きい。

　ラスキがルーズベルトについて記述したある論文によれば，「英国は昔から実施されてきた資本主義的企業の手法に対して，政府の援助を貸し与えようとすることのみを考えてきた。問題となっていることは，その制度のまさに根幹であるという意識を，英国が持っていないということである。ルーズベルト大統領は，アメリカ資本主義に挑戦することによって，それをひとつの社会的実験に変更させるために彼に協同することを，実際上求めたのである[19]。」当時のイギリスは，従来からずっと階級国家的側面が強いが，アメリカではルーズベルト大統領が，アメリカ資本主義に挑戦する新しい社会的実験を試みており，これに対するラスキの期待の大きさをみることができる。続けてラスキはいう。「ルーズベルト大統領の実験は，経済的災難の開始とたまたま同じ時期に始まったことは疑いがない。彼は，その重大さゆえに，その影響を消散するように努めただけではなく，人間の洞察が役に立ちうる以上，そのような災難が消失するような新しい社会秩序の基礎を設定しようと尽力した。それゆえ，彼の努力を評価する際に重要なことは，彼が自ら設定した目的対象物であるだけではなく，これらの対象物が遭遇するであろうものを設定しようとした精神と気質である。彼は同意による革命を企図している[20]。」ルーズベルト大統領の実験は，1929年の世界大恐慌に対応する体制内革命であると思われるが，これをラスキは「同意による革命」と呼んでいる。ラスキのルーズベルトに対する評価の高さをみることができる。ラスキによれば，「ルーズベルト氏は，イギリスの前任者が持っていないようないくつかの利点を，自らの側に持っていたことは疑いない。彼は，社会の習慣的な方法を容易に回避して，より一層，実験的な社会に取り組んでいる。他に比較することができる外国の政府が享受することがなかったような一群の民衆の支持を彼は依然として得ていた。彼は統治する意思と勇気を依然として持っていた。それは，彼とは違って，英国の自由

135

党政府が容易に失った財産である。彼は危機を処理している[21]。」イギリスの自由党政府は，保守党政府よりも，改革には前向きであるが，アメリカのルーズベルトは，それよりもはるかに強い意思と勇気を持って，危機を処理し，実験的な社会づくりに取り組んでいるとラスキが評価しているのが読み取れる。二大政党制は政権交代があり，特に保守的な政党から改革志向の政党への政権交代が発生することに，二党制擁護の根拠づけをラスキが行っているといえよう。

　ルーズベルトについて記載した別の論文のなかで，ラスキは次のように述べている。「大統領にとって必要な顕著な特質は，第一に勇気であり，第二に，実験を試みたい気質である。……ルーズベルトは積極的な意味でリベラルである。つまり，彼は実際上，社会主義者ではなかった。……彼のリベラリズムの由来の一つは，自分では手にを得ないような巨大な経済権力に対して闘っている小さき人に対する貴族的な思いやりである。……彼は勇気と実験を試みたいという気質を持っている。……フランクリン・ルーズベルトは，前回の議会で制定された賃金と労働時間に関する法律が明確化しているように，彼が必要であると考えた変革の絶え間ない追及を，失敗によって止めさせられることはないのである。……ルーズベルト大統領は，想像力に富み，ユーモアのセンス（民主的な政治家にとって最高に必要なもの）を持ち，生来の自信にあふれていた。……彼は重要な言い回しをする力，幸福に導くような例示の才，彼が言おうとすることの本質をすぐに読者に理解させるようなアプローチの方向性の特質を持っている。……彼の寛容の特質が自信を与え，それが彼と一緒に働く人々にチームワークの感覚，一緒に創造的な冒険をしようとする感覚をつくり出す。それが事業の達成にとって本質的に重要なことである[22]。」ここでは，ニューディール政策をなしたルーズベルト大統領の人となり，精神の部分にラスキは焦点を当てている。勇気，実験的精神，他者への思いやり，寛容の精神が偉大な事業を成し遂げたことを，ラスキは高く評価している。また，ルーズベルトは社会主義者ではなく，リベラルであり，巨大な経済権力に抗する小さき人への思いやりの気持ちを持っていたというラスキの記述は，興味深く，

ルーズベルトの社会民主的特質をうまく表しているように思える。

　ラスキは続けていう。「アメリカの伝統においては，尋常ではない時代は，尋常ではない人間を呼び起こしたことは，ある程度，明らかである。1789年がそうであったし，1800年がそうであった。また，1861年，1933年もそうであったのである。……1933年の危機の時期に弱い大統領であれば，修復困難な災難が深まったであろうと推察される。1932年の民主党大会で弱い大統領が選ばれなかったのは偶然によるところが大きい。偉大な民主党のリーダーは，最も役に立つ人間以上にひとかどの者でなければならなかった。彼が自身に課さなければいけないと考えたのは，積極的な特質であった[23]。」1789年のジョージ・ワシントン，1800年のトーマス・ジェファースン，1861年のエイブラハム・リンカーンと同じように，フランクリン・ルーズベルトを偉大な大統領であるとラスキは考えており，ルーズベルトに対して高い信頼を寄せていることが読み取れる。

第4節　ミリバンドのアメリカ二大政党制論

　ここで，ミリバンドのアメリカの政党政治についての考察をみていきたい。ミリバンドによれば，「全ての先進資本主義諸国には実業階級及び支配階級一般のお気に入りの選ばれた媒介物ないし道具である特定の諸政党がある。ほとんどの諸国では，一つの主要政党がこの役割を遂行する。もっとも第二あるいは第三の政党もしばしば同じ種類の支持の一定量を享受はしているが。かくして合衆国における共和党はすぐれて『実業の党』，そして実業家の党であるが，しかしだからといって民主党が実業の支持を奪われているわけではない。……しかも，通常は各国において唯一の保守党であり，支配諸階級の成員の間の最大限の支持を受け，すぐれて『彼らの』党であるような一つの政党がある。……若干の諸国においては，実業の主要政党は，必ずしも選挙の上でもっとも継続的に成功を収めている政党ではない。かくして，例えば合衆国における共和党は民主党よりも選挙の上ではむしろうまくはいかなかった。もっともこの

137

ことは民主党が実業の期待に寛大に反応することが常に期待され得たがゆえに，実業諸利益にとっては破局的などというにははるかに遠いものではあったが。……これらの例が示唆していることは，支配的諸利益は必ずしも支配的諸政党を作りだすのに成功はしていないが，しかし，他の影響や圧力の諸手段を考えると，このことがとくに害にはならないということである。これらの利益にとっては，少なくとも，彼等の諸目的を，適切に言えば彼等自身のものではない諸政党を通じて，そして多くの他の機関を通じて達成することは，完全に可能である[24]。」このミリバンドの見解から，二つのことが読み取れる。一つは，アメリカの共和党も民主党もともに，実業階級及び支配階級の擁護者であり，その利益を実現すべく行動することが期待されているということである。つまり，両政党とも，資本主義的政党であり，両政党の前提の同一性をみることができる。両政党のベクトルは，支配的諸利益の目的を実現するために，同じ方向を向いているということである。このことは，ミリバンドの次の言葉からも明確に理解できる。「イギリスや合衆国のような国々の多くの人々によって，立証されているように，彼等は，主要な競合政党間に主要な相違があると思うかどうか尋ねられた時，否定的に答える傾向がある[25]。」二つは，両政党の傾向の相違の指摘である。アメリカにおいては共和党が実業階級及び支配階級のための唯一の主要政党であり，民主党は第二の政党という位置づけである。共和党は唯一の実業家のための政党であり，保守的・支配的政党であるのに対して，民主党は実業家の利益を損ねることはないという消極的評価である。つまり，共和党こそが支配階級のための本家・本元の政党で，かつ金持ちのための政党であり，民主党は支配階級にとっては傍流の政党であるので，支配的諸利益にそぐわない政策の遂行もあり得ることが示唆されているということである。

　この二大政党の傾向の違いについては，ミリバンドは，H.P.ベクの研究を引用しながら，さらに次のように述べている。有力な大学の理事は，「一方における専門職業と，他方における会社所有者，経営者及び公務員とに，ほぼ等しく分けられる。……後者のグループのうちで，銀行家，仲買人そして金融業者と製造業の企業家と経営者は，抜きん出て最大のグループであり，専門職業グ

ループについては，弁護士と判事が最大の要素であって，僧職者がそれに続いている。既知の政党の選択に関するかぎり，61％が共和党派であり，35％が民主党派である[26]。」ここでいう有力大学とはエリート大学であり，権力エリートによるエリート大学の支配が如実に表れている。数字にみられるように，銀行家，仲買人そして金融業者と製造業の企業家と経営者などの支配階級，実業家の過半数が共和党を支持する傾向があり，社会的公平さや平等に対する二大政党の意識の違いを，ここから読み解くことができる。以上のように，ミリバンドは，アメリカにおける二大政党の同質性と傾向の相違の二面性を指摘したが，民主党のニューディール政策の社会民主的性格についても言及している部分があり[27]，アメリカにおける傾向の相違に対する期待をミリバンドは多少は持っていたように思える。

第5節　ミリバンドの二大政党制・小選挙区制批判論

ミリバンドは，ラスキと同様にイギリス労働党のイデオローグであるが，ラスキほどは二大政党制，小選挙区制を熱烈に擁護しているわけではない。多少批判的な見方を示している。ミリバンドは，イギリスの小選挙区制度について，「選挙で投じられた票と獲得した議席との関係を大きくゆがめる制度」であると批判し，「イギリスの『首位当選』制度は，下院における政党の代表という点からみて，そしてときには，誰が政府をつくるかという点から見て，民衆の票をほとんど確実にねじまげてしまう」と論じる[28]。

ミリバンドによれば，「1974年の総選挙を除き，1945年いらいのすべての総選挙において，一つの政党が絶対多数の議席を得てきた。もっとも，1951年，1964年，1974年10月の選挙では，ほんの僅少差だった。しかし，1945年いらいのどの選挙においても，投票の50パーセントを得た政党はなかった。ところが，一つの政党—保守党または労働党に—よる政府が通例であって，『勝者』は，その政策にたいして『有権者』からの『命令委任』を要求し，『イギリス国民』は，あれこれの政策について明確な意志を表明した，と主張されるのがな

139

らわしであった。現実に生じた事実に照らせば，これは，たいへんな言葉の乱用であり―政治文化のもっとも重要な部分を構成する『民主的神話』の一部であった[29]。」得票の50％を得ていないにもかかわらず，過半数の議席を取得し，政権を担当するという過大な代表制が続いている事態，つまりふくらし粉が効いている事態に，ミリバンドは批判的である。

　さらに，ミリバンドはいう。「1976年に議会議事録協会の選挙改革委員会も述べたように，『過去13回のうち3回（1929年，1951年，1974年2月）の選挙で，もっとも多数の下院議員候補を当選させた政党が，実際には下院の第2党より少ない票の分け前しか得ていなかった。つまり，ある意味で「勝者」は，じつは「敗者」にほかならなかった。』1951年の総選挙で，労働党は，全国的にはそれまでの最高の得票率を達成したが，得票のうえでは，それよりも20万票少ない保守党に，獲得した議席のうえでは『敗れた』のである。……保守党は，正式に政府を組織し，1955年と1959年にひきつづき選挙に勝利したため，その後13年間，政権の座にとどまったのである[30]。」本来，得票数で第1党になった政党が議席数でも第1党になるべきであるが，得票数で第1党であった政党が議席数で第2党になり，政権をとることができなかったという事態が，イギリスの場合，過去数回あったことをミリバンドは紹介し，この事態に対する憂慮の念を示唆しているように思える。つまり，得票における多数派と議席における多数派が一致していない事態の異常さをここで指摘しているのである。

　またミリバンドは，小選挙区制度について次のようにも述べている。「個々の下院議員についていえば，選挙区で実際に投ぜられた票の過半数を得るものは，そのごく少数にすぎない。多くの選挙区で当選した候補者の得票率は，投票総数の50％をかなり下回っている。こうして少数票によって選ばれる下院議員が，かれ，またはかの女の選挙区を『代表』するといいうるのは，想像上の，慣例的な，そしていわば便宜や儀礼上のことがらにすぎない[31]。」小選挙区制によってもたらされる二大政党制では，過半数の得票による代表という正統性のイメージがあるが，実際には少数票による代表であり，その欺瞞性を，ミリバンドは指摘しているのである。

140

第5章　二大政党制の批判的考察―ラスキ，ミリバンドを中心にして―

　このように，イギリスの小選挙区制にミリバンドは批判的であるが，それで
はどのような選挙制度が望ましいと考えているのか。それは，次のような彼の
文章に垣間見ることができる。「1974年2月の選挙は，新たな危険を浮き彫り
にするのに役立った。すなわち，あたかも多数を制しているかのように行動し，
『対決』法案の成立をはかり，前の選挙のすぐあとに再び選挙に訴える根拠を
求めるという労働党少数政府の危険がそれであった。こうしたことが1974年に
起こったのであり，それは，多くの人々が，それまでは全面的に容認できると
考えていた制度の欠陥にたいしてあらためて注意を喚起することになった。
1979年5月におけるサッチャー夫人の首相選任は，ふたたび一定の保証を与え
た。しかし，新政治勢力としての社会民主党の登場は，それが将来引き起こす
『安定多数を欠いた』議会と不安定な立場の（労働党）少数政府の可能性とあ
いまって，選挙の改革を求める新たな要求を生みだすことになりそうであ
る[32]。」1970年代は二大政党制の危機の時代であり，二大政党の得票数が低下
した時代である。また，1979年以降の労働党の分裂による社会民主党の誕生は
二大政党制の危機にさらに拍車をかけるものであった。この状況のなかで，選
挙改革を求める新たな要求が生み出されることになるが，そのことをミリバン
ドは予兆しており，かつそのことが多少は望ましいことであるかのような示唆
を提示しているように思える。しかし，ミリバンドは，小選挙区制に代わる新
しい選挙制度は何が望ましいのか，またそれに伴う政党制は何が望ましいのか
を，明確には述べてはいない。

第6節　ミリバンドの政党制・選挙制度基準としての
　　　　相対的自律性

（1）　政党政府と相対的自律性

　資本主義国家・政府と政党制との関係について，ミリバンドの見解を見てお
きたい。ミリバンドによれば，「政府がさらされる圧力のなかで抜群に重要な
のは，一つは資本の圧力であり，他は労働の圧力であった。それらの諸要求は

141

敵対的であり，闘争を生みだす。国家の任務は，資本の要請（そのあらゆる要求というわけではない）に応えることであるが，労働者階級にも危険なほどはげしい疎外の諸条件を生みださないように保障することであった[33]。」つまり，資本主義国家の任務は，一方で，資本の要請に応えることであるが，他方で，労働の要請にも配慮することである。国家の任務・役割には二面性があるとミリバンドがみていることが理解できる。

　続けてミリバンドはいう。「資本が政府に加えうる圧力と，資本が発揮する影響力とは，労働のそれよりもはるかに大きい。……この資本の優越性の一つの側面は，イギリスのす̇べ̇て̇の，政府が，一貫して資本主義企業の意識的な同盟者であったし，資本を援助し擁護しようと望んできたということである。これは，19世紀のウィッグ党政府とトーリー党政府について事実であったし，20世紀の保守党政府のみならず労働党政府についても，やはり事実であった。労働党政府が，資本主義企業を援助し擁護しようと望んだ仕方は，必ずしも資本主義企業の好みに合っていたわけではなかったし，保守党政府でさえ，資本のあれこれの部分から不満を招いたことは多かった。これは，やがて検討される国家の性格の重要な一側面―国家の『相対的自律性』―にたいして注意を促す。だが，国家の目的は，つねに不明確ではなかった。すなわち，資本主義企業の繁栄を助長することがそれであった。資本主義企業の安定と成功とは，『国益』と同義語だという保守党のすべての閣僚と労働党のほとんどの閣僚が共有する信念を考えるなら，このこともまた，けっしておどろくにはあたらない。労働党政府は，私的部門とともに公的部門の繁栄を期待したであろう。しかし，労働党政府は，つねに，公的部門は私的部門を補完するもの，そして私的部門に従属するものとさえ見ていたし，これは，つねに，それ以上にもつよい保守党政府の見方であった[34]。」ミリバンドは資本主義国家・政府の二面性を指摘したが，この二面性の指摘は，労働よりも資本が優越するという前提においてである。イギリスは19世紀においては，ウィッグ党政府とトーリー党政府が存在したが，20世紀，特に第二次世界大戦以降は，保守党と労働党の二大政党制となっている。労働党は本来，労働組合の政党であり，労働者の味方であるが，

第5章　二大政党制の批判的考察―ラスキ，ミリバンドを中心にして―

保守党のみならず，労働党も資本主義企業を援助し擁護しようとしたというミリバンドの指摘は興味深い。保守党はそもそも資本主義政党であるが，保守党のすべての閣僚だけではなく，労働党のほとんどの閣僚も，資本主義企業の安定と成功の重要性を共通の信念としているというミリバンドの認識は，驚くべき認識である。アメリカだけではなく，イギリスも二大政党を同一性という概念でくくることができるということを，ミリバンドは示しているのである。

　この同一性について，ミリバンドはさらに次のように述べている。「これまでの労働党政府と保守党政府両者の資本主義企業にたいするかかわり方は，あきらかに国家の政策にかんして抜群に重要である。なぜなら，そのかかわり方は，経済秩序の性格を深刻な争点にはしないからであり，そしてまた，資本主義企業は，社会生活全体のなかで非常に重要だから，その他のほとんどの政策上の問題は，資本主義企業を決定的に重要な基準点にするようになることを意味するからである。……戦時中を例外として，政府は，私的経済活動に効果的統制を及ぼすのがきわめて困難なことを知っている。……保守党政府は，そうした統制を及ぼしたいとは考えなかった。1945年いらい経済の統制を実現し，経済を『計画化』するために労働党政府が企てたような試みは，具体的な点ではけっして大したことにはならなかった⑶⑸。」保守党政府だけではなく，労働党政府も，資本主義企業にたいするかかわり方には，それほどの大きな相違はなく，戦後，基幹産業の国有化を党是にした労働党の政策も，大したことにはならなかったという認識を，ミリバンドは示している。二大政党の同一性の認識である。

　このような同一性を前提にした上で，両党の政策の傾向の違いはないのだろうか。ミリバンドによれば，財界は，実際上抜群に強力な圧力団体となっているが，「財界は，満足すべき党の財政状態が財界の献金に大きく依存している保守党の中枢部に卓越した地歩を築いている。財界は，その相当数が，自ら財界に属する多くの下院議員の不動の支持をアテにできるし，下院議員の多くは，院の内外における資本主義企業の強力な抜けめのない守護者として頼りにできるのである。この点では，上院も無力ではない。すなわち，活動的な上院議員

143

の多くは，産業・金融・商業の資本主義企業の上層部に強固な地位を占めている[36]。」イギリスの二大政党のうち，保守党が財界のための真の主要な政党であり，資本主義企業の真の擁護者，守護者ということである。これに対して，労働党は，財界，資本主義企業の主たる利益を侵害することはないが，それらと多少の距離を置いており，場合によっては，それらと対決することもあり得るということである。この点が保守党との傾向の違いといえる。

　但し，保守党政府も，財界，資本主義企業のいつも言いなりというわけではない。ミリバンドによれば，「政府と国家とは，とりわけ資本制民主主義国では，資本の単なる道具として行動するのではないし，また行動できないのである。普通選挙制度と政治的闘争の諸条件下では，いかなる政府も，異なった，しばしばあい反する利益を持つその他の諸勢力をまったく無視はできない。それらの諸勢力のなかでいちばん重要なのは，一般的状況下では組織労働者である。労働組合は，その力にたいする制限や制約にもかかわらず，政府が念頭におかざるをえない圧力団体であって，政府は，『対決』の時期でさえ，組合幹部の善意を確保しようと伝統的に努力してきたのである。……組織労働者の外には，一つの選挙勢力としてのそれ以外の労働者階級が位置している[37]。」ミリバンドがよく使用する概念である「国家の相対的自律性」が存在するということである。財界，資本主義企業の真の主要政党である保守党が政権にあった時でさえ，資本の単なる道具として行動することはないし，労働党政権の場合であればなおさら行動することはないということである。小選挙区制は問題の多い選挙制度であるとミリバンドは認識しているが，その選挙制度の結果発生した二大政党制であっても，国家の相対的自律性は発揮できるというメリットが存在するとみているようである。資本の要請ではなく，一般国民の要請を擁護・実現できる社会は，二大政党制であっても可能であるということであろう。

　ミリバンドがこの相対的自律性について別の所でも記載しているので，それをここで紹介しておきたい。資本の，あるいは保守勢力一般の長期的利益，「もし，政府がこれらの利益を効果的に擁護すべきだとすれば，どうすればそれができるか，他のあい争う諸利益や諸勢力にたいしてどんな譲歩をおこなう

144

べきか，下からの圧力をどんな手段を使えばよりよく封じ込められるかを決める
にあたって，あきらかに相当程度の独自性を持たねばならない。この独自性
は，まさに『相対的』であるが，にもかかわらず，それはほんものである。
……政府の活動，または不活動はすべて，資本の絶対的要請とか，資本家の絶
対的命令によって決められるのではない。政府は，つねにこれよりもずっと多
くの余地を持っているのである[38]。」

（2） 上級公務員と相対的自律性

　イギリスにおける政党政府と上級公務員との関係を通して，国家の相対的自
律性がどのように発揮されるか，そのメカニズムをみておきたい。そのことに
よって，二大政党制においても十分に行政上の相対的自律性の発揮が期待でき
るかどうかがわかる。ミリバンドは，第二次大戦後のアトリー労働党政府の綱
領がそれほど社会主義的ではなかったとみている。「イギリスの公務員が，『社
会主義綱領』を掲げる政府と対決しなければならないようなことは一度もな
かったし，また少なくとも，かれらが，そのような綱領の実行を決意した政府
と対決しなければならないようなことは一度もなかった。……上級公務員は，
一般に月並な見解を持つ人間である。それは，……かれらが，……一方の端を
『穏健な』労働党，他方の端を反動的（しかし立憲的）保守党主義によって区
画される試行のスペクトルのなかに位置していることを意味する。そしてまた
かれらの大半が，一般的な政治的雰囲気いかんで少し左右に動くスペクトルの
まん中あたりに見いだされることも，十分にありうることである[39]。」続いて
時代の変遷とともに，スペクトルの位置が変化しているとミリバンドはいう。
「戦間期には，労働党の弱さと保守党運動のより粗暴な傾向の優越を反映して，
上級公務員は，スペクトルの反動的な端のほうにはるかに強固に位置していた。
……反共主義や『穏健な』労働党よりも左の一切の勢力にたいする反対は，第
二次世界大戦後も，依然として尊敬に値する社会的地位にふさわしい思考の不
可欠の一部であったが，経済・社会生活への国家の介入にかんする以前よりも
はるかに積極的な見解もまた，全面的に受け入れられるようになった。ケイン

ズは，——サッチャー政府の誕生とともに，かれの名に新たな不信のレッテル
が貼られるまで——官界ではタブー視される人物から，あがめられる人物に変
わったのである。……少なくとも，つよい保守主義は，もはや支持できる唯一
の立場ではなくなり，穏健な社会民主主義の立場も，認められるようになっ
た[40]。」上級公務員の思考は，少し左右に動くスペクトルのまん中あたりに見
いだされるが，戦後は，経済・社会生活への国家介入の積極的見解であるケイ
ンズ主義をも受け入れるようになったということである。このような穏健な社
会民主主義の受入れは，上級公務員の思考が，スペクトルのまん中あたりの左
へ移行したことを意味する。イギリスにおいては，二大政党制のもとにおいて
も，相対的自律性が一層高まったということを，ミリバンドは示唆しているよ
うに思える。

　続けてミリバンドはいう。「戦争がもたらした地殻変動を考えれば，高級公
務員が，1945年の労働党政府を率いたものと一緒に仕事をするのはいともたや
すいことだと考えたのは，不思議ではない。……また。1964年から1970年まで
と，1974年から1979年までの労働党政府の構成員とのあいだになにか大問題が
持ちあがる理由も，ほとんど見当たらなかった。……すべての公務員が，けっ
して反動的だったわけではないし，一方，ほんの少数の大臣が，ラディカルま
たは社会主義的だったにすぎない。……ある特定の政策が，承認された理念の
枠内に収まっていれば」よいということである[41]。この承認された理念の枠が，
戦後はある程度は広がったということである。

　スペクトルが左へ移行する，承認された理念の枠が広がるように，ある程度
は，上級公務員も穏健な改革を認め，執行することが期待できるが，但し，ミ
リバンドは，高級公務員の限界性について言及することを忘れてはいない。
「高級公務員が……進んだ見解を抱くことを期待するのは妥当ではなかろう。
かれらの大多数は，パブリック・スクールとオックスフォードとケンブリッジ
の教育を受けた中・上流階級の家庭の出身である。そのような前歴が，自動的，
不可避的に信従を生みだすわけではないが，大体においてそうである。こうし
た前歴のない公務員でも，公務員制度内の出世過程によって信従へと『社会

第5章　二大政党制の批判的考察―ラスキ，ミリバンドを中心にして―

化』されるし，もしかれらが，右寄りの理念や態度を持ち合わせていないとすれば，それを身につけるという証拠を早い機会に示さないかぎり，あまり出世はできないだろう[42]。」

第7節　おわりに

　民主主義を最も適切に端的に表現する言葉として，リンカーンの「人民の人民による人民のための政治」を挙げることができる。この言葉は，人民による政治と人民のための政治に分けることができる。この二種類の政治という観点から，どのような選挙制度，政党制が望ましいのかを，考察しておきたい。人民による政治は主権在民を意味するが，間接民主主義と直接民主主義からなる。直接民主主義は，スイスのカントンやアメリカ北東部のタウンミーティング，およびペートマンやマクファースンが提唱した参加民主主義を指している。間接民主主義は代議制を通しての国民の民意の集約である。民意の集約，吸い上げ，反映という観点では，どのような選挙制度，政党制がよいのだろうか。

　ラスキは小選挙区制・二大政党制の擁護者であるが，小選挙区制は，得票数と議席数の不釣合があることから，比例代表制を求める世論がかつてのイギリスであったという事実を認めている。ミリバンドは，前述しているが，イギリスの小選挙区制度について，「選挙で投じられた票と獲得した議席との関係を大きくゆがめる制度」であると批判し，イギリスの「首位当選」制度は，「民衆の票をほとんど確実にねじまげてしまう」と論じている。過大な代表制，得票における多数派と議席における多数派の不一致等というミリバンドの指摘は，民意の集約，民意の反映という点で，小選挙区制，それに基づく二大政党制には，問題があることを物語っている。ミリバンドは労働党のイデオローグであるので，どのような選挙制度，政党制が望ましいか明言していないが，選挙制度の改革の必要性は認めているようである。民意の集約，反映という点では，比例代表制のほうが小選挙区制よりも望ましい制度であるといえるだろう。

　それでは，人民のための政治という観点からは，どのような選挙制度，政党

147

制が望ましいのだろうか。ラスキは，小選挙区制，二党制であっても，国民のための政治，つまり社会奉仕国家が実現するとみている。前述したが，その代表的例として，アメリカのルーズベルト民主党政権のニューディール政策を，ラスキは挙げている。小選挙区制，二大政党制のアメリカにおけるニューディール政策に対するラスキの期待は大きい。

　ラスキと比較して，小選挙区制に多少懐疑的なミリバンドにおいても，その選挙制度の結果発生した二大政党制であっても，国家の相対的自律性は発揮できるというメリットが存在するとみている。前述したが，資本の要請ではなく，一般国民の要請を擁護・実現できる社会は，二大政党制であっても可能だというのである。政党政府の政策を執行する上級公務員の思考が，スペクトルのまん中あたりの左へ移行することも可能であり，イギリスにおいては，二大政党制のもとにおいても，穏健な社会民主主義であれば，受入れられ，相対的自律性が高まることがあることを，ミリバンドは示唆している。人民のための政治という観点からいえば，小選挙区制，二党制を評価することはできよう。但し，21世紀初頭のアメリカの分極化の傾向にみられるように，二党制でも相対的自律性がそれほど高まらないことがあることにも，注意が必要であろう。

　ラスキは，二党制を評価する理由として，単独政権として，首尾一貫した政策を断行，実施できる，ということをよく掲げている。首尾一貫した政策であれば，どのような政策でもよいというわけではなく，社会奉仕国家に資する内容のものを，ラスキは当然ながら考えているといえよう。理想とする政策を果敢に断行できる点を彼は評価しているのである。

　これに対して，比例代表制，多党制の場合は，どうであろうか。人民のための政治に結びつくであろうか。多党制のもとでも，永続的で安定的な政権が存在することも事実である。戦後の西ドイツ，現在のドイツなどが代表的例である。西ドイツは，福祉国家として，時短先進国として，自然エネルギーを重視する国として，人民のための政治に十分に寄与している。しかし，採用されている選挙制度は，完全比例代表制ではなく，何らかの形で連立政権であっても安定化する仕組みが組み込まれている制度である。そのような工夫が施されて

いる。短命政権，小党林立を回避する手立てである。西ドイツの場合は，小選挙区比例代表併用制であり，完全比例代表制ではなく，比例代表制を小選挙区制にからめており，また５％阻止条項も存在している。サルトーリが『政党と政党制』のなかで考察しているが[43]，西ドイツ，現在のドイツは「限定的多党制」（穏健な多党制）として，政局も安定しており，かつ人民のための政治に十分に寄与し続けているといえよう。

　人民のための政治という観点では，民意の反映で欠陥が大きいとされた小選挙区制，二大政党制であっても，この観点に資することは可能であり，完全ではない比例代表制，限定的多党制のもとではさらに十分に，この観点に資することが可能であるといえよう。

注

(1) H. J. Laski, *The Crisis and The Constitution* : *1931 and After* (Letchworth : The Hogarth Press and the Fabian Society, 1932). 「危機と憲法」岡田良夫訳『危機のなかの議会政治』法律文化社，1964年所収。ラスキは，次の他の著書でも選挙制度，政党制を論じている。『政治学大綱』(Laski, *A Grammar of Politics*《London : George Allen and Unwin, 1967》. 横越英一訳『政治学大綱』下巻，法政大学出版局，1952年)，『政治学入門』(Laski, *An Introduction to Politics*《London : George Allen and Unwin, 1951》. 横越英一訳『新版政治学入門』東京創元社，1980年)，『危機にたつ民主主義』(Laski, *Democracy in Crisis*《NewYork : AMS Press, 1933》. 岡田良夫訳『危機にたつ民主主義』ミネルヴァ書房，1963年)，『イギリスの議会政治』(Laski, *Parliamentary Government in England*《London : George Allen and Unwin, 1938》. 前田英昭訳『イギリスの議会政治』日本評論社，1990年) である。これらの著書で論じられた選挙制度，政党制については，拙著『現代世界と民主的変革の政治学』(昭和堂，2005年，199-220頁) のなかで考察しているので，参照のこと。

(2) Laski, *The Crisis and The Constitution* : *1931 and After*, *op. cit.*, p. 37. 岡田訳，141頁。

(3) *Ibid.*, p. 37. 岡田訳，141頁。

(4) *Ibid.*, p. 37. 岡田訳，141頁。

(5) *Ibid.*, p. 37. 岡田訳，141-142頁。

(6) *Ibid.*, pp. 13-14. 岡田訳，105-106頁。

(7) *Ibid.*, p. 17. 岡田訳，Ⅰ11頁。

(8) *Ibid.*, p. 17. 岡田訳，111頁。

(9) *Ibid.*, p. 43. 岡田訳，151頁。

⑽ *Ibid.*, p. 43. 岡田訳，151頁。

⑾ *Ibid.*, p. 43. 岡田訳，151頁。

⑿ *Ibid.*, p. 44. 岡田訳，152－154頁。

⒀ 柳沢尚武『二大政党制と小選挙区制』新日本出版社，1996年，68－69頁参照。

⒁ 同書，70頁。

⒂ 同書，73－78頁参照。

⒃ 同書，115－116頁。

⒄ 吉田徹『二大政党制批判論』光文社，2009年，143－144頁。

⒅ 同書，144－145頁。

⒆ H. J. Laski, "The Roosevelt Experiment," *The Atlantic Monthly*, CLⅢ（February, 1934），p. 143.

⒇ *Ibid.*, p. 144.

㉑ *Ibid.*, p. 152.

㉒ H. J. Laski, "The Public Papers and Addresses of Franklin D. Roosevelt," *University of Chicago Law Review*, Ⅵ（December, 1938），pp. 23－25. このルーズベルトの公文書と演説集は，「アメリカ合衆国の公的生活における興味深い，開明的な改革を表わしている。」*Ibid.*, p. 23. もちろん，ルーズベルトの改革は容易ではないが，抵抗のなかで，困難を徐々に克服する様子は，次のラスキの言葉より理解できる。「彼はまっすぐの一本道を歩んだわけではないといえる。前進と退却をしながら迷路のような回り道を進んだとみることができよう。この回り道のいくつかは，外部の人にとっては，不可解なものである。」*Ibid.*, pp. 24－25. 改革に後ろ向きなアメリカの政治制度のなかで，海図のないところをルーズベルトが切り開く様子は，ラスキの次の言葉より理解できる。「ルーズベルトはある時は命令し，ある時は説得し，ある時はおだて，ある時は警告し，ある時は脅す。このような策略にみちた彼の工夫の多様性は，彼の置かれた立場の複雑性と符合する。」*Ibid.*, p. 25.

㉓ *Ibid.*, pp. 28－29. ラスキはルーズベルト大統領を偉大な大統領であると評価しているが，次のラスキの言葉にみられるように，その評価は，アメリカだけではなく，ヨーロッパをも救うであろうという意味で偉大であるということである。「ルーズベルトが成功するなら，彼は世界の歴史に新しいページを記録することになるだろう。というのは，彼のエネルギーによってアメリカを救済したとすれば，彼の至高の事例によって，彼はヨーロッパをも救済することになるだろう。」Laski, "The Roosevelt Experiment," *op. cit.*, p. 153.

㉔ R. Miliband, *The State in Capitalist Society*（New York：Basic Books, Inc., Publishers, 1969），pp. 184－185. 田口富久治訳『現代資本主義国家論』未来社，1970年，210－211頁。

㉕ *Ibid.*, p. 69. 田口訳，334－335頁。

㉖ *Ibid.*, pp. 251－252. 田口訳，286頁。

㉗ *Ibid.*, p. 102. 田口訳，119頁。

㉘ R. Miliband, *Capitalist Democracy in Britain*（Oxford：Oxford University Press,

第5章　二大政党制の批判的考察—ラスキ，ミリバンドを中心にして—

1984），p. 36．北西允訳『イギリスの民主政治』青木書店，1984年，51頁。

(29)　*Ibid.*，p. 36．北西訳，51－52頁。

(30)　*Ibid.*，pp. 36－37．北西訳，52頁。

(31)　*Ibid.*，p. 37．北西訳，52頁。

(32)　*Ibid.*，p. 38．北西訳，54頁。

(33)　*Ibid.*，p. 94．北西訳，144頁。

(34)　*Ibid.*，pp. 94－95．北西訳，144－145頁。

(35)　*Ibid.*，pp. 95－96．北西訳，145－146頁。

(36)　*Ibid.*，p. 97．北西訳，147－148頁。

(37)　*Ibid.*，pp. 97－98．北西訳，148頁。

(38)　*Ibid.*，p. 99．北西訳，150頁。

(39)　*Ibid.*，pp. 100－101．北西訳，152－153頁。

(40)　*Ibid.*，p. 101．北西訳，153－154頁。

(41)　*Ibid.*，p. 102．北西訳，154－155頁。

(42)　*Ibid.*，pp. 102－103．北西訳，155－156頁。

(43)　G.Sartori，*Parties and Party Systems*（Cambridge：Cambridge University Press，1976）．岡沢憲芙・川野秀之訳『現代政党学』早稲田大学出版部，1980年。

151

第6章

良いガバナンスとしての
選挙制度と政党制

第1節　はじめに

　わが国の衆議院の選挙制度は，小選挙区比例代表並立制であり，小選挙区制
と比例代表制という異質の二つの選挙制度から構成されている。小選挙区制と
比例代表制，どちらの選挙制度にも一長一短があり，どちらが優れていると断
ずることは容易ではない。この選挙制度と密接に連関しているのが政党制であ
る。選挙制度，政党制の是非を論じる際のメルクマールは，民意を反映するか
どうか，良い政策を実施できるかどうかである。つまり，民主的で良きガバナ
ンスたり得るかどうかである。本章では，どのような選挙制度がよいのか，ど
のような政党制が望ましいのかを，小選挙区制論者であるラスキの論考を通し
て，ならびに，わが国の選挙制度改革を踏まえながら検討してみたいと考えて
いる。

　第2節では，小選挙区制と比例代表制のそれぞれのメリット，デメリットに
ついて，第3節では，ラスキの選挙制度論，政党制論について，第4節では，
1980年代以降，新自由主義の席巻のなかで，国家の相対的自律性が低下してい
ることは否めない。そのなかで，わが国の選挙制度改革とあるべき選挙制度，
政党制について論じることにする。

153

第2節　選挙制度の功罪

　小選挙区制にも比例代表制にも，それぞれ長所，短所がある。『政治学のト
ポグラフィ』のなかで，磯崎育男氏が，長所，短所について，要領よくまとめ
ているので，それを基に作成したものを次に記載する[1]（表1，表2）。その
上で，長所，短所の各項目について，私自身の注釈とコメントを述べることに
したい。その際，ラスキの見解に言及することもある。また，この表のあとに，
小選挙区制に関する長所，短所に関して，磯崎氏以外の見解をいくつか追加し
て記載することにする（表3）。

表1　小選挙区制の長所と短所

内　　　容	○1つの選挙区に1人の議員定数を配分する方法
長　　　所	○得票数で過半数がとれなくても議席数で多数が得られやすいので，強力な安定政権ができやすい。 ○選挙区が相対的に狭い地域代表制であるので，有権者は候補者を身近に知ることができる。 ○同党内の同士討ちが避けられる。 ○選挙の投票手続きおよび結果が簡単で誰でも理解しやすい。 ○選挙費用が少なくてすむ。 ○政党の地方組織を強化しうる。
短　　　所	○多数党に過大な代表制をもたらす。 ○社会の多様な利害を反映しにくい。 ○不公正な選挙区制がおこなわれやすい。 ○社会の変化に対応して発生している新党の出現を妨げる傾向をもつ。 ○議員の行動があまりにも狭い選挙区の利害にとらわれる傾向がある。

第6章　良いガバナンスとしての選挙制度と政党制

表2　比例代表制の長所と短所

内　　容	○各党派などの得票数に比例して議席を配分する方法
長　　所	○社会の各集団の意思を多数・少数あるがままに議会に反映しうる。 ○死票を最小限に抑えることができる。 ○社会の変化に対応した新しい政党の出現が容易である。
短　　所	○社会の多様な少数派集団の意思も議会に反映されるようになるので，意思決定に長くかかり，ある場合には困難になる。 ○少数党の多党分立が促進される可能性が強くなるので，強力な安定した政権ができにくい。 ○有権者との緊密を欠く。 ○選挙費用がかかる。 ○選挙手段および結果の議席への変換手段が複雑でわかりにくい。

表3　その他の小選挙区制の長所と短所

長　　所	○政権交代が起きやすく，二大政党制になりやすい。 ○政治が浄化される。クリーンな政治になる。
短　　所	○死票が多い。死票とは議席に結びつかない票のことである。 ○得票における多数と議席における多数が一致するとは限らない。

（1）　小選挙区制の長所についてのコメント

　小選挙区制の長所の「強力な安定政権ができやすい」という点についてである。過半数をとった政党による単独政権であるので，強力な政治ができるという強みがある。ラスキによれば，強力で安定した政治，政策本位の内容性をもった政治が実現できる。一貫した政策を責任を持って，果敢に断行できる[2]。

　「同士討ちが避けられる」についてである。小選挙区制は，各選挙区とも1人しか当選しないので，予め候補者の絞り込みがなされている。以前のわが国の衆議院の中選挙区制（定数は2～6人，大半は3～5人）の場合，政権与党は同じ選挙区から複数人立候補し，複数人当選する必要があったために，野党の候補者だけではなく，同じ政党の候補者とも闘う必要があったが，小選挙区制になれば，このような同士討ちを回避できる。「選挙費用が少なくてすむ」については，選挙区の面積が小さくなるので，このようなことが期待できる。

155

小選挙区制のイギリスの場合は，選挙費用は155万円である。しかし，日本の場合は，地域密着型の選挙になるので，かなりかかるのではという指摘もある。

「二大政党制になりやすい」については，これは長所である，逆に長所ではないと見解が分かれるところであるが，小選挙区制の場合は組織力を持った大きな政党二つが生き残る傾向にある。M・デュヴェルジェは，『政治学入門』において，「一回投票・多数代表制には二党制への傾向があること」「比例代表制には多党制への傾向があること」という法則性の存在を提示した[3]。つまり小選挙区制は二大政党制になりやすいということである。さらに詳しく，『政党社会学』のなかで，デュヴェルジェは論を展開している。「『単純多数一回投票制度は，二党制に有利に働くのである。』この書物のなかで，定義づけられるすべての仮説について，これはおそらく，もっとも精緻な，一つの真実の社会学的法則への接近である。ほとんど完全な相互関係は，単純多数一回投票制と二党制との間に著しく見られる。つまり，二党制諸国は，単純多数方式の投票制度を使い，単純多数方式の投票制度を採用している諸国は二党制である。例外は非常に稀であり，そしてそれは一般的には，特殊な諸条件の結果であるとして説明できるのである[4]。」この相互関係の現出のメカニズムを，デュヴェルジェは次のように解明する。「単純多数一回投票制度の下で活動する三つの政党があるところでは，有権者が継続して第三党に投票するとすれば，自分たちの票はむだになったということをただちに悟る。つまり，それゆえに，より大きな害を防ぐために二つの対抗者のうちのより小さな悪に，自分たちの投票を移譲する自然の傾向がでてくる[5]。」確かに，イギリスも，アメリカも，小選挙区制で，二大政党制に現になっている。

これに対して，1979年サッチャー保守党政権の誕生以降，イギリスにおいては，競争的二大政党制が終わり，日本のような一党優位体制になっているという見方がある。これに石川真澄氏は賛意を示している[6]。アメリカにおいても，1969年から93年までの四半世紀のなかで，民主党政権はカーター政権の1期4年間であり，共和党一党優位制へ移行したのではないかと言われた時期もあった。日本の鳩山一郎政権，田中角栄政権が小選挙区制を中心とする選挙制度の

導入を画策したのは，自由民主党一党支配の強化のためであると言われている。小選挙区制は基本的には二大政党制への傾向にあるが，時には一党優位制になることもあるといえよう。

「政治が浄化される」についてである。これについては福岡政行氏と石川真澄氏の対論がある。不正をした候補者（汚職に手を染めた候補者）は，風当たりが強く，小選挙区でトップになることができず，簡単に落選する。むしろ小選挙区だからこそ落選し，政治は浄化されると福岡氏は強調する[7]。これに対して，石川氏は，不正候補者は自分の地元の小選挙区から立候補するので，むしろ当選するのではと反論している[8]。1996年以降，過去数回，日本では小選挙区制で衆議院選挙が実施されたが，不正候補者は落選する場合もあれば当選する場合もあり，どちらともいえない。政治の浄化が確実に期待できるというわけではないようである。

（2） 小選挙区制の短所についてのコメント

死票（「死に票」ともいう）についてである。ある小選挙区で，5人が立候補した。うち3名が20％ずつの得票率，1人が19％の得票率，当選した1人が21％の得票率であった。この場合，79％が死票になるという仮説的な例示を，五十嵐仁氏はしている[9]。これは極端な例であるが，日本の小選挙区での衆議院選挙では，毎回，死票の多さが問題視されていることも事実である。

「多数党に過大な代表制をもたらす」の例として，一つに2010年のイギリスの下院選挙を挙げることができる。自由民主党が23.0％の得票率で57議席であるのに対して，保守党は36.1％の得票率で307議席，労働党は29.0％の得票率で258議席を獲得している。自由民主党に比べて，保守党，労働党に，得票率を上回る多くの議席が与えられているのが読み取れる。これを五十嵐氏は，「膨らまし粉」（「膨らし粉」ともいう）によるかさ上げと呼んでいる[10]。二つに2009年のわが国の衆議院選挙を挙げることができる。民主党が大勝し，政権奪還に成功した選挙である。小選挙区で民主党は47.4％の得票率で，221議席（73.7％）であったのに対して，自由民主党は38.7％の得票率で，64議席

157

（21.3％）に過ぎなかった。民主党が47.4％の得票率で，73.7％の議席率をあげたという過大な代表制が表れているのをみることができる。吉田徹氏は「47％の得票で74％の議席獲得。民主党圧勝は民意といえるか？」と疑問を呈している[11]。「作られた多数派」であるといえよう[12]。小選挙区での二大政党制のもとでの選挙では，３乗比の法則が働くという。議席数は得票率の３乗に比例するという。第１党に過大な議席が生じるメカニズムが存在するのである。小選挙区制は，わずかな得票率の差が極端な議席率の差となってあらわれるという意味で，民意のねじまげが起きやすい選挙制度であるといえる。この点を二大政党制論者のラスキも懸念しており，「一つの政党に，全国で勝ち得た総支持数とは釣り合わない多くの議席を与えるという弊害を生む」と述べている[13]。

　「得票における多数と議席における多数が一致するとは限らない」についてである。得票で第一党になった政党が，本来，議席数で第一党になるべきであるが，そうならないことがある。つまり，得票で第二党であった政党が議席で第一党になる場合があるということである。得票の多数と議席の多数の不一致である。イギリスの過去の下院選挙ではこのようなケースが数回発生している。

　「社会の多様な利害を反映しにくい」とは，第３党以下が議席を得にくいという意味である。３乗比の法則がここでも働いている。３乗比の法則によれば，第１党は過大な議席を得るが，第３党以下は過小な議席しか得ることができない。上記の2010年下院選挙で，自由民主党が23.0％の得票率で57議席であるのに対して，労働党は29.0％の得票率で258議席も獲得している。得票率はわずか6.0％差しかないにもかかわらず，議席数は200議席以上の開きがある。石川氏によれば，「1983年の下院議員総選挙で，自由党と社会民主党の『連合』は得票率で25.4％をあげたが，議席数ではわずかに3.5％の23議席にとどまった[14]。」小選挙区制は得票率の割には議席をほとんど得られないという点で，第３党以下には非常に厳しい選挙制度であるといえる。民意の正確な反映という点では望ましい選挙制度であると言うことは極めて困難である。

158

第6章　良いガバナンスとしての選挙制度と政党制

（3）　比例代表制の短所についてのコメント

「意思決定に長くかかり，ある場合には困難になる」については，ラスキも同様の次のような指摘をする。群小団体が林立し，一貫した意思決定が困難である。一貫性を持った立法が不可能である。政策の一貫性と内容性が喪失する[15]。また，次のようにもラスキは言う。少数内閣，連立内閣のもとでは，政治的かけ引きが政策論にとってかわり，政府の政策は勇断と一貫性に欠ける[16]。

「少数党の多党分立が促進される可能性が強くなるので，強力な安定した政権ができにくい」については，ラスキも同様な次のような指摘をする。短命政権になる可能性が高く，一貫した政策を実施できない。弱体政府になる[17]。比例代表制をとっていた戦間期のワイマールドイツは，1930年代に民主主義体制が崩壊し，ナチスドイツの全体主義が発生した。同じ比例代表制のスペインでも，1930年代にフランコ独裁体制が生じた。このような歴史的現実を直視し，これと対決したラスキは，比例代表制，多党制による危険な帰結に，警告を発しているのである。ここでいう多党制は，サルトリーが分類した極端な多党制に相当するものである。

「有権者との緊密を欠く」とは，次のような二つの理由からである。一つは，比例代表制は，政党を選ぶ選挙である。投票用紙には候補者名ではなく，政党名を記入する。有権者は候補者を直接選ぶことはできない。政党を媒介して間接的に選ぶかたちである。但し，拘束名簿方式でなく，非拘束名簿方式であれば，投票用紙には候補者名を書いても構わない。二つは，選挙区の面積が広く，候補者の資質を有権者は身近に知ることができない。日本の衆議院の比例区の場合は，全国を11ブロックに分けているが，1ブロックの面積は広い。参議院の比例区の場合は，全国を1区とするかなり広すぎる選挙区である。

「選挙手段および結果の議席への変換手段が複雑でわかりにくい」についてである。小選挙区制は首位当選制度であるので，選挙の投票手続きおよび結果が簡単で誰でも理解しやすい。これとは対照的に，比例代表制は複雑でわかりにくい。純粋な比例配分であれば，端数が発生するので，日本，ベルギーは，

159

ベルギーのドント教授が考案したドント式を採用している。各政党の総得票数を整数の1，2，3，4……で順に割っていき，得られた商の大きい順に議席を，各党に配分する方式である。

第3節　ラスキの選挙制度論・政党制論

　ラスキは『議会・内閣・公務員制』（1950年）を書いているが，そのなかで，政党制と選挙制度について記述しているところを，これからみていきたい。先ず，政党制についてである。この書のなかで，バジョットが，1860年代に，現在の形の二大政党制に信用状を与えたことを高く評価している[18]。バジョットが活躍していた時代の二大政党の議員の構成とそこから何が読み取れるかについて，ラスキは次のように考察している。「1865年のホイッグ・自由党は，地主階級の利益を代表する議員195名，陸海職業軍人を代表する議員51名を擁していた。トーリー党では前者199名，後者65名であった。両者の相違はそれほど著しくない。しかし，1865年には，ホィッグ党・自由党では，地主であるが同時に金融・商業にもまた利害関係をもっている議員が350名以上いたのに対し，トーリー党では僅かに136名であった。……1900年における下院では，自由党に僅か30名，これに対し保守党に150名の地主がいた。……1867年の選挙法改正に至るまで，下院は，数の危険に対して財産を擁護することを目的とする機関であると，ほぼ自認していた。……下院は本来財産所有者の機関ではないと考えることは，1868年のグラッドストーン政府のときまで困難であった──トーリー党は土地利益，ホィッグ党および後の自由党は商工業の利益を擁護したいと考えていた。両党とも自由放任政策を強く望んでいた。そして工場法のような集産主義的立法はあったが，政府が個人の生活に干渉すべきであるという理論は，立法において例外的であり，常態ではなかった。……1868年以前，下院が有閑集会の観を呈したのは……政府が社会の中で最も援助を必要とする人々に殆ど注意を払わなかったという事情に由来するのである。1870年の教育法以前には，教育問題の審議に殆ど時間が費やされていない。住宅あるいは失

業，あるいは産業組織にも時間が費やされていない。公衆衛生だけが1874年のディズレーリー政府以後引きつづき議員たちの関心の対象であった[19]。」このようにラスキは，二大政党の議員の構成から分析をしている。ホイッグ・自由党は，地主階級だけではなく，次第に金融・商業の諸利益を擁護し，これに対して，トーリー・保守党は，地主階級の利益を擁護代弁するという傾向性の違いを読みとることができる。しかし，両党とも自由放任政策を望んでおり，教育，住宅，失業などに対する関心は低い。両党の相違は大きくなく，有閑階級の利益の擁護という前提の同一性を，ラスキは指摘している。ラスキはここで明言していないが，一般的には両党の同一性，イデオロギー距離の小ささが，二大政党制の存続の大きな要因であることを，ラスキの考察から導き出すことができる。

「1868年以後，状勢は変化をみせ始める。……労働組合が相当の勢力をもった圧力団体となり始めた。……都市化の進行，鉄道の発達，公衆の保健が考慮されねばならない新しい次元，読み書きの能力に対する産業化の要請，自己擁護のために団結しようとする労働者の断固たる努力……こういった事情がさまざまな問題を生み，心ある者は，みな真剣にこの事態を注視し，政府の干渉によってのみ解決しうると考えたのであった。……元来ホイッグ党的思想が圧倒的優位をもっていた自由党を，急進派的思想が優位を占める政党に変革」し，また一方において保守党も，「労働者階級の投票者に，トーリー主義は民主的であると考えるように訴えること」が可能になった[20]。

以上のように，ラスキは述べた上で，次のように結論づける。「1832年より1924年に至る間，国家を統治する権力を相互に分かち合った二大政党が，共通の原理体系のうち，どの点を強調するかについてのみ，対立していたという事実を物語っていることに他ならない。二大政党が共有していた原理体系の枠外に出ない点で意見を一にしていたということは，両党にとって殆ど自明の事実であった。……1906年以後……労働党が頭をもたげてくるや，自由党は大規模な社会立法を実施せざるをえなくなった[21]。」イギリスの二大政党の前提は同一であり，両党の相違は強調点の相違に過ぎないことを，ラスキは強調してい

161

る。イギリスの産業化の進行に伴い，両党とも資本主義政党になったとの解釈である。保守党は，地主階級の利益に重点を置きながらも，次第に資本家階級の利益を擁護するようになり，自由党は主として資本家階級の利益の擁護に向かっている。しかし，20世紀初頭の労働党の台頭のなかで，自由党は積極的に社会立法を実施する政党に変わったが，それでも，自由党は保守党との共通原理体系から逸脱することはなかったという見方をラスキは示していることが理解できる。

　続けてラスキは次のように述べる。「1914年の第一次世界大戦勃発まで，イギリスには二つのグループに分かれた一つの政党によって統治され，各グループは，行動に関する主要な点で，同一原則を受け入れるのにそれほど困難ではなかったと称しても誤りない。……そして，労働党が政治の舞台に登場してきたため，このような主要原則をある程度新しい事態に適応させてゆかざるをえないであろうという感じが，1906年以後次第にはっきりしてきた。1906年の労働組合争議法，1913年の労働組合法……このような立法に対する自由党の見解は，立法事態を直接に歓迎するよりも，むしろ，立法を発案することによってのみ，自由党と労働党との半ば公然たる連携に亀裂が入るのを永久に避けうる，という認識に立っていたと思われるのである。自由党と保守党は……両党の首脳部間に意見の一致があった。他の問題に関する上院の権限については，種類よりもむしろ程度の点で，意見が分かれていたと思えるのである。……保守党は……自由党より，遥かに緩慢な度合の変革を望んでいた⑿。」保守党と自由党は二つのグループに分かれた一つの政党であると表現しているように，両政党とも同一原則の上に成り立つ政党であり，これこそが二大政党制の特徴である。このような分析をラスキが提示していることが読み取れる。両党の相違は，種類の相違ではなく，程度の相違でしかないという見方である。但し，自由党の方が，保守党と比較して，社会立法にはある程度熱心であるが，これは程度の相違でしかないという意味であろう。しかし，二大政党制であっても，ある程度の社会改革が期待できるということが示唆されているともいえる。

　ラスキは，著作論文の「議会の源」（The Mother of Parliaments）のなかで

第6章　良いガバナンスとしての選挙制度と政党制

も，二大政党の同一性を述べている。「主要な二党は，一般的に，イギリスの
あるべき生活様式について合意していた。……基本的見解について根本的合意
があった。反対党が政権についた時に，社会生活の根本様式に変更を求めるこ
とはなかった[23]。」つまり，改革を求める野党が政権についた時に，ついた途
端に保守化し，根本的変革をすることはなかったという意味である。もちろん
根本的ではない変革は十分に可能であるが。

　それでは，『議会・内閣・公務員制』の記述に戻ることにする。第一次大戦
後，イギリスの二党制の大きな転機が到来する。ラスキによれば，「1918年の
……選挙は，自由党が以後勢力を回復できない急速な凋落の始まりであった。
1922年以降，労働党は常に正式の野党か与党であった。……政府の活動が許さ
れる範囲が……根本的変化を経験しつつあるという事実が，次第に明らかに
なってきた。……下院における保守党の構成を吟味すれば，その所属議員は，
世襲貴族，名門，銀行家，金融業者，法曹家，実業家，稀に教師，退役陸海軍
人，少数の医師，ジャーナリスト等々である。……労働党のほぼ半数は，労働
組合の前役員か，あるいは，生涯の重要な部分，手労働に従事していたり，労
働組合員であった人々から構成されているのが常である[24]。」第一次大戦後，
自由党が衰退し，代わりに労働党が第二党に躍進する。第一党の保守党と第二
党の労働党の構成メンバーをみることを通して，その政党がどの階級の利益の
擁護者であるかを探るラスキのアプローチは，ユニークなものであるという印
象を受ける。政府の干渉の範囲の拡大をラスキは期待している面があるが，そ
れは二大政党制で可能になるとラスキはみている。

　次に選挙制度についてのラスキの見解をみてみることにする。「現行法では
下院において政党の占める議席数と，選挙民が与える投票数とが一致していな
いし，独自の政見を有する小党派に不利であるという理由から，比例代表制
……の採用を絶えず主張している人々のたゆまぬ努力を述べることも省いては
ならない。……大政党組織から全く独立した議員は，この組織の勢力を制して
勝利を博しうる選挙区を見出すことが，以前に比べていっそう稀になりつつあ
るのは遺憾なことだとも論じられている。……これらの批判は，いずれも強い

163

て言えばそれほど根拠のあるものとは思えない(25)。」小選挙区制における得票数の多数派と議席数の多数派の不一致，ならびに小党派にとって不利であるということについて，小選挙区制論者であるラスキですら懸念を表明していることが窺える。また，比例代表制を求める人々の努力をラスキ自身，多とする姿勢である。しかし，最終的には比例代表制論者の主張は，根拠のあるものではないと，ラスキは一蹴している。

　ラスキは比例代表制について反対である。ラスキによれば，「議会の全期間，内容の充実した重要な政策を下院で通過させるにふさわしい，十分な権力をもつところの安定した行政権が存在しなければならないことを私は強く信じているため，さまざまな形の比例代表制，あるいはこれと同じような選択投票の如き試みを弁護する見解には全く賛成できない。……比例代表制は規律の弛緩，過度の妥協，……政策よりも策略の政治，行政権の安定性に対する絶えざる脅威を促進する，遠心的な影響を及ぼす。比例代表制が議員と選挙民との緊密な関係を破壊することは決して普遍的でないにしても，甚だしいと考えられる。私の知る限り，それは政党のボスの権力を必ず増大させ，従って議員の独立を減ぜしめる(26)。」つまり，比例代表制には，行政権の安定性が得られない。強力な行政が施行されない。連立政権となり，政党間の妥協，一貫した政策よりも策略の政治に陥ってしまうことに，ラスキは極めて批判的で，懐疑的であることが，ここから窺える。

　「議会の源」のなかでも，ラスキは次のように述べている。「一般的に自由党にとって，特にラムゼイ・ミュア教授にとっては，比例代表制は優れた制度である。しかし，大多数の観察者は，比例代表制のヨーロッパ大陸での作用をみれば，その選挙制度に求められた価値と統治の実践的な効率性とが矛盾に満ちていることに，合意する(27)。」つまり，ヨーロッパ大陸で多く採用されている比例代表制では，効率的な政治ができないことを，ラスキは批判しているのである。

　『議会・内閣・公務員制』のなかで，少数党政府についても，ラスキは批判的である。「経験上，少数党政府が殆ど常に好ましいものではないという点で，

164

大抵の観察者の意見は一致するであろう。この形態の下では，長期計画を建てようとする努力が見られない。……少数党政府は，常に不安定な政府であり，臆病でもある。少数党内閣で，一連の明確且つ首尾一貫した法案を議会に提出しようとするものは稀にしかない。……彼らは常に脆弱な政府である。というのは，彼らが必要であると信ずる法案でも，円滑に行きそうにないと懸念するときはいつでも，提出を回避するのが常だからである。……これこそ，1924年および31年に，少数党であった労働党政府の遭遇した運命である[28]。」以上のように，少数党政府は不安定で，脆弱で，首尾一貫した政策を断行できない点で，ラスキはこのような政府を好ましくないものとしてみている。

　第一次大戦から第二次大戦までの戦間期は，保守党と自由党による二党制から保守党と労働党による二党制への過渡期であるが，この時期に現出した少数党内閣の経験について，反省の意を込めながらラスキは考察している。「議会の源」によれば，「労働党政府が政権についた時，状況は必然的に悪化した。少数党政府としてのその立場・状況は，下院のタイムテーブルをコントロールすることができないことを意味している。そのことは，持続的な希望を持って，ある政策を遂行するのに必要な権威の喪失を意味している[29]。」さらに次のように，ラスキはいう。「少数党政府は，会期の全期間，生き残ることを望むことができないので，左翼政党が政権の座にある間，貴族院は，政府の立法の大半を破壊するという傾向によって勇気づけられ，それゆえ，十全たる創造性の希望を否定するという傾向によって，勇気づけられるのである[30]。」

　ラスキは「政党の地位と解散権」（The Position of Parties and the Right of Dissolution）のなかでも，少数党政府について詳細に論じている。「労働党が政権にある。しかし，その国会議員は，数では下院の3分の1以下である。保守党が最大政党である。……自由党は立法府のわずかに4分の1しかいない。それゆえ，私たち労働党が占めている立場は，政府に反対する一つ以上の政党の同意がなければ，政府は法案を通すことができないという状況である。そのタイムテーブルは，現代の立法手続きの根拠でもあるが，反対党の著名な部分の好意によってしか通らない。労働党政府はいつでも失敗する危険性をはらん

でいる。労働党政府はその固有の明確な党原理の観点から政策を遂行することができない[31]。」つまり，少数党政府は，野党に依存せざるを得ず，自力で法案すらも通すことができなかったという現実を，再確認し，過半数を制した単独政権が望ましいということを，ラスキは示唆しているのである。

　また，「政党の地位と解散権」のなかで，ラスキは次のように述べている。「首相が多数を持たないで政権の座にあったときに，議会制度はかなり複雑なものになることは明らかである[32]。」この複雑な事例として解散がある。「毎年解散の期間が発生することによって，大きな立法化すべき政策を遂行することは妨げられるだろうし，結局，議会制度の安定性に対する一般的信頼もかなり損なわれてしまうことになるだろうことは，明白である。それは効果的な行政の可能性を破壊するであろう。というのは，政権の座にあって，どの大臣も，大きな政策を考案したり，それを細部にわたって適用したりするのに十分な時間をもつことはないであろうからである。要するに，解散の頻発は，ガリバー旅行記のリリパット国という小人国の政治を意味しているだろう。社会的不満が大きい時代に，リリパット国の政治は災難に至る近道であるといえる[33]。」つまり，少数党政府では，頻繁な解散を招き，じっくりと腰をすえて，政策課題に取り組むことができず，効果的な行政も行うことができない。議会制度の安定性が損なわれるということを，ラスキが憂慮していることが読み取れる。

　それでは，また『議会・内閣・公務員制』の記述に戻ることにする。連立政府については，すべて好ましくないと，ラスキは述べているわけではない。戦時の連立政府と平時の連立政府を区別している。戦時の連立政府については，否定的ではない。「労働党が，1940年5月，首相としてのチャーチル氏の下で，連立に参加することに同意したとき，全国民の心に，霊感のごとき変化がおこったことは，イギリス国民にとって到底忘れられないことであるし，また将来も記憶に残る事実である[34]。」

　しかし，ラスキにとっては，平時における連立政府は望ましくなく，1931年以降の連立内閣に苦言を呈している。例えば，対外政策について，「この内閣は，満州に関し，中国のために何ら尽力をしようとしなかった。……フランコ

将軍がスペインの立憲共和国政府に反抗したとき，この内閣は役にもたたない不干渉政策の音頭をとり……スペインにおけるファシズムの成立を助けた。……彼らはヒットラーのオーストリア占領を許し，その際に，単に言葉の上で抗議したに止まった[35]。」また，ラスキは，連立内閣は議会政治の過程に有害な影響を及ぼすと述べた上で，「連立内閣は責任を曖昧にし，争点を明確に輪郭づけることを不可能にし，問題について現実的な討論をすることを妨げる」と断じる[36]。連立内閣においての労働党のあるべき姿について，ラスキは次のように論じている。労働党の党首を首班とする連立内閣において，首相は「社会主義の大胆な法案を提出し，これをめぐって彼を倒そうとする野党に挑戦し，もし敗れれば，総選挙を断行し，選挙民に創意にみちた一連の提案を心から訴えることが，最もよい政策であったであろう[37]。」このように，ラスキは平時における連立内閣に批判的であり，責任と争点を明確にし，果敢に政策を断行できるような政権の在り方が望ましいと考えている。しかし，社会主義の大胆な法案を提出した場合，資本主義の根本原則を侵害することになれば，二大政党制は存続しない可能性もあることに，ラスキは気がついていないようである。ある程度の譲歩を，資本主義の真正政党から引きだすことは可能であるが，あくまでもある前提の範囲内である。

第4節　お わ り に

　小選挙区制の長所を生かし，短所を減らす。比例代表制の長所を伸ばし，短所を減らす。このことが可能になるような選挙制度は，どのようなものであるべきか。また選挙制度と連動している政党制はどのようなものが望ましいのかについて，最後に考察したい。

　次のような条件の充足が必要になる。死票を最小限に抑えることができる。得票率の差が議席率の極端な差になるような民意のねじまげが起きないようにする。第3党以下が議席を得にくくならないように，民意の正確な反映ができる。一貫した意思決定ができる。一貫した政策を果敢に断行できる。行政権の

安定性が得られる。社会改革が期待できる。国民全体のための政策を積極的に遂行する。

　以上の条件は大きく三つに分類できる。一つは，民意を反映する，二つは政局が安定する。三つは，良い政策を実施できるである。二つ目の政局の安定性は，ワイマールドイツにおける分極的多党制から，一党制が発生したという反省から必要な条件である。この三つの条件がすべて可能になるような完璧な選挙制度は，残念ながら存在しない。単純小選挙区制，および完全比例代表制を回避し，小選挙区制と比例代表制とを組み合わせるという次善の選挙制度を考えるしかないだろう。小選挙区比例代表並立制，小選挙区比例代表併用制，小選挙区比例代表連用制のなかで考えていくことが望ましいと思われる。

　現在のわが国の衆議院の選挙制度は小選挙区比例代表並立制である。小選挙区の定員が300（後に295），比例区が200（後に180）で，小選挙区の割合が高い。そのため，1990年代半ば以降，二大政党制化の傾向がみられる。あるいは時には一党優位制化の傾向がみられることもある。民意の正確な反映という点では問題があるが，形式的には連立政権で，「小選挙区制に比例代表制を組み合わせたことで，小規模政党が生き残った」と辛うじていえる[38]。

　『二大政党制批判論』の著者の吉田徹氏によれば，多党制のもとでも，永続的で安定的な内閣を持つ国は存在しているとして，第二次大戦後の西ドイツをその例として挙げている。穏健な多党制が望ましい政党制であり，それと密接に関連したレイプハルトのいう「多極共存型デモクラシー」を高く評価している。オランダ，オーストリア，ベルギー，スウェーデンなどのヨーロッパの小国でみられ，連立政権，多党制，比例代表制，コーポラティズム的な利益媒介を特徴としている。そこでは，貧富の格差が小さく，女性の政治進出が高く，国政での投票率が高く，海外援助が高いなどのように，デモクラシーの質の高さを誇っている[39]。このようなデモクラシーをわが国で実現するためには，現行の衆議院の小選挙区比例代表並立制のなかで，小選挙区の選挙区数を漸減させ，比例の割合を増やすといった，新たな制度改革が必要だと，吉田氏は主張する[40]。この提案は，民意の反映，政局の安定性，国民のための政治の実現と

いう三つの要件を充足しており，望ましい選挙制度，政党制であると考えられる。中北浩爾氏も，『現代日本の政党デモクラシー』のなかで，「重要なのは，衆議院の選挙制度について比例代表制の比重を高め，穏健な多党制に移行することであろう」と述べている[41]。

イタリアの政治学者のサルトリーは，望ましい政党制として，二党制（二大政党制）と穏健な多党制を挙げている。穏健な多党制の場合は，上記にあるように，民意の反映，政局の安定性，国民のための政治の実現という三つの要件を充たしているが，二党制は，政局の安定性はあるが，民意の公正な反映という点では不十分であると考えられる。小選挙区制のもとでは，民意の捻じ曲げが発生しているという状況はこれまで説明してきたことからも明らかである。国民のための政治の実現という点では，二党制のもとでも実現している場合があれば，実現していない場合もある。一概には言えないと私は考える。吉田氏は，1980年代以降，「新自由主義（ネオ・リベラリズム）は，アメリカとイギリスという，二大政党制の国で徹底された」と指摘している[42]。新自由主義とは，政府機能の縮小，社会保障支出の削減，規制緩和と民営化等である。つまり，新自由主義が席巻したアメリカとイギリスという二大政党制のもとでは，国家の相対的自律性が低下したことを意味しているといえるのだろう。国家（政府）が，経済権力から自律して国民のための政策を遂行する度合がかなり低下している解せられる。吉田氏は，「敵対的な二党制は新自由主義と親和的である」と述べている[43]。確かに，アメリカのオバマ民主党政権が打ち出した国民皆医療保険制度の導入に対して，共和党の激しい糾弾によって，政治が機能不全に陥り，国家の相対的自律性が低下するに至っていることは事実である。日本国内でも，新自由主義の席巻のなかで，連立政権とはいっても，二党制化あるいは一党優位制化が強まるなかで，国家の相対的自律性は低下するに至っている。

さて，ネオ・マルクス主義者のプーランツァスによれば，国家の相対的自律性は，二党制レジームを伴った執行部優位の場合よりも，多党制レジームを伴う立法部優位の場合の方が，あるいはさらに，多党制レジームを伴った執行部

優位の場合の方が重要性を持ち得る[44]。つまり，二党制レジームは，そもそも，国家の相対的自律性が役割を果たすことが必ずしも高くはないということである。しかし，アメリカのルーズベルトによるニューディール政策，第二次大戦後のイギリスの労働党政権の政策にみられるように，二党制でも国家の相対的自律性が許容される場合があることもプーランツァスは認めている[45]。

　もちろん，多党制レジームを伴った執行部優位の場合，これは穏健な多党制の場合を指していると解せられるが，この場合の方が，国家の相対的自律性が重要な意味を持ち得る。プーランツァスの所説を考慮し，選挙制度には，ある程度の比例代表制の導入が必要であろうと私は考える。上述の通り，わが国の現行の小選挙区比例代表並立制において，比例区の割合を増やすという方法でも構わない。あるいは，戦後の西ドイツが導入した小選挙区比例代表併用制も参考になるのではないかと考える。これは，比例代表制を基本にした小選挙区制度の組み合わせで，５％阻止条項を有している。二票制で，第一票は小選挙区の候補者へ投ずる。第二票は各政党に投ずる。各政党に投ぜられた票に基づいて，全議席がドント式で比例配分される。先ず半分の議席は小選挙区の当選者が入る。残り半分の議席は比例代表の名簿から入る[46]。比例代表制を基本とすることにより，民意を公正に反映できるというメリットがあるといえる。これに小選挙区を組み合わせ，かつ５％阻止条項を導入することにより，ミニ政党の乱立等を防止し，政局の安定性を確保することができる。国家の相対的自律性の一層の顕現が，この併用制のもとにおける穏健な多党制において，大いに期待することができるだろう。

注
(1)　星野智・斉藤俊明・磯崎育男・佐藤幸男『政治学のトポグラフィ』新曜社，1989年，283頁。
(2)　Cf.H.J.Laski, *Parliamentary Government in England*（London：George Allen and Unwin, 1938），p.78. 前田英昭訳『イギリスの議会政治』日本評論社，1990年，63頁参照。
(3)　M.デュヴェルジェ著，横田地弘訳『政治学入門』みすず書房，1967年，102頁。
(4)　M.デュヴェルジェ著，岡野加穂留訳『政党社会学』潮出版社，1970年，241頁。

第6章　良いガバナンスとしての選挙制度と政党制

⑸　同書，248頁。

⑹　石川真澄『小選挙区制と政治改革―問題点は何か―』岩波書店，1993年，34－36頁
　　参照。

⑺　同書，50－52頁参照。

⑻　同書，51－52頁参照。

⑼　五十嵐仁『一目でわかる小選挙区比例代表並立制』労働旬報社，1993年，57－59頁
　　参照。

⑽　五十嵐仁の転成仁語（http://igajin.blog.so-net.ne.jp/2010-05-10）

⑾　吉田徹『二大政党制批判論』光文社，2009年。

⑿　石川，前掲書，24－25頁参照。

⒀　H.J.Laski, *An Introduction to Politics*（London：George Allen and Unwin, 1951），
　　p.67. 横越英一訳『新版 政治学入門』東京創元社，1980年，96頁。

⒁　石川，前掲書，23頁。

⒂　H.J.Laski, *A Grammar of Politics*（London：George Allen and Unwin, 1967），
　　pp.317-318. 横越英一訳『政治学大綱』下巻，法政大学出版局，1952年，31頁。Laski,
　　An Introduction to Politics, op.cit., pp.66－68. 横越訳，94－97頁。

⒃　Laski, *Parliamentary Government in England, op.cit.*, p.78. 前田訳，63頁。

⒄　Laski, *A Grammar of Politics, op.cit.*, p.314. 横越訳，26頁。

⒅　H.J.Laski, *Reflections on the Constitution*：*the House of Commons, the Cabinet,
　　the Civil Service*（Manchester：Manchester University Press, 1951），pp.16－17.
　　辻清明・渡辺保男訳『議会・内閣・公務員制』岩波書店，1959年，11頁。本論文の訳
　　は，辻，渡辺の訳書によっているが，一部，現代語的表記に変更している箇所が存在
　　している。例えば，「さして」→「それほど」，「かような」→「このような」である。
　　なお，『議会・内閣・公務員制』以外のラスキの著書で，政党制，選挙制度に関して
　　扱っている著書は，次の書物で取り上げている。小松敏弘『現代世界と民主的変革の
　　政治学』昭和堂，2005年，199－220頁。

⒆　Laski, *Reflections on the Constitution, op.cit.*, pp.17－19. 辻・渡辺訳，11－14頁。

⒇　*Ibid.*, pp.19－21. 辻・渡辺訳，14－15頁。

㉑　*Ibid.*, p.21. 辻・渡辺訳，16頁。

㉒　*Ibid.*, pp.23－24. 辻・渡辺訳，19－20頁。

㉓　H.J.Laski, "The Mother of Parliaments," *Foreign Affairs*, ⅠⅩ, July, 1931, p.569.

㉔　Laski, *Reflections on the Constitution, op.cit.*, pp.25－26. 辻・渡辺訳，20－21頁。

㉕　*Ibid.*, pp.38－39. 辻・渡辺訳，36頁。

㉖　*Ibid.*, pp.53－54. 辻・渡辺訳，51頁。

㉗　Laski, "The Mother of Parliaments," *op.cit.*, p.571. ラスキによれば，「下院は，
　　言葉の古典的意味での立法機関ではなく，内閣の登録機関になった。執行権力の中心
　　は内閣へと移行した。」*Ibid.*, p.570.つまり，行政国家による強力な政策の遂行を，ラ
　　スキが重視していたことが読み取れる。

㉘　Laski, *Reflections on the Constitution, op.cit.*, p.56. 辻・渡辺訳，53－54頁。

171

⑵⑼　Laski, "The Mother of Parliaments," *op.cit.*, p. 570.

⑶⑴　*Ibid.*, p. 570.

⑶⑴　H. J. Laski, "The Position of Parties and the Right of Dissolution," *Fabian Tract*, No. 210, 1924, p. 3.

⑶⑵　*Ibid.*, p. 4.

⑶⑶　*Ibid.*, p. 4. ラスキは次のようにも述べている。「長期間にわたって，少数党政府が存在することは，デモクラシー上，不可能である。それは権威から数の威信を奪ってしまう。それは，広範囲な同意の基礎の欠如によって，思慮分別のないような反対を招いてしまう。」*Ibid.*, p. 16.

⑶⑷　Laski, *Reflections on the Constitution*, *op.cit.*, p. 57. 辻・渡辺訳，55頁。

⑶⑸　*Ibid.*, pp. 63 - 64. 辻・渡辺訳，61 - 62頁。

⑶⑹　*Ibid.*, p. 71. 辻・渡辺訳，69頁。

⑶⑺　*Ibid.*, p. 73. 辻・渡辺訳，71頁。

⑶⑻　樋渡展洋・斉藤淳『政党政治の混迷』東京大学出版会，2011年，41頁。

⑶⑼　吉田，前掲書，143 - 149頁参照。

⑷⑴　同書，198頁参照。

⑷⑴　中北浩爾『現代日本の政党デモクラシー』岩波書店，2012年，203頁。多数決型の勝者総取りの小選挙区制ではなく，多様な民意の代表が可能な比例代表制に基礎置くコンセンサス型の民主主義を提唱するレイプハルトの民主主義論を，中北氏は高く評価している。その上で，わが国においては，比例代表制の比重を高め，穏健な多党制を実現し，参加民主主義に向かうべきであると主張している。同書，205 - 206頁。
　　　レイプハルトは，『民主主義対民主主義』のなかで多数決型とコンセンサス型の36ヶ国の比較研究をしている。彼によれば，「比例代表制及びコンセンサス型民主主義はより比例的な代表，特に少数派の代表とその利益の保護を可能にするが，統治の効率性に欠ける。その一方で，単純多数制を採る場合には単独過半数内閣が形成されることが多く，このような政府は迅速な政策決定を可能にするので，より効果的な政策運営につながる，とする議論である。このような比例的な代表は効果的な統治を困難にするという見解は，S. ビアーの『代議政府は代表するだけでなく統治しなければならない』という記述からも窺える。この古典的議論は，おそらくその論理の妥当性があまりにも明白なために，これまであまり実証的に分析されることなく受け入れられてきた。例えば……ローウェルは効果的な政策決定には単独過半数内閣が必要であることを自明の『法則』であるとしている。……論理的には，ローウェルのいう『法則』は確かに説得力がある。つまり，その背景にある論理は，権限を多数派内閣に集中させることで，統一された迅速なリーダーシップを促進し，一貫性のある機敏な政策決定を可能にする，というものである。しかし，これには幾つかの反論が可能である。第一に，多数決型の政府はコンセンサス型の政府より政策決定の速さは優れているかもしれないが，迅速な決定が必ずしも適切なものであるとは限らない。……その逆の場合もある。1980年代イギリスでの『人頭税』の導入は全くの失策であったと現在では評価されているが，これは迅速な政策決定の所産である。……第二に……比例

第6章　良いガバナンスとしての選挙制度と政党制

代表制と連立内閣は安定した中道の政策運営を可能にする。……幅広い合意を得て実施される政策は，『迅速』な政府が世論に反して決定した政策よりも長期的に安定しており，また成功する確率も高いといえる。」A.レイプハルト著，粕谷祐子訳，河野勝・真渕勝監修『民主主義対民主主義』勁草書房，2005年，205－206頁。つまり，比例代表制，連立内閣の場合も，むしろその場合のほうが長期的に安定した政策実現ができるということである。

⑷　吉田，前掲書，130頁。

⑷　同書，7頁。

⑷　プーランツァス著，田口富久治・綱井幸裕・山岸紘一訳『資本主義国家の構造』Ⅱ，1981年，187－188頁参照。なお，国家の相対的自律性と政党制・選挙制度制との関係は，次の拙著に詳述している。小松，前掲書，210－212頁。

⑷　プーランツァス，前掲訳書，188頁参照。

⑷　堀江湛編『政治改革と選挙制度』芦書房，1993年，167－182頁参照。

第7章

ラスキの政治理論の
経営倫理学的考察

第1節　はじめに

　H.J.ラスキ（1893～1950）は，20世紀前半を代表する政治学者である。選挙制度論，政党制論，官僚制論，マス・コミ論，ナショナリズム論，社会主義論，多元的国家論，現代資本主義国家論等について論を展開している。現代資本主義国家論では，資本主義国家・政府の本質について，資本家・企業との関係のなかで分析・考察を，ラスキは行っており，これについては，拙著『現代世界と民主的変革の政治学』のなかで，詳細に紹介している[1]。これに対して，国家・政府に影響を与えている資本主義企業それ自体の本質，あり様，あり方についてもラスキは考察しており，本章では，この部分を取り上げたいと考えている。

　ラスキの余暇理論のなかに，資本主義企業のあり様，あり方が述べられているのを見ることができる。これは経営倫理学の領域として取り扱う部分でもある。本章では経営倫理学の観点から，ラスキの余暇理論を考察し，ラスキが資本主義企業のあり方，あり様をどのように考えていたのかを，解明したいと考えている。経営哲学の神様はドラッカーであるが，このドラッカーに大きな影響を与えたのがドイツの大倫理学者のI・カントである。

　このカントの倫理学を信奉している人たちがカンティアンと呼ばれている。本章ではこのカンティアン的経営倫理学の観点から，ラスキの余暇理論を解明

175

し，ラスキが考える資本主義企業のあり方，つまり資本主義企業のガバナンスを究明したいと考えている。

第2節では，ラスキの余暇理論を紹介する[2]。第3節では，カンティアン的経営倫理学を紹介する。第4節が終節であるが，ラスキの余暇理論にみられる政治理論を，カンティアン的経営倫理学の観点から分析・考察し，ラスキの資本主義企業論を解明することにしたい。

第2節　ラスキの余暇理論

ラスキは，自由とは「人間が最善の自己となる機会をもつ雰囲気の熱心な維持」であると積極的に規定している[3]。このような積極的自由概念を採用している。そして，最善の自己であるためには，人は働かなければならないとし[4]，人は労働を通じて自己実現を図るものであるとラスキは考えている。

ラスキによれば，芸術家，政治家，書くため，治めるため，教えるために生まれてきた人々は，日常の仕事のなかに，彼らの最善のものを見出している[5]。しかし，仕事の中に，最善のものを見出せる人は，ごく少数である[6]。大部分の人は，生計を立てるカテゴリーの外部に最善の自己を見出すように運命づけられている。台帳に記載事項を書き込む書記，新聞のために活字を組む植字工，皿を台所からテーブルへ，テーブルから台所へ運ぶウェーター，巨船の機関に石炭をくべる火夫，これらの人々が最善の自己であるのは，生産的労働の時間ではなく，一日の仕事が終わったときである[7]。

つまり，ラスキは労働には二つのタイプが存在すると認識している。

① 芸術家，教師のように，日常の労働を通して最善の自己を実現できるタイプ。

② 単純労働にみられるように，日常の労働を通しては最善の自己を実現できないタイプ[8]。

後者において，機械的なきまりきった過程のくりかえしでは，労働が幸福にとっての障害となる[9]。文明を現在の規模で維持していく以上，人間にとって

生きがいを感じられない単純労働を避けることはできない。

ラスキによれば，単純労働に従事する人にとって，このうえなく重要なものは，余暇が与える機会である[10]。合理的な労働時間を持つ権利が存在する。長時間労働が，労働者の人格の発達を妨げ，彼らにはてしない労苦の生活を強いてきたことは事実である[11]。その時代の生産技術によって異なるが，1日8時間労働が最大限度である[12]。

しかし，ラスキは，労働時間の制限だけでは不十分とみる[13]。私的所有制度下では，産業用機械のコントロールを資本の所有者の手に委ねている[14]。労働者が産業の管理にかかわる権利をもつことが必要だとラスキは考え，労働者は，生産者としての彼に影響を与えるような決定に参画する権能を与えられねばならないと主張する[15]。産業管理への参加によって仕事に対する意義の増大はある程度，期待できる。しかし，単純労働のなかに十分な意義を見出せるというものではないこともちろん本当である。

ラスキはさらに続けて強調する。生産技術の変更，工場の衛生，剰余財産に関して，労働者は発言ができるようでなければならない[16]。産業のなかに代議政治を持つ権利がある。これによって，労働者は，生活に必要な労苦のなかにあって，自らの人格をあらわす方法を見つけ出すことができる[17]。労働者は日常の仕事のなかに，最善の自己とまではいかないまでもある程度の自己を見出すことができるのである。

合理的な労働時間，労働者の産業管理への参加に至る変革の道筋として，ラスキは，労働組合，消費者団体をはじめとする多様なアソシエーションによる運動に期待している[18]。

第3節　カンティアン的経営倫理学

カントの定言命法には，第1，第2，第3があるが，ここでは第1と第2に言及する。

第1の定言命法は次の通りである。「私は，私も，自身の格率が普遍的法則

177

になるべきことを，欲することができるように行為し，決してそれ以外の方法で行為すべきではない[19]。」別の表現では次のように述べている。「あたかも，あなたの行為の格率があなたの意志によって普遍的自然法則となるべきである，そのように行為しなさい[20]。」

第2の定言命法は次の通りである。「あなた自身と同様に，他のすべての人に存在する人間性を，決して単に手段としてではなく常に同時に目的として使用する，そのようにあなたは行為しなさい[21]。」別の表現で次のように記述している。「理性的存在者はすべて，自分自身だけでなく他のすべての人を，決して単に手段としてではなく，常に同時に，目的それ自体として扱うべきである，そのような法則に基づいている[22]。」

上記のなかで，経営倫理学に関係するのは，主として第2の定言命法である。この定言命法に依拠しながら，カンティアン的経営倫理学が構築されている。カンティアン的経営倫理学とは，カントの倫理学を信奉している人々が，カントであればこのように考えるであろうという倫理学を意味している。これを経営の分野に適用したのがカンティアン的経営倫理学である。ノーマン・E・ボウイの『利益につながるビジネス倫理―カントと経営学の架け橋―』のなかで詳述されているカンティアン的倫理学，特にカンティアン的経営倫理学を，これから紹介することにする[23]。

ステークホルダーの人格を単に手段としてよりもむしろ目的として扱うことが大事である[24]。カント倫理学の第二の黄金律は，経営においても人々を尊重すべきことである[25]。カントの定言命法の第二法式とは，「自分の人格のうちにも他のどの人格のうちにもある人間性を，自分がいつでも同時に目的として必要とし，けっしてただ手段としてだけ必要とすることがないように，行為しなさい」というものである[26]。

しかし，資本主義は実際上は，強制したりあざむいたりするので，その結果，人間を単に手段として扱うべきではないというカンティアンの条項に違反してしまうことが往々にしてある[27]。

自分に影響を及ぼすルールや経営方針の策定に参加することは，道徳であ

る[28]。経営への参画，公式の経営委員会で利潤の分配比率の改善案が検討される。4，5人の従業員が自発的に集まって現場で行う非公式の会合が多数あることは重要である。このような方法は，従業員の自律を尊重し，彼らが理性的で創造的な能力を発揮する手助けとなる[29]。

　従業員の経営参画が生産性に対してプラスの効果を与える可能性は高い[30]。「人格のうちにある人間性を尊重せよ」というカンティアンの要求は，自分を統制する規則や経営方針の決定への参加要求である[31]。

　積極的自由と意義のある仕事についてである。人格の有する自律，すなわち自分自身に従う法則こそが積極的自由である。カントの積極的自由の概念の観点からすれば，意義のある仕事が要求されることになる。雇用者が意義のある仕事を提供しているならば，従業員に積極的自由を与えることになる。カンティアンにとって意義のある仕事とは，就労者が自律し独立することを認める仕事である。就労者がみずからの理性的能力を開発できるような仕事であり，物理的安寧のために十分な賃金をもたらすような仕事であり，従業員の道徳的な涵養を支援するような仕事である[32]。

　仕事についてのカントの見解は次の通りである。人間は何かに取り組むことなくしては幸福に生きられない。人間はまったく何の仕事も行わなかったときよりも，多くの仕事を行った後に満足している[33]。

　カンティアンが考える意義のある仕事とは，人格が自分の理性的能力を開発することができるようにする仕事である。また人格の道徳的涵養を妨げることのない仕事である[34]。カンティアンが考える意義のある仕事は，実際には例外的なものにとどまっている。そこで，ジェフリー・フェファーの見解が参考になる。フェファーは人材管理のための16の実践項目を挙げている。①雇用の保証・安定，②採用時の選考，③高賃金，④奨励金，⑤従業員持株制度，⑥情報の共有，⑦経営参画と権限移譲，⑧仕事のチーム編成と職務内容の見直し，⑨研修と技能開発，⑩クロスユーティリゼーションとクロストレーニング，⑪象徴に関する平等主義，⑫賃金格差の縮小，⑬内部昇進，⑭長期的な展望，⑮経営慣行の評価，⑯包括的な哲学[35]。

このなかで，「就労者への権限移譲」「従業員による経営参画」すなわち「参加型経営」「従業員の声」「平等と公平」「適正手続」「コミットメントの度合いの高い仕事の慣行」は[36]，正しい慣行であり，正しい慣行であるべきである。

⑩クロスユーティリゼーションとは，ある部署や職務の従業員を別の部署や職務につかせることを意味し，クロストレーニングとは，教育訓練に本来の職務以外の内容を取り入れるトレーニングのことを指している[37]。

意義のある仕事の構成要素は，自律と独立であり，⑦経営参画と権限移譲と直結している[38]。従業員の経営参画が要求されるのは，レイオフにかんする決定が下されるさいに，雇用契約が強制的だとみなされないからである。それだけではなく，経営参画はまた，消極的自由と同様に積極的自由のためにも要求される。それが企業の民主化における重要なステップである[39]。意義のある仕事の必要条件は，その仕事が従業員の理性的能力を開発することである[40]。

自分の能力を大きく下回る職務に就いていると，理性的能力が十分に活かされないために，たいていは退屈でフラストレーションが溜まることになる。手順の決まった組み立てラインの流れ作業は味気がなく，退屈で，くり返しばかりの仕事であることが多い。職務内容が異なるさまざまな仕事がこなせるように就労者の研修を行うことで，企業は組み立てラインによる製造という単調でつまらない仕事をなくしたり，大幅に緩和したりすることができるのである[41]。

第4節　おわりに

ラスキの余暇理論にみられる政治理論を，カンティアン的経営倫理学から分析・考察したい。そのことを通して，ラスキにどのような経営倫理学がみられるのか，又，ラスキが企業の本質・本性をどのようにとらえていたのかを，明らかにするとともに，あるべき企業の姿を提示したい。

なお，ラスキの弟子で彼の政治理論を継承した政治学者に，C・B・マクファースンがいる。このマクファースンの理論を一部批判しているが，大半において発展的に継承した理論家にセルツキーという人物がいる。時折，セルツ

180

キーの理論と比較対照させながら，論を展開していくことにする。

　ラスキは，自由の積極的規定を行い，人は労働を通じて自己実現を図るものととらえた。カントも同様に，積極的自由観の立場を採用し，人間は多くの仕事を行った後，幸福と満足を得られるとした。セルツキーも人間は労働を通して自己達成するものだと考え，労働によるPL（positive liberty積極的自由）1の増大を述べた[42]。

　ラスキは，労働には日々の労働を通して自己実現できるタイプとできないタイプの二種類が存在すると述べた。セルツキーも創造的活動の障害となって，PL1の実現を困難にさせているものとして，「作業場または事務所内の細目的な社会分業」があるという見方を提示している[43]。ラスキは二種類の労働のなかで，自己実現ができないタイプである単純労働を軽視しているかのようにみているむきがあるが，この見方はエリート主義的ではないかという批判が存在することも事実である。

　しかし，カンティアン的立場からすれば，ラスキの見解，見方は間違ってはいない。カントの積極的自由という概念からすれば，意義のある仕事が要求される。従業員の道徳的涵養を支援するような仕事が要求される。人格が自分の理性的能力を開発できるようにする仕事が求められる。

　自分の能力を大きく下回る職務に就いていると，理性的能力が活かされず，退屈でフラストレーションが溜まることになる。退屈で単調でつまらないような仕事をなくしたり，緩和したりするために，カンティアンの精神を活かすべく，クロストレーニング，クロスユーティリゼーションを導入することが，やはり必要になるといえるだろう。

　単純労働に従事する労働者には，このような試みが求められるとともに，これに並行して，ラスキが述べているように，労働時間の制限（余暇の創出），産業の管理にかかわる権利が必要となる。セルツキーも，PL1への最も適切な一歩は，労働時間の短縮と余暇の拡大にあると述べている[44]。産業の管理に関しては，ラスキは次のように言う。労働者は，生産者としての彼に影響を与えるような決定に参画する権能が与えられねばならない。生産技術の変更，工場

181

の衛生，剰余財産に関して，労働者は発言できるようにすることが必要である。これによって，自らの人格を労働者は高めることができる。このようなラスキの所説を逆に言えば，もし，労働者が産業の管理にかかわりことができなければ，労働者は目的として尊重されることはなく，手段として扱われ続けることになる。つまり，剰余財産の分配に与れず，労働時間の長時間化が続くことになる，ということである。実際上の大半の企業は，大体このような状態だといえる。これが企業の本質である。このようにラスキは捉えていたと考えられる。この状態からの脱却のためには，ラスキがいうように，産業の管理にかかわる権利の構築が不可欠である。

　カンティアンの経営倫理学でも，ラスキと同様に，自分に影響を及ぼすルールや経営方針の策定に参加することの倫理性と必要性が強調されている。経営への参画を通して，利潤の分配比率の改善案が検討されることになる。自分を統制する規則や経営方針の決定への参加要求は，人格のうちにある人間性を尊重するカンティアンの要求にかなっている。このようなカンティアンの所説を逆に言えば，もし，経営への参画ができなければ，従業員の手段化の継続の強化につながることになる。つまり，利潤の余剰に与れなくなり，労働強化に陥ったり，レイオフに陥ったりすることになる，ということである。実際上の企業の経営の実態はこのような状態であると考えられる。ラスキと同様に，カンティアンにおいても経営への参画の構築が急務といえる。

　この産業管理への参加については，あと一点指摘しておきたい。ラスキによれば，産業管理への参加によって，仕事に対する意義の増大は期待できるが，単純労働のなかにあっては，十分な意義を見いだせるというものではない。しかし，最善の自己とまではいかないまでも，ある程度の自己を見出すことができる。つまり，単純労働では自己実現があまり期待できないが，産業管理への参加によって，自己実現の改善が図られるということであろう。

　カンティアンの経営倫理学でも，ラスキと同様に，経営への参画は，従業員の自律を尊重し，彼らが理性的で創造的能力を発揮する手助けとなる。消極的自由だけでなく積極的自由の増大が期待される。従業員は手段としてではなく

第7章　ラスキの政治理論の経営倫理学的考察

目的として尊重されることになる。セルツキーも，被用者たちにイニシアチブ，判断および意志決定参加を求める自主管理の導入は，少なくともPL1のいくつかの要素を提供することができると述べている[45]。

　通常は，大半の企業は，従業員を目的としてではなく手段として扱う傾向が強い。剰余財産の分配が公平ではなく，経営者・資本家と従業員との収入格差は大きい。従業員の労働強化，長時間労働化も根強く存在している。特に1990年代以降のグローバル資本主義の時代は，そのような傾向が強い。これに対して，従業員の積極的自由を増大させるためには，意義のある仕事が要求される。そのためには，クロスユーティリゼーション，クロストレーニングの導入の試み，労働時間の短縮，産業管理への参加つまり経営への参画が必要であるといえよう。

注

(1) 小松敏弘『現代世界と民主的変革の政治学—ラスキ，マクファースン，ミリバンド—』昭和堂，2005年，53−78頁。

(2) ラスキの余暇理論の詳細，およびそれとマクファースンの余暇理論，現代の余暇理論との比較対照は，小松，同書，127−151頁に記載している。本章ではラスキの余暇理論の重要なエッセンスを紹介する。

(3) H.J.Laski, *A Grammar of Politics* (5thed., London : George Allen and Unwin Ltd., 1967), p.142. 以下*GP*と略称。日高明三・横越英一訳『政治学大綱』上巻，法政大学出版局，1952年，211頁。

(4) *Ibid.*, p.106. 日高・横越訳，161頁。

(5) *Ibid.*, p.76. 日高・横越訳，117−118頁。

(6) *Ibid.*, pp.76−77. 日高・横越訳，118−119頁。

(7) *Ibid.*, p.76. 日高・横越訳，118頁。

(8) 小松，前掲書，129頁。

(9) *GP.*, p.112. 日高・横越訳，168頁。

(10) *Ibid.*, p.76. 日高・横越訳，118頁。

(11) Cf. *Ibid.*, p.111. 日高・横越訳，167頁参照。

(12) *Ibid.*, pp.111−112. 日高・横越訳，167−168頁。

(13) *Ibid.*, p.112. 日高・横越訳，168頁。

(14) *Ibid.*, p.112. 日高・横越訳，169頁。

(15) *Ibid.*, pp.112−113. 日高・横越訳，169頁。

(16) *Ibid.*, pp.113, 440. 日高・横越訳，169−170頁，横越英一訳『政治学大綱』下巻，

183

法政大学出版局，1952年，198頁。

⑰　*Ibid.*, p.113. 日高・横越訳，170頁。

⑱　小松，前掲書，131－132頁。

⑲　I.Kant, *Grundlegung zur Metaphysik der Sitte*（Frankfurt：Suhrkamp, 2007），p.29.

⑳　*Ibid.*, p.53.

㉑　*Ibid.*, p.62.

㉒　*Ibid.*, p.68.

㉓　ノーマン・E・ボウイ著，中谷常二・勝西良典監訳『利益につながるビジネス倫理—カントと経営学の架け橋—』晃洋書房，2009年。原書は，Norman E. Bowie, *Business Ethics：A Kantianperspective*（Oxford：Blackwell Publishers, 1999），First Edition.

㉔　*Ibid.*, p.41. 中谷・勝西監訳，53頁。

㉕　*Ibid.*, p.41. 中谷・勝西監訳，53頁。

㉖　*Ibid.*, p.43. 中谷・勝西監訳，55頁。同訳書に記載されていた訳をここではそのまま利用している。カント著，平田俊博訳『人倫の形而上学の基礎づけ』（カント全集7）岩波書店，2000年，65頁。

㉗　Cf.Bowie, *op.cit.*, pp.51－52. 中谷・勝西監訳，67頁参照。

㉘　*Ibid.*, p.60. 中谷・勝西監訳，77頁。

㉙　*Ibid.*, p.60. 中谷・勝西監訳，77頁。

㉚　*Ibid.*, p.61. 中谷・勝西監訳，79頁。

㉛　*Ibid.*, pp.62－63. 中谷・勝西監訳，80頁。

㉜　*Ibid.*, pp.63－67. 中谷・勝西監訳，81－86頁。

㉝　*Ibid.*, p.67. 中谷・勝西監訳，86頁。仕事についてのカントの見解は次の著書に記述されている。カント著，御子柴善之訳『コリンズ道徳哲学』（カント全集20『講義録Ⅱ』），岩波書店，2002年，159, 161頁。

㉞　Bowie, *op.cit.*, p.70. 中谷・勝西監訳，90頁。

㉟　*Ibid.*, p.71. 中谷・勝西監訳，91頁。フェファーの原著は Jeffrey Pfeffer, *Competitive Advantage Through People*（Boston：Harvard Business School Press, 1994）. このなかの第2章に①〜⑯が記載されている。

㊱　Bowie, *op.cit.*, p.72. 中谷・勝西監訳，92頁。

㊲　*Ibid.*, p.74. 中谷・勝西監訳，95頁。

㊳　*Ibid.*, p.76. 中谷・勝西監訳，98頁。

㊴　*Ibid.*, p.77. 中谷・勝西監訳，98頁。

㊵　*Ibid.*, p.77. 中谷・勝西監訳，98頁。

㊶　*Ibid.*, p.77. 中谷・勝西監訳，98－99頁。

㊷　R・セルツキー著，宮鍋幟・西村可明・久保庭真彰訳『社会主義の民主的再生』青木書店，1983年，207－209頁。セルツキーの余暇理論の詳細については，小松，前掲書，135－137頁に記載している。

第7章　ラスキの政治理論の経営倫理学的考察

⑷　セルツキー著，宮鍋・西村・久保庭訳，209頁。
⑷　同訳書，209頁。
⑷　同訳書，209頁。

185

第8章

ミリバンドのコーポレート
・ガバナンス論について

第1節　はじめに

　ミリバンドは西欧を代表する有名なマルクス主義政治学者であり，彼が分析する現代資本主義国家論が長年注目されてきていた。彼の現代資本主義国家論は，階級抑圧機能だけでなく，緩和機能を有しているという二面性の指摘であった。つまり，国家の相対的自律性という極めて重要な概念の提示であった。それでは，資本主義国家に影響を与えている資本主義企業自体は，どのように分析するのか。この領域へのスポットがあたっていなかったように感じられる。しかし，ミリバンドは資本主義企業をきちんと分析の対象に据えている。そこには，今日のコーポレート・ガバナンス論に相当する議論をみることができる。政治学ではあまり考察されてこなかったコーポレート・ガバナンス論がそこにはある[1]。

　本章では，ミリバンドの資本主義企業に対する分析を通して，ミリバンド流のコーポレート・ガバナンス論を明らかにしたいと考えている。先ず，ミリバンドの現代資本主義企業に対する分析，次に，現代のコーポレート・ガバナンス論の紹介，最後に，ミリバンドの資本主義企業分析を，現代のコーポレート・ガバナンス論から読解，解釈を試みることにしたい。

187

第2節　ミリバンドの現代資本主義企業の分析

　ミリバンドは『現代資本主義国家論』（1969年）のなかで，資本主義企業について分析を行っている。この分析を紹介することにする。

　「先進資本主義社会で，相対的に少数の人々の階級が富の非常に大きな割合を所有している。……他方，所有は今や意義を失いつつある事実だ。なぜなら……私的富や資源の所有とその実際の管理の間の分離が不断に成長しているからだ，ということが，しばしば論じられてきた。この周知の議論は続ける。管理は，経済生活の極めて重要な領域において，管理者たちの手中に移行した，ないしは移行しつつあり，この管理者たちはせいぜい彼等の指揮する資産の小部分しか自分では所有していない，と。こうして，所有は……もはや経済ないし政治権力の決定的要素を生むものではない，と。このことが，生産手段の所有にもとづく『支配階級』の観念のみならず，『資本家階級』の観念を拒否するためのもう一つの理由である，と言われる(2)。」さらに続けてミリバンドは言う。「この経営者問題が資本主義の発展における一つの重要な現象であることは，疑いを容れない。……過去数十年間に，少なくとも大規模企業における所有と統制とのこの分離は，資本主義企業の内部組織のもっとも重要な特徴の一つとなったのである(3)。」このように，資本主義企業においては，所有と経営の分離の傾向が支配的になってきているという主張があり，所有が経済決定の主要な要素ではないことを，ミリバンド自身も認めている。さらに，所有と経営の分離についての議論を，ミリバンドは次のように考察している。

　「会社の頂点には，今や，その地位を所有にではなくて，任命や互選に負うところの管理者や支配人が見出されるし，またますます見出されるようになるであろう，ということは本当である。……管理者的要素が個々の株主の統制さらには実効ある圧力からも非常に大きく解放されているということ，そして企業が大きければ大きいほど，その所有権が分散されているほど，この解放の度合がより完璧になる傾向があるということは，長いこと認識されてきた。……

第8章　ミリバンドのコーポレート・ガバナンス論について

管理者的要素はそれが統制している財産の諸所有者の直接的圧力から解放されているというこの種の見解から，これらの管理者が単なる所有者の諸利益とは根本的に異なった，さらにはそれらに敵対的ですらある衝動，利益ないしは動機を持つ一つの明確な経済的社会的集団を構成するという主張までは，ほんの一歩にすぎない[4]。」所有権の分散の傾向により，所有者の管理者への統制・圧力が弱まってきているという分析をミリバンドは紹介している。さらに，研究者の主張のなかには，管理者が所有者の諸利益と敵対的となる可能性を示唆するものがあると，ミリバンドは述べている。

　このような管理者資本主義の理論を，その理論の古典的名著も引き合いに出しながら，ミリバンドは説明している。「管理者資本主義の理論は，管理者が所有者の考慮以外の考慮によって動かされているという観念にのみ基礎を置いているわけではない。この理論はまた一般的には，内々にあるいはしばしば公然と次のように主張する傾向がある。すなわち，管理者の動機や衝動は，旧型の所有者資本主義よりも，必然的によりよく，より『利己的』でなく，より社会的に『責任を持つ』ものであり，『公共的利益』により密接にかかわるものである，と。こうして管理者資本主義の理論の古典的記述であるバーリとミーンズの『近代会社と私有財産』は，早くも1932年に次のように示唆した。すなわち，もし『会社制度』が生き延びようとするなら，『大会社の「統制権」が純粋に中立的なテクノクラシー［技術者支配］へと発展し，それが私的貪欲よりは公共政策を基礎に』」していると[5]。つまり，管理者資本主義は，旧来の所有者資本主義と比較して，よりよく，利己的でもなく，社会的に責任を有するものであり，公共的利益に資するものである，という見方があることを，ミリバンドは説明しているのである。さらに，専門的管理者のもとで，大会社は全体として国民によく奉仕しつつあるという表現をする者もいることを，ミリバンドは言及する[6]。

　以上のように所有と経営の分離，管理者資本主義を紹介した上で，ミリバンド自身は，次のように述べ，管理者資本主義が旧来の所有者資本主義と明確に峻別されるものではなく，分離を過大評価する必要はないという見方を示して

189

いる。「利潤を最大化することで頭が一杯になっている古典的資本主義企業家
と，それについて冷静に執着を見せず，公共心に富む専門的経営者という形で
描かれる鋭い対照は，前者に対して大いに不当な扱いをしているように思われ
る(7)。」利潤の極大化志向の資本主義企業家と公共心に富む専門的経営者との
対照性の位置づけではたしてよいのか，ということにミリバンドは疑問を呈し
ているのである。

　続けてミリバンドは論を展開する。「現代の管理者は，いかに洗練開化され
ていようと，悪しき昔の俗物的所有者——企業家と同じように，彼が同時に主
人でもあり召使でもある当の制度に内在する至高の諸要求に屈さなければなら
ないのであって，このような要求のなかで第一にもっとも重要なものは，彼が
［最高度に可能な］利潤をあげねばならぬということである。彼の動機や目的
がなんであろうと，その動機や目的は，利潤獲得というこの一点における彼の
成功を基礎にしてのみ満たされ得るのである。所有者としてであろうと管理者
としてであろうと，実業家の単一のもっとも重要な目的は，自分の企業のため
に『最高度に可能な』利潤を追求し達成することであるに違いない。実際に，
高度の知的資源をふんだんに持っているはずの経済的エリートも，この制度の
性格からして，それ以外の目的を追求する方法を知らないであろう。というの
は，このエリートおよび全ての実業家にとって唯一の準拠枠ではないにしても
主要な準拠枠は，個々の会社であり，その会社のためにあげられる利潤である
からである。これこそが，彼等の権力が究極的に奉仕すべきものであり，それ
には公共の福祉を含むその他一切の考慮が従属させられなければならないのだ。
これは企業家や管理者の魂における『利己性』の問題ではなく，むしろ『利己
性』は，資本主義的生産様式と彼等が行う政策決定に本来的なものである(8)。」
所有者だけではなく，管理者の動機・目的も利潤獲得であり，管理者が志向す
る公共の福祉は利潤獲得に従属させられるものである，という見方をミリバン
ドはしているのである。

　利潤追求と社会性との間で揺れ動きが全くないとはいえないということを，
ミリバンドは示唆しつつも(9)，次のように断言する。「実際，現代の経営者は，

190

第8章　ミリバンドのコーポレート・ガバナンス論について

その利潤追求という点で，旧型の企業家よりも一層活発であり得るのであり，その理由は……大企業による経済学者，市場分析家，その他の型の専門家やマネジメントコンサルタントの使用が急速にふえていくに伴い，利潤－志向的合理性は，ますます代表的な企業行動になっていくからである⑽。」このように，旧型の企業家よりも，利潤追求こそが大企業の経営者を規定しているとすらミリバンドは力説する。

　このような見方を示したうえで，管理者と株主との関係について，場合によってはぎくしゃくすることがあっても，両者の目指す方向性は一緒であると，ミリバンドは断言する。「管理者統制企業の株主達は彼等の利益が無縁の祭壇で犠牲に供せられることを恐れる理由はないのである。経営者と株主との間に緊張がおこり得るだろうし，時としては紛争にまで発展するかもしれない。例えば，株主は，経営者が配当のことを十分に考えてないとか，あるいは報酬をとりすぎているとか，あるいは利潤をあげることとは直接かつ明白な関係のない目的のためにあまりにたやすく金を使いすぎるとか感ずるかもしれない。経営者の方では，株主が，少なくとも自分の言い分を主張する労を惜しまない株主達が，貪欲で，無知で，近視眼的連中であると感ずるかもしれない。しかしこれらは戦略的一致の枠内の戦術的相違であり，そしてともかく株主等が，自分の感ずる不満を実効あらしめるために通常なし得ることは，もちろん自分の持ち株を処分してしまうことを除いては，ほとんどないのである。それがそうであるとしても，深刻に問題になるような意味では，経営者の職能が，その職能を遂行する人々（経営者）を，そのためにその職能が遂行される人々（所有者ないし株主）から疎外させるということは本当ではないという事実は残るのである。この両者の間に存在し得る目的や動機の相違は，基本的な利益の共通性によって打ち消されるのである⑾。」株主と経営者の間の相違は，戦略的一致の枠内の戦術的相違にしかすぎず，両者の間には基本的利益の共通性がある，とミリバンドはみているのである。

　ミリバンドによれば，所有と経営との分離の観念は，あまりにも極端に押し出され過ぎている。というのは，管理者はしばしばその企業における大株主で

191

あるからである。アメリカでは経営者階級の大多数は，他の誰よりも株式を所有している。経営者が，自分の持ち株をどうでもいい利害として扱うということはありそうにはない。自分が統制する資産から分離された存在としての経営者の絵像は，むしろ誇張である(12)。このように，所有と経営との分離の観念は，誇張されており，あまりそれに拘泥する必要はない，というのがミリバンドの解釈である。

　入社して昇進の階段を昇って行った経営者は，株主と比較して報酬が低いというイメージがあるかもしれないが，これについて，ミリバンドは次のように，述べている。「高い報酬は経営者上層の共通の特徴であり，多くの場合まったく非常に高い報酬を得ている(13)。」これは，アメリカでもそうであり，「他の先進資本主義国家における経営者上層は……所得ピラミッドの最高頂にいるのである(14)。」「これらの国における管理者要素の社会的起源が，高所得，大財産を持つ他の人々のそれと一般的には同一であるということが，指摘されねばならない(15)」として，アメリカにおいては，会社の経営者の多数は，中流上層と上流階級の出身であり，イギリスにおいては，すべての経営者層が主としてブルジョアジーの出身である，とミリバンドは強調する(16)。そして次のように結論付ける。「先進資本主義が大規模資本主義的所有者から根本的に，あるいは実質的にでも，区別される管理者的法人組織の『新階級』を生み出したという命題は，妥当なものとして受け容れられるべき十分な理由がないように思われる(17)。」「経営者は……主として財産所有及び専門職業階級の出身である(18)。」このように，経営者階級は中流上層と上流階級出身である，つまり，ブルジョアジーの出身であり，社会的出自という観点から，ミリバンドは，経営者階級と所有者階級を区別する必要はないと，分析している。同じ階級の出身である以上，経営者が所有者の利益をないがしろにすることはなく，お互い共通の利益，利害を追求する，というように，ミリバンドは自信を持って見立てている。

192

第8章　ミリバンドのコーポレート・ガバナンス論について

第3節　現代のコーポレート・ガバナンス論

（1）　所有と経営の分離

　マーク・ベビアは，『ガバナンスとは何か』で，1932年にバーリとミーンズが著した『近代株式会社と私有財産』における，所有と指揮監督との分離の見解を紹介し，それを踏まえて自身の見解を主張している。この分離は，アメリカ社会を対象にはしているが，広く多くの国にも妥当している。企業を所有している株主が，その企業の指揮監督している経営者と別人であることは往々にしてある。この分離は，大企業における株式所有の拡散を反映したものである。個々の株主は，総体として集合的に企業を所有しているのである。株主は，自分たちが所有している企業の日々の切り回しには，興味を持っていない。企業に何か意味のある影響を及ぼすことができるような時間も，資源も，権力も持ち合わせていないことのほうが多い。したがって，その企業の指揮監督は経営陣に任されることになる。企業の日々の行動を決めるのは，この経営陣である。しかも経営陣は，ほとんどまったく株主の監視を受けることなく企業経営ができる。株主の大半は，自分たちが集団で所有している企業で働くことはほとんどないし，その企業を指揮監督することは皆無である。資本投資に対する見返りとして，利息等を受け取る[19]。

（2）　プリンシパル＝エージェント理論

　この所有と経営の分離から発生したプリンシパル＝エージェント理論についてベビアは次のように所説を述べる。所有者（プリンシパル）と経営陣（エージェント）の間に利害の対立を引き起こす危険性が発生する。プリンシパル（依頼人ないしは本人）はエージェント（代理人）に責任と任務を委託し，エージェントはプリンシパルのために発言し，行動する。当然，任務委託の結果生ずる危険や問題は発生する可能性がある。バーリとミーンズによれば，株主は会社経営を経営陣に委託するだけでなく，経営陣の日々の行動を管理する

193

だけの知識も権力も持ち合わせていない。株主が経営陣の給与を払っている以上，経営陣は株主を満足させなければならないことは言うまでもない。それでも株主は経営陣のやることすべてに目を光らせるわけにはいかないので，経営陣は，株主を十分に満足させつつ，自分たちの利益を追求する隙間を見つけることができるのである[20]。

さらにベビアは，論を展開する。プリンシパルである株主は，自分たちの代理として行動するよう，エージェントである経営陣に権利を委任しているのだ。それでも株主は，経営陣が本当に自分たちの利害や決定に沿って行動してくれるかどうかの確証をもてない。それどころか経営陣は，株主の利害を犠牲にしてでも追求したい自分たち自身の利益をもっている可能性すらある。たとえば経営陣は，企業利益を株主への配当金を増額するかわりに，会社所有のプライベート・ジェット機や接待用特別室など，自分たちの贅沢なライフスタイルのために使う可能性だってある。加えて，一般的には，株主は経営陣の行動を逐一監視，監督することはできない。したがって，プリンシパルである株主に，自分たちのエージェントとして機能する経営陣が，自分たちの意に沿う行動をとるよう統制することが必要となるし，そのためのメカニズムも必要となる[21]。

（3） 株 主 主 権

このように，ベビアはプリンシパル＝エージェント理論を展開した後，そもそもコーポレート・ガバナンスとは何か，その核心に言及する。コーポレート・ガバナンスにおいては，株主の権利が中心となる原則である。コーポレート・ガバナンスにおける主要な課題は，いかにして株主の権利を適正に守るかである。企業は階層構造をとっているが，その頂点は，企業が株主の利害を無視しないよう，下の階層を統制し，監視・監督するはずのものであった。一般にコーポレート・ガバナンスは，取締役会の監視を受ける中央集権型経営から成っており，取締役会は重役や中間管理職に対して階層的統制を行使していた[22]。取締役会による最高経営責任者（CEO）の統制，監視・監督は，今日にいたるも，コーポレート・ガバナンスの重要な側面の一つとなっている。ほと

第8章　ミリバンドのコーポレート・ガバナンス論について

んどの企業にはCEOが単独で重要な決定をすることを禁ずる規則があり，重要な決定の場合，事前に取締役会の承認を取りつけることが義務付けられている。CEOは取締役会に説明責任を負う。取締役会は，CEOに制裁を加えることも，辞任を迫ることもできるし，解雇することすらできる。取締役会はCEOを監視・監督し，これを統制する。取締役会は，株主の権利と利益を保護する義務を負っているのである。コーポレート・ガバナンスに関する議論は，いまだに取締役会の構造，役割，責任に焦点が当てられている。取締役会の多くは，インサイダーとアウトサイダーから構成されている。アウトサイダーの存在により，インサイダーの間だけの集団思考や馴れ合いが生じることを予防でき，株主の利益を守ることができる。実際上，コーポレート・ガバナンスのどの説明でも，取締役会でアウトサイダーが多数を占めることの重要性が強調されている。アウトサイダーは取締役会の監視役として重要な役割を果たす[23]。

　河西　勝氏も，コーポレート・ガバナンスは，株主至上権と結びつける議論があると紹介する。コーポレート・ガバナンスの目標を株主の利益向上に結びつける新古典派経済学の問題提起があったとする。株主至上権こそが資本主義の精神であり，このような法人組織ガバナンスの主張は，「株主資本主義」と呼ばれるのであるとする[24]。

　グレアム・トンプソンも，伝統的には株主民主主義という考え方があるという。法人企業は株主によって所有される。すなわち企業は株主の利益になるように運営されるべきである。経営者は，企業経営のために株主から任命され，株主の利益となるよう企業を経営する義務があるというのが伝統的見解である。株主は支配者であるとともに，所有者である。株主に代わって，企業を運営する一群の経営者たちを選ぶのが株主である。このような株主民主主義という考え方があるのも事実である[25]。

　さて，ベビアの議論に戻すことにする。ベビアは，株主のためのアウトサイダーの重要性を強調するだけでなく，それ以外の方法も取り上げる。仮にアウトサイダーが取締役会で多数を占めていたとしても，必ずしも，株主の権利と利害を特別扱いするとは限らない。取締役会のメンバーが，企業の所有者の思

195

惑や利害を顧みず，自分たち自身の利益を追求してしまうことは，大いにある。そこで，取締役や重役に株を与えることは，彼らも株主になることを意味するので，彼らの利害も株主に近いものになる。取締役や重役の主たる報酬形態として株への依存度を高めることが求められるようになった。同様の方法ですべての社員の利害を株主の利害に近づけさせることもできるようになる。企業が自社株を買い上げ，社員に労働を通じてこれを取得させることに税制優遇措置を与えるという方法である。アメリカの「従業員による株式所有計画」である[26]。

しかしながら，コーポレート・ガバナンスの議論は，株主と経営陣間のプリンシパル＝エージェント理論を超えた議論も登場してくるようになる。ベビアによれば，コーポレート・ガバナンスの課題は，他の行動主体をも巻き込んでいる。企業は，株主や経営陣，従業員，顧客，地域住民など，さまざまなステークホルダーに影響を及ぼしている。企業は，当然ながら，自然や社会的関係の複雑なネットワークの中にはめ込まれているというのが一般的見解である。したがって，ステークホルダー理論は，企業は株主のために利潤を最大化することを追求するだけではなく，それ以外の行動主体の関心や利害にも対応すべきだと示唆している。この見方に従えば，コーポレート・ガバナンスにはより広く一般的な社会的責任も含まれることになる[27]。

（4） ステークホルダー・ガバナンス

つまり，コーポレート・ガバナンスはステークホルダー理論であるべきだという見解が登場してきている，ということである。それは企業の社会的責任（CSR）につながるものである。ベビアは次のように，論を展開している。企業が業務上の決定を下す際に，自発的に環境要因や社会的要因を考慮に入れる。CSRは企業が公共の利益に積極的に貢献することを意味する。企業にとって評判は重要な資産である。CSRのアプローチの一つにコミュニティ・トレードがある。例えば，ザ・ボディショップ社は，取り残されたコミュニティから持続可能な地産製品を購入し，納入業者の社員に生活できる賃金を保証し，納

第8章　ミリバンドのコーポレート・ガバナンス論について

入業者と長期にわたる関係を構築し，納入業者が地域共同体の中で持続的成長プロジェクトのイニシアティブをとることを支援した。CSRにはこれとは別に，ビジネス・パートナー間で義務を課し，規範を制定するアプローチもある。たとえば，特定の倫理基準を満たした業者からのみ，原材料その他の物品を購入するというアプローチがこれにあたる。このアプローチに関しても，ザ・ボディショップ社が初期の代表例である。同社の取引上の倫理基準としては，安全で衛生的な労働条件，小児労働は使用しない，労働時間は決して過剰にしない，正社員への道が開けている，ひどい扱いや非人道的扱いはしない，などがある[28]。

　以上のベビアの見解は，CSRのトリプルボトムラインの社会性への配慮につながるものであると読み取ることができるであろう。雇用，機会均等，労働における安全・衛生の確保，特に海外の児童労働の禁止，強制労働の禁止等が，企業のガバナンスにおいて極めて重要であるということである[29]。労働問題，人権問題を含む社会問題の解決への取組みが各企業には求められている。

　河西氏も，コーポレート・ガバナンスには，利害関係者（ステークホルダー）資本主義であるとする議論があると紹介する。企業内部のガバナンスと国家ガバナンスの経路依存性によって，コーポレート・ガバナンスは，利害関係者ガバナンスへと進化していく。アメリカやイギリスでさえ，大会社がもっぱら株主の利益の最大化だけに固執していると主張する者は多くない。多くの会社の経営者は分散化する株主の利害にたいしては，超然とすることが多い。コーポレート・ガバナンスは，本来の会社（株主）本位制度からずれている。取締役会は，株主のエージェントとして振る舞うだけでよい，などといってはおれない。むしろ逆に，大規模会社内の平和を実現するためには，しばしば国家ガバナンスや金融システムと結びつきながら，株主価値の最大化を抑制することすら，しなければならない。こうして，経営者は，労働関係を安定化させ，株主利害を労働者利害に従属させるシステムを構築する。ある国では，労働者階級が直接ガバナンス機関の中枢に参与しているところもある[30]。

　ここで現代資本主義国家論に言及しておきたい。現代資本主義国家は階級抑

197

圧機能と公共的社会的機能の二面性があり[31]，これと並行して，あるいはこれと結びつきながら，企業には株主主権型とステークホルダー型のガバナンスがあるということであろう，と推察できる。国家の公共的社会的機能，つまり国家の相対的自律性と結びつきながら，ステークホルダー型ガバナンスが支配的となってきている，と考えることができよう。

　広田真一氏は，アメリカやイギリスでは会社は株主のものと考える傾向が強いが，フランス，ドイツ，日本では，会社はすべてのステークホルダーのものと考える傾向があり，当のアメリカでも近年，そのような傾向が現出してきている，と述べる。2000年代になり，OECDもコーポレート・ガバナンスでは，株主主権型モデルよりもステークホルダー型モデルの方が適切であると考える傾向にある，という[32]。

　トンプソンも，ステークホルダー民主主義が存在するという。ステークホルダー概念は，企業の意思決定構造に彼らの利益を一体化させることにより，企業組織においていかなる権利からも伝統的に排除されていた人々の利益を創出しようとし，企業の民主主義の範囲を拡大している。この排除された集団には，会社の従業員，株主以外の債権者，顧客，供給業者，地域社会，「国益」，さらには環境保護団体さえも含まれ得た。排除された団体はみな，経営者や所有者とともに，会社とその将来に正当な利害関係を持っており，企業法はこれに関してある程度明確な権利を認めるべきと考えられている。こうして，代表制型の「ステークホルダー民主主義」という新しい形態はステークホルダーの概念によって作られるであろう。

　しかし，ステークホルディングについてのどんな広い概念も，関係する多国籍企業側の好意や，会社の「市民的義務」に関心を示す立派な受託者や擁護者の積極的参加に依存するであろう。確かに困難であるものの，一国内だけで活動する企業に比べて多国籍企業は実に二重に困難である━，ステークホルディングというより民主的な考えを国際的企業に拡大する問題は，まったく克服できないものではない[33]。

　つまりステークホルダー型民主主義が全く機能しないわけではない，という

ことである。また，コーポレート・ガバナンスが，CSRと密接に結び付くものであることをトンプソンの見解は示唆している。CSRもステークホルダーとの関係性のなかで定義づけられるものである。CSRとは，企業活動のプロセスに社会的公正性や環境への配慮などを組み込むものである。ステークホルダー（株主，従業員，顧客，環境，コミュニティetc.）に対しアカウンタビリティを果し，その結果，経済的，社会的，環境的パフォーマンスの向上を目指すことである[34]。

第4節　考　　察

（1）　管理者資本主義の所有者資本主義との一致性

　現代資本主義では，今から100年以上前から，所有と経営の分離が進んでいる。特に大企業では所有の分散化に伴い，その分離度が明確になってきている。そのため，所有者である株主の意向に沿うような経営ではなくなり，株主の主権，利益が侵害されてきている。その主権，利益を回復しようというのが株主主権，株主至上主義，株主資本主義という考え方である。株主ガバナンスの復権が，コーポレート・ガバナンスの目標であり，真骨頂である。このような形で，コーポレート・ガバナンスが議論されるようになってきた，ことは，これまでみてきたところである。特に1990年代以降，グローバル資本主義の時代となり，そのような議論がさらに高まった。

　第2節で先述したように，ネオ・マルクス主義者のミリバンドも，資本主義企業においては，所有と経営の分離の傾向が支配的になってきているという主張があり，所有が経済決定の主要な要素ではないという考え方があることを承知している。所有権の分散の傾向により，所有者の管理者への統制・圧力が弱まってきており，さらに，研究者のなかには，管理者が所有者の諸利益と敵対的となる可能性を示唆するものがあることを，ミリバンドは注視している。

　管理者資本主義は，旧来の所有者資本主義と比較して，社会的に責任を有するものであり，公共的利益に資するものである，という見方があり，さらに，

199

専門的管理者のもとで，大会社は全体として国民によく奉仕しつつあるという表現をする者もいることに，ミリバンドは止目している。

　つまり，旧来の所有者資本主義の場合は，資本家の階級的利益の最大化の追求が主たる目標であるが，これに対して，管理者資本主義では，企業，特に大企業は公共的利益，社会的利益に資することが多い，という見方があることを，ミリバンドは受け止めつつも，独自の見解を示していることは，第2節で先述した通りである。管理者資本主義も旧来の所有者資本主義と同じ方向性を持っている。管理者資本主義が旧来の所有者資本主義と明確に峻別されるものではなく，分離を過大評価する必要はないというのが，ミリバンドの見方である。利潤の極大化志向の資本主義企業家と公共心に富む専門的経営者との対照性の位置づけに，ミリバンドは疑問を呈し，所有者だけではなく，管理者の目的も利潤獲得であり，管理者が志向する公共の福祉は利潤獲得に従属させられるものである，とミリバンドは断言する。旧型の企業家よりも，利潤追求こそが大企業の経営者を規定しているとすらミリバンドは力説していることは，第2節で紹介した通りである。

　所有と経営の分離の進行のなかで，株主の警戒感から，株主主権の回復，株主復権を主張するコーポレート・ガバナンスが議論されるようになってきた。コーポレート・ガバナンスは株主のためのガバナンスでなければならない，と盛んに言われてきた。しかし，昔も今も，コーポレート・ガバナンスは株主のためのガバナンスであり，ここから離れることはなかったというのがミリバンドの見解である。管理者資本主義も所有者資本主義も同じ方向性であり，経営者のためのガバナンスも所有者のためのガバナンスも同じ方向性だということである。

　たしかに，管理者と株主との関係について，経営者は株主への十分な配当を考えていないのではなど，場合によってはぎくしゃくすることがあり，訴訟にまで発展することがあるかもしれない，とミリバンドは述べている。そういうところから株主のためのコーポレート・ガバナンスが提唱されてきたわけであるが，所有者と経営者の目指す方向性は一緒であると，ミリバンドは断言し，

所有者の心配・懸念は誇張され過ぎている，という見方を示している。

　所有と経営の分離，大企業における所有の分散化から，株主のためのコーポレート・ガバナンスが盛んに提唱されてきたが，所有者資本主義も管理者資本主義も同じ方向性であり，株主の利益は十分に考慮されているとするミリバンドの見解は興味深く，これまで数十年間のコーポレート・ガバナンスの議論のなかでは，ユニークな見解であり，大きな一石を投じるものであると，評価できる[35]。

（2）　管理者資本主義の有益性

　それでは，ミリバンドの企業論のなかには，公共的利益，社会的利益に資する面があるという議論はないのだろうか。ステークホルダー型ガバナンスに通じる要素はないのだろうか。

　管理者資本主義は，社会的に責任を有するものであり，公共的利益に資するものである，という見方があり，さらに，専門的管理者のもとで，大会社は全体として国民によく奉仕しつつあるという表現をする者もいることに，ミリバンドは止目していることは，先述の通りである。また，企業の管理者は公共の福祉を志向する傾向性があるとする管理者資本主義論があることも，ミリバンドは注目している。しかし，管理者資本主義も旧来の所有者資本主義と同じ方向性を持っており，管理者が志向する公共の福祉は利潤獲得に従属させられるものであるとミリバンドは述べ，企業の中に公共的利益，社会的利益を資する面があることを，否定しているかのように思える。

　しかし，ミリバンドは次のように述べている。「先進資本主義社会には複数の経済エリートが存在するということは，容易に認められるかもしれない。そして先進資本主義の統合化傾向にもかかわらず，これらのエリートは区別された集団および利益を構成し，それらの競争が政治過程に大きな影響を与えるということも。しかしながら，この『エリート多元主義』は，資本主義社会における分離された諸エリートが，高度の一体性と連帯性を持ち，彼等の特定の相違や不一致をはるかに超える共通の利害と共通の目的を持った支配的経済階級

を構成することを妨げるものではない[36]。」

　先進資本主義社会の諸経済エリートの共通の利害，目的があるにしても，経済エリートのなかで区別された集団および利益が存在することを，ミリバンドは認めている。所有者とは違った管理者の利益，目的があることを，示唆しているといえよう。それが，国の政策決定過程に，つまり国家ガバナンスに大きな影響を与えているということであろう。

　ミリバンドは資本主義企業ではなく，資本主義国家についてはどのように論じているのだろうか。彼は，現代資本主義国家の二面性を指摘している。支配的な経済的諸利益の保護者であり，擁護者であるととらえる階級国家の側面がある[37]。一方で，階級支配の形態と内容を緩和するのに役立つ社会の奉仕者の面があるとする[38]。階級支配的機能と緩和機能の二面性を現代資本主義国家はもっており，緩和機能の重要性を減じてはいけない，とミリバンドは断言している[39]。この国家の二面性の指摘と資本主義企業の経済的エリートのなかでの所有者とは違った管理者の利益，目的があるとの示唆は，管理者資本主義と所有者資本主義を，ミリバンドは一度は同一視したとはいえ，所有者資本主義ではくくれない，そこからはみ出す管理者資本主義の側面があることを，物語っているといえよう。所有者資本主義の影響をうけつつも，社会的に責任を有し（CSR），公共的利益に貢献する社会全体の奉仕者としての側面が企業にあることを，読み取ることができる。ミリバンドは明言をしてはいないが，コーポレート・ガバナンスにおいて，管理者資本主義，今日的表現を使用すれば，ステークホルダー型ガバナンス，それが機能していることを否定してはいない。資本主義国家のガバナンスの二面性とそれに連動した資本主義企業のガバナンスの二面性を，ミリバンドの理論から読み解くことができる。

第8章　ミリバンドのコーポレート・ガバナンス論について

注

(1) 政治学の分野では，他には，近年，コーポレート・ガバナンスと選挙制度について考察したものもある。比例代表制の国では，投資家保護の傾向は弱く，従業員保護の傾向が強い。多数代表制の国では，投資家保護の傾向が強く，従業員保護の傾向は弱い。M.Pagano, P.Volpin, "The Political Economy of Corporate Governance," *The American Economic Review*, Vol.95. No.4 (September, 2005), pp.1005 − 1039. また社会民主主義的伝統の有無との関係で，コーポレート・ガバナンスを議論した論考がある。M.J.Roe, *Political Determinants of Corporate Governance* (Oxford：Oxford University Press, 2003).

(2) R.Miliband, *The State in Capitalist Society* (New York：Basic Books, Inc., Publishers, 1969), pp.28 − 29. 田口富久治訳『現代資本主義国家論』未来社，1970年，40 − 41頁。

(3) *Ibid.*, p.29. 田口訳，41頁。

(4) *Ibid.*, pp.30 − 31. 田口訳，42 − 43頁。

(5) *Ibid.*, p.31. 田口訳，43頁。

(6) *Ibid.*, p.32. 田口訳，44頁。

(7) *Ibid.*, p.33. 田口訳，45頁。

(8) *Ibid.*, p.34. 田口訳，46頁。

(9) *Ibid.*, p.34. 田口訳，46 − 47頁。

(10) *Ibid.*, pp.34 − 35. 田口訳，47頁。

(11) *Ibid.*, p.35. 田口訳，47 − 48頁。

(12) *Ibid.*, pp.35 − 36. 田口訳，48頁。

(13) *Ibid.*, p.36. 田口訳，48頁。

(14) *Ibid.*, p.36. 田口訳，49頁。

(15) *Ibid.*, pp.36 − 37. 田口訳，49頁。

(16) *Ibid.*, p.37. 田口訳，49頁。

(17) *Ibid.*, pp.37 − 38. 田口訳，49 − 50頁。

(18) *Ibid.*, p.39. 田口訳，51頁。

(19) M.Bevir, *Governance* (Oxford：Oxford University Press, 2012), p.39. 野田牧人訳『ガバナンスとは何か』NTT出版，2013年，65 − 67頁。なお，株式会社の所有と経営の分離を指摘した古典的名著が，バーリとミーンズが著した『現代株式会社と私有財産』である。A.A.Berle & G.C.Means, *The Modern Corporation & Private Property* (New Brunswick, New Jersey：Transaction Pub. Reprinted, 1991). 森杲訳『現代株式会社と私有財産』北海道大学出版会，2014年。

(20) Bevir, *op.cit.*, pp.40 − 41. 野田訳，67 − 69頁。

(21) *Ibid.*, p.42. 野田訳，71 − 72頁。

(22) *Ibid.*, pp.42 − 43. 野田訳，72頁。

(23) *Ibid.*, pp.43 − 45. 野田訳，72 − 75頁。

(24) 河西　勝「コーポレート・ガバナンス」『北海学園大学経済論集』第51巻第3・4

号（2004年3月），227頁。

⑵　グレアム・トンプソン「多国籍企業と民主的ガバナンス」A.マッグルー編，松下洌
　監訳『変容する民主主義』日本経済評論社，2003年，223頁。

⑵　Bevir, *op.cit.*, pp. 46－48. 野田訳，77－80頁。

⑵　*Ibid.*, pp. 48－49. 野田訳，81－82頁。

⑵　*Ibid.*, pp. 49－51. 野田訳，82－85頁。

⑵　岡本享二『CSR入門』日本経済新聞社，2004年，14－18頁。

⑶　河西，前掲論文，227－230頁。永野氏によれば，「株主はステークホルダーの一人
　にすぎず企業の目的を株主価値の最大化に求めないという『多元主義的モデル』や，
　さらには最終的経営決定権限の一部は従業員に帰属すべきであるという『従業員主権
　企業論』が構想されてくる。」永野周志「従業員持株制度とコーポレート・ガバナン
　ス」稲上　毅，森淳二朗編『コーポレート・ガバナンスと従業員』東洋経済新報社，
　2004年所収，212頁。

⑶　小松敏弘『現代世界と民主的変革の政治学　―ラスキ，マクファースン，ミリバン
　ド―』昭和堂，2005年，53－126頁参照。

⑶　広田真一『株主主権を超えて』東洋経済新報社，2012年，20－21頁。

⑶　トンプソン，前掲論文，224－225頁。

⑶　谷本寛治『CSR経営』中央経済社，2004年，2－5頁。花崎正晴氏は，『コーポレー
　ト・ガバナンス』のなかで，次のように述べている。「地球規模での環境問題が深刻
　化しつつあり，また地域における安全，安心および個人の健康，人権などが脅かされ
　かねない状況が広がるなか，CSRとSRIの理念を発展，定着させて，企業の内部者か
　ら地域住民さらには人類や地球上のすべての生物を企業活動に関するステークホル
　ダーであるとみなして，コーポレート・ガバナンスの仕組みやあり方を考えることの
　重要性は，今後ますます高まっていく。」花崎正晴『コーポレート・ガバナンス』岩
　波書店，2014年，172－173頁。また花崎氏は次のように述べている。「ステークホル
　ダー型ガバナンスやCSRが重視されているということは，法律上は正当的にみえる株
　主主権論に基づくガバナンスが，企業活動の広範な影響を考慮した場合には偏狭であ
　り，幅広いステークホルダーへの配慮がますます重要になることを示唆している。」
　同書，174頁。

⑶　これについては，近年次のような議論がある。「社会民主主義では，株主と経営者
　の結びつきを弱める傾向にある。」Roe, *op.cit.*, p. 6.「社会民主主義は株主とではな
　く従業員との結びつきを強める方向で働く。アメリカにおける会社のように，経営者
　と株主を結びつける手段は，強い社会民主主義のところでは，弱められる。」*Ibid.*,
　p. 8. つまり，アメリカでは，株主と経営者の結びつきが深く，社会民主主義の伝統
　のあるヨーロッパ大陸諸国では，株主と経営者の結びつきが弱い，ということである。
　ミリバンドの企業分析は，アメリカ，イギリスだけではなく，ドイツを含むヨーロッ
　パ大陸諸国の企業も対象にしている。ロー（Roe）がいうような傾向にあることは事
　実であるが，ヨーロッパ大陸諸国の経営者の言動は，ミリバンドがいうように，株主
　の利益追求を損ねるものではないことは言うまでもない。

第8章　ミリバンドのコーポレート・ガバナンス論について

⑶⑹　Miliband, *op.cit.*, pp. 47 − 48. 田口訳，60頁。
⑶⑺　*Ibid.*, pp. 265 − 266. 田口訳，302 − 303頁。
⑶⑻　*Ibid.*, p. 266. 田口訳，303頁。
⑶⑼　*Ibid.*, p. 266. 田口訳，303頁。

終　章

第1節　ラスキ対新自由主義

　ケネス・R・フーバーが『イデオロギーとしての経済学—ケインズ，ラスキ，ハイエクと同時代の政治学の創造』を，2003年に著している[1]。そのなかで，ラスキとハイエクとの関係について書かれている部分を，紹介したい。第1章でも紹介している部分と重複するかもしれないが，記述する。「ビアトリス・ウエッブによれば，ラスキとハイエクは，ライバルとなり，お互いに『容赦のない宣伝活動家』として公然と批判し始めた。しかし，ラスキはロンドン・スクール・オブ・エコノミクスの政治学講座の就任演説でそのような役割をすでに放棄していた。『この講座を受け持つ私の目的は，私が偶然にも保持することになった独特で特有な原理を教授されることになる弟子の一団を創造することではない。むしろ，我々が知っている唯一の固有の基準—人類の経験—に対して，自分自身の信条を検証する方法を学生は学ぶことになるだろう。』ロビンズ（ロンドン・スクール・オブ・エコノミクスの経済学部長でハイエクを招聘した人物—小松）はラスキの意図が極めて純粋であるとは信じることはなかった。ハイエクと一緒に，ロビンズはこのように，意図の純粋性を否定するような考え方を強めるに至った[2]。」

　続けて，フーバーはいう。「学術的な卓越性を求めての論争相手として，ハイエクとラスキの二人の方法と態度は，全く異なるということではなかった。彼ら双方の印象を記録したある学生は，政治的に率直で，カリスマ性のあるラスキを，『きわめて魅力的で，心優しい人間として』説明していた。同じ観察者がハイエクのなかに，いつも慈悲深い笑顔をうかべ，彼の性格と矛盾しない

207

特性を持っている人物として見ていた。しかし，彼が話す英語は訛りが強く，彼の思想は複雑であるようにみえた(3)。」

　フーバーはより党派色の強い見解として，ジョン・ケネス・ガルブレイスの見解を挙げている。「彼はハイエクのゼミナールに参加したことがあるが，『総合的には古典的見解を持った紳士』であるとハイエクのことを呼んでいた。ガルブレイスは記しているが，ラスキについては，かなり多くの仰々しいほど保守的な人物に相当する評判の悪さを持っていると容易にいえよう(4)。」

　フーバーは続けて言う。「しかしこの二人の闘争を緩和する要因としては，ラスキがハイエクとケインズの経済学的論争から離れていたことがある。主として，ハイエクとケインズの両者の見解を資本主義を安定させるには不十分な試みとして，ラスキは，両者をひとくくりに考えるマルク主義的な分析に傾く嫌いがあったことが理由である。ともかく，経済学はラスキにとっては似つかわしいものではなかった。しかし，政策的問題では，イギリスの経済を安定させる一つの方法として，ケインズの収入関税に向けた初期の提案を，ラスキは強く支持した(5)。」ラスキは政治学者であるので，経済学者のハイエク，ケインズとは距離を置くことができる。ラスキは1930年代以降，マルクス主義に傾倒したので，ハイエク，ケインズ双方の見解を，物足りない見解として一括してとらえる傾向にあった。しかし，ラスキは，ハイエクよりもケインズに近い立場であったことを，ここでは述べているのだと解せられる。

　フーバーによれば，「後年，本の収集が，ハイエクとラスキが愛想よく議論することができたすべてであったと，ハイエクは思いだした。すなわち，これを除いては，私たちには共通するものは何もないという意味である。LSEに関する話を皆さん方に伝え始めることをどうか私にさせないでほしい。ハロルド・ラスキという異常な人物のために，そこは非常に特殊な場所であったからである。驚くべき本発見の彼の話，ヒトラーの空襲から奇跡的に逃れたあとでの発見は，全くのでっち上げであり，そのような病的虚言者としての印象を，ハイエクはラスキに持っていた。にもかかわらず，ハイエクとラスキは，研究者の上級控室でお互いに日常的に会っており，折り合いがよいようにみえ

た(6)。」ラスキとハイエクの共通の趣味は本の収集であったこと，これ以外は
二人に共通するものはなく，またハイエクが心の底ではラスキに対して拒絶反
応を示していたことが理解される。

　フーバーはいう。「注目すべきことに，ビヴァレッジはハイエクの『隷従へ
の道』に名前があがっていない。ビヴァレッジの提案は，社会主義的，共産主
義的レトリックの傾向を薄めてあるにもかかわらず，ハイエクが注意喚起した
共産党幹部や強制のイメージよりも一層理解しがたいターゲットを表していた。
ビヴァレッジはハイエクの著書について書評を書いており，ハイエクはイギリ
スの精神を理解する人間ではないと私は思うと表明した。……私はハイエクの
著書のなかに納得させられるものは少しも見出すことができなかったと(7)。」
つまり社会民主主義者のビヴァレッジはハイエクの攻撃の対象ではなかったと
いうことであるが，両者の間の思想的距離は大きいものであったと解せられる。

　では，ケインズはどうであろうか。「このことで言えば，ケインズは，1915
年のドイツの国家統制について驚くような分析をなしたライバルとしてハイエ
クが引用した一節以外には，名前を言及されることはない(8)。」

　それではラスキはどうであろうか。「ラスキは容易な攻撃の対象であった。
彼は『隷従への道』で3回も直接的に言及されていた。その3回すべてが，国
家統制主義的権力の是認において，ファシストに対するラスキの民主的な抵抗
の局面があったにもかかわらず，ファシストの見解に匹敵するものを，ラスキ
の見解は持っていると示唆するものであった。ハイエクは経済的窮乏の状態に
おける自由の低減に対するラスキの言及，国家によって提供された安全に対す
るラスキの支持を引用している(9)。」ラスキはファシズムも西欧の資本主義的
民主主義国家も，ともに経済体制は資本主義であると述べたり，ソ連型社会主
義を新しい文明として礼讃したりすることがあり，誤解を招いた面があったこ
とは事実である。しかし，ラスキはファシズムへの抵抗を強く主張し，かつソ
連の国家社会主義体制の問題点にもメスを入れていた。ラスキの思想，構想は
隷従への道であるとするハイエクの非難はあたらないと考えられる。

　フーバーによれば，「ドイツ人に自由を犠牲にさせることを大いに誘因する

ような議論，それと同じものをハロルド・ラスキ教授のなかに見出すことができることを危惧していると，ハイエクは非難している[10]。」さらに続けてフーバーはいう。「ハイエクが後に述べているのだが，ラスキは『隷従への道』が，自分に反対して書かれたものであることを得心し，二人の社会的関係がこれによって終わってしまったことは驚くに値しない[11]。」

　ラスキは個人の自由の犠牲を是認してはいないが，自由放任主義を主張するハイエクとは，思想的距離がかなり大きかったといえよう。この二人が同時期にLSEにいたということが不思議な印象を与える。今日のグローバル資本主義はハイエクの流れを汲むものであるが，その資本主義の弊害に対する処方箋は，同じLSEにいたラスキに見出すことができる。またLSE時代のラスキの弟子のマクファースン，ミリバンドにも見出すことができることを，ここで強調しておきたい。

第2節　新自由主義国家における相対的自律性

　新自由主義を基調にしたグローバル資本主義のなかで，資本主義国家の本性は，支配階級から相対的に自律するようにはならず，むしろその自律性が低下したといえる。この自律性の概念はラスキにおいて萌芽的なものが表れ，マクファースン，ミリバンドにおいて明確化されている。政党レベルでは，真正の保守政党は国家の相対的自律性の推進を低下させ，傍流の保守政党は，相対的自律性の推進にブレーキをかけられている。資本主義企業においては株主のためのコーポレートガバナンス論が高まり，株主利益が偏重されるようになってきている。個人においては自己の利益の極大化を追求する姿勢に変化はなく，福祉，社会保障費のカットにより，さらに自己利益を極大化せざるを得ない状況に追い込まれている。

　しかしながら，資本主義にもいろいろ種類があり，貧困が少なく，格差が大きくなく，労働時間も適正化し，地球環境にも配慮した幸福度の高い資本主義もある。スティグリッツは次のように述べている。「資本主義の形態はひとつ

でもなく，経済を運営する正しい方法もひとつではないという考えも，広く認知されつつある。実際，世界にはさまざまな形態の市場経済——一例をあげるなら，活況を続けるスウェーデン経済——が存在しており，それぞれが特徴的な社会をつくりあげて，よりよい医療，より高い教育，より少ない不平等を実現しているのだ。スウェーデン方式が他国で，特に途上国で機能するかどうかはわからないが，スウェーデンの成功は，有効な市場経済の形態がひとつではないことを実証している⑿。」但し，スウェーデンにみられる北欧型資本主義の場合は，社会保障，福祉の充実だけではなく，高い生産性の確保が前提にある。この生産性の確保のための工夫のヒントが必要になる。

　新自由主義国家においても，国家の相対的自律性が皆無というわけではない。国家の相対的自律性が微弱ながら発揮される余地はある。真正の保守政党の政権下でも，国家の相対的自律性が皆無というわけではない。傍流の保守政党の政権下では国家の相対的自律性が一層発揮される余地はある。

第3節　新自由主義国家の本性

　21世紀初頭の現在を代表するマルクス主義者のデヴィッド・ハーヴェイによれば，「新たに出現し常に進化しつづけるグローバル国家間体制という枠組みの内部で，資本主義国家は，外交，経済，貿易の優位を求め，同盟関係の追求に関わる。その目的は，所有権保有者の居住領土内に富を蓄積しつづける力を強化することによって，国家自体の富と権力を確保することにある。……資本主義国家には，資本の再生産を何らかの形で援助する方向に作用するそういう諸側面や独自の諸機能といったものが存在するということである⒀。」つまり，グローバル化のなかで，資本主義国家はその国内の所有権者の富の蓄積，資本の再生産に寄与することに携わっているということである。

　ビル・クリントン民主党政権の労働長官で，強欲資本主義の問題点を指摘するロバート・B・ライシュは，新自由主義国家の典型であるアメリカの2000年前後の特徴についての最近の研究を紹介している。平均的アメリカ人の選択が

公共政策に及ぼす影響力はほぼゼロに近く，政治家は大企業の利益，すなわち最強のロビー力を備え，最大の資金供給源である大企業の要求や利益に応えている[14]。つまり，政治権力は経済権力に従う傾向が，新自由主義では大であるということである。

　しかし，ハーヴェイは他方で次のようにもいう。「とはいえ国家には徴税権力があり，またさまざまな政治的影響力や利害関係に国家は敏感である。このことから，時として国家権力は，民間企業の活動や利害よりも優先されるような経済的目標へと政治的に向きを変えることがある。社会民主主義政党による政治的支配（第二次世界大戦後のイギリスやその他いくつかのヨーロッパ諸国で確立されたそれ）の時期，……いくつかの国家機関が経済的な指導機関として創設ないし組織され，経済の管制高地に対する支配権を握ったり，あるいは種々の投資決定を誘導したりする。そこではさまざまな規模での政府や自治体による計画化が中心的役割を担い，時に種々の民間活動や企業活動と競合するが，たいていはそうした活動と提携関係にある。その際，資本蓄積のかなりの部分は国家を介するが，必ずしも利潤極大化に向けられるわけではなく，社会的・地政学的目標に向けられる。新自由主義と民営化の原理に最も傾倒している国家でさえも，軍産複合体は，政府と契約した民間の利益集団が自由に利益をむさぼる有利な餌場としてのその他の経済分野とは別扱いとなる[15]。」つまり資本主義国家権力は民間企業の利益よりも優先されるような目標に向かうこともあり，利潤極大化をいつも志向するわけではない。現在の新自由主義に最も傾倒している国家ですら，経済権力から自律して政策をなすことがあるということである。

　本論では，ラスキ，マクファースン，ミリバンドを扱ってきたが，彼らの分析は新自由主義が支配的になる以前の分析であるが，その分析が新自由主義が全盛期の今日においても，有効であることをここで強調しておきたいと考える。

終 章

第4節　新自由主義国家における政党

　それでは，新自由主義国家の政党についてである。ライシュによれば，アメリカの「共和党は選挙戦にどんどんカネがかかるようになるずっと前から，すでに大企業，ウォール街，富裕なパトロンたちの意向にうまく適応していた。だが最近は民主党もこうした金持ち利権に対し，ほぼ同じような反応を示すようになっている[16]。」続けてライシュはいう。「経済界の利益に関わる政策は党派にかかわらずいずれの政権でも実現している。例えばクリントン政権の最初の二年間は民主党が上下両院で過半数を占めており，クリントンは北米自由貿易協定（NAFTA）の締結と，その後の世界貿易機関（WTO）設立を推進した。いずれも大企業にとって非常に重要な意味を持つものだった[17]。」保守の真正の政党の共和党だけではなく，保守の傍流の政党の民主党も金持ち優遇の政策を採用する傾向にあるということである。

　とはいっても，金持ち優遇一辺倒というわけでもない。ライシュによれば，共和党内部でも，大企業やウォール街を遠ざける反体制派の共和党員がいることも事実である。共和党の有力議員が巨大金融機関をスリム化するために，その資産に対して四半期ごとに税を課すことを提案した。また共和党最右翼のティーパーティ派の議員のなかにも反体制派はいる。さらに，大手石油企業，大手アグリビジネス，製薬大手，ウォール街，米国輸出入銀行などに対する「企業助成」の中止に向けた超党派の支持が広がっている[18]。ということは真正の保守政党である共和党でさえ，経済的エスタブリッシュメントに批判的な議員がおり，傍流の保守政党の民主党であればなおさら，経済的エスタブリッシュメントから自律している議員が少なからずいるということである。

　新自由主義全盛の時代においても，本論で述べたラスキ，ミリバンドの資本主義下での政党の本質の分析の有効性を，ここで確認することができる。

　大企業を含む企業自体にも，次のような動きがある。グローバル化とともに，資本主義企業はCSR（企業の社会的責任）を逆に意識するようになり[19]，多様

213

なステークホルダーを意識した経営をするようになってきている。グローバル化により，調達先の現地の工場で，児童労働がないかどうか，長時間労働がないかどうか，つまりスウェットショップ（搾取工場）になっていないかどうか，環境負荷の小さい原料，部品が調達されているかどうか，つまりグリーン調達を心がけているかどうかが大事になってくる[20]。グローバル資本主義のもとでは，社会的人権，地球環境への配慮なくして企業は生き残っていけず，多様なステークホルダーを意識した経営にならざるを得ないのである。

第5節　二つの人間概念

またなんといっても，個人の意識の変革が重要であり，すべての人間の自己開発を重視するような発展的個人主義への転換，地球環境への配慮を意識したグリーンリベラリズムの受容が求められる。

中山智香子氏が『経済ジェノサイド―フリードマンと世界経済の半世紀』を書いている。そのなかで次のように述べている。「平等という理念を補完した『新しい』自由主義の潮流は，19世紀の終わりごろから20世紀の前半にかけてイギリスにあらわれたが，これはニューリベラリズムと呼ばれる規範的な潮流で，本書のテーマとは別のものである。本書が対象とする『新自由主義』はそれからやや遅れて，大戦間期から戦時期にかけて生まれたネオリベラリズムと呼ばれる潮流で，むしろそうした規範とは対極にあり，市場の自由をより純化して追求する[21]。」中山氏の著書の対象テーマはネオリベラリズムのフリードマンである。中山氏によれば，市場理論を確立し，洗練させたフリードリヒ・ハイエクら新自由主義学派を輩出したオーストリア学派を含む「主流派の経済学は，倫理や規範を排除した科学としての経済学というスタンスを保持しつづけた。しかし……イギリスにもニューリベラリズムと呼ばれる一派が存在した。トマス・グリーンらの自由の理念をもとに倫理や規範を視野に入れ，貧困や失業などの社会問題に取り組んだ経済学である。また20世紀の前半には，アーサー・ピグーの厚生経済学やロナルド・コースの取引費用の経済学など，社会

終 章

問題を市場経済学の枠内に組み込もうとする，さまざまな取り組みがあった。
……ただしそれは……倫理や規範そのものとは一線を画するものであった。例
外的にこの点に踏み込んだのが，アメリカで1950年に『私的企業の社会的費
用』を書いたカール・ウィリアム・カップである。カップは……いち早く公害
や環境破壊の問題を指摘し，経済活動が社会に負荷をかけたり，損失，犠牲を
出したりしていることを明らかにした。……カップもポラニーと同じく，社会
主義計算論争を思想的出発点としている。なお，1960年代前後からの公害問題
を目の当たりにして，日本の経済学者たちも経済成長一辺倒の経済学に異を唱
えた。ポラニーやイヴァン・イリイチの仕事を咀嚼して地域主義を唱えた玉野
井芳郎，フリードマンを見限ってアメリカから帰国した社会的共通資本の概念
を提示するに至った宇沢弘文，ヨーゼフ・シュンペーターの弟子ながらガルブ
レイスの邦訳も行い，環境問題も含む経済学を構想しようとした都留重人，フ
ランクを日本に紹介し内発的発展の概念を彫琢した西川潤らをはじめとして，
実は日本にもアントロポス的系譜の厚い層が存在する[22]。」

　「新自由主義」には，T.H.グリーンなどの「ニューリベラリズム」とハイエ
ク，フリードマンなどの「ネオリベラリズム」の二種類が存在する。前者は，
マクファースンがいう「発展的個人主義」に相当するものであり，後者は，
「所有的個人主義」に相当するものだと解することができる。後者は現代資本
主義，とりわけグローバル資本主義の時代において支配的である。

　中山氏は，著書のなかでポラニーの『大転換』（1944年）を評価し，同書の
なかで紹介された二つの人間概念に注目している。アントロポスとフマニタス
という二つの人間概念である。フマニタスはヨーロッパ起源の思想史では圧倒
的に優位であり，「科学技術の開発・進展が産業革命を生み，飛躍的展開に結
びついたのと並行して発展した経済の領域は，まさにフマニタス的歴史の中核
にあった。……フマニタスとアントロポスの分類は……人間の暮らし方，根本
的なあり方の違いである。ところが経済学の生誕期以来，モデル化された人間
はフマニタスではなく，人間がもつさまざまな動機や性質のなかから利己的で
合理的な部分だけを抽出された，ひたすら自己利益の極大化を求める『ホモ・

215

エコノミクス』であった[23]。」つまり，フマニタスの純化された人間モデルが
「ホモ・エコノミクス」であり，自己利益の極大化を求める伝統であるという
ことで，これは，マクファースンのいうところの「所有的個人主義」に相当す
るといえよう。

　中山氏は続けていう。「フマニタスは，フリードマンの経済学によってもう
一度，ホモ・エコノミクス的性質を含みつつ起死回生を果たし，その際に萌芽
的にあらわれてきていたアントロポス的な視点を踏みつけ，蹴散らし，断片化
した。……新自由主義は大義名分のもとで，人間社会をもう一度ホモ・エコノ
ミクス一色に塗り替えた。誘いの呼び声は相も変わらずフマニタスの『自由』，
そしてより強く響かせたのは『所有』の概念であった[24]。」フマニタスのホモ・
エコノミクス的性質は，新自由主義の時代になって一層強まり，人間社会全体
を覆うようになったということであるが，それは「所有的個人主義」のことを
指しているといえよう。これと対極にあるものとして，中山氏はアントロポス
をあげており，そこに軸足を置いているのが理解される。

　中山氏によれば，「進歩・前進をひたすら追い求めるフマニタスの知に対置
されるアントロポスの知のあり方は，まずは盲目的に同化せずにとりあえず立
ち止まること，すなわち『不服従』の姿勢である。……フマニタスが隠してき
たことを異なる立ち位置から辿り直し，ものの見方をひっくり返すのであ
る[25]。」フマニタスの純化された「ホモ・エコノミクス」が支配的な新自由主
義の時代に，アントロポス的知のあり方から，見直しを図っていくことの重要
性を中山氏は強調する。つまり，所有的個人主義が支配的な人間世界のなかで，
発展的個人主義にスタンスを置き換えることの重要性を，われわれは十分に認
識して行動すべきである。

第6節　変革の主体

　グローバル資本主義のなかで，資本主義国家の相対的自律性を高め，保守政
党の相対的自律性を高め，企業がさまざまなステークホルダーを意識した経営

終　章

になるためには，変革の主体が重要になってくる。ライシュは，アメリカにおいては，大企業や金融業界の権力を相殺するような勢力が形成されていたという。労働組合，小売店，小口投資家，中小金融機関等である。このような拮抗勢力が経済全体に広がり，経済的恩恵を受け，大企業，ウォール街に集中した権力との均衡を図る重石となっていた(26)。しかし，1980年代以降，2010年までに，この拮抗勢力が衰退し，発言権も著しく低下した。特に労働組合の組合員数が減少し，企業統治に関する発言力も弱まった。労働組合の政治的・経済的権力の衰退は著しい。大企業，大銀行，巨大チェーン店，個人資産家に政治的・経済的権力が集中するようになった(27)。

　ライシュによれば，「小規模事業者であれワーキングプアであれ，起業家であれ学生ローンの債務者であれ，小口投資家であれ住宅所有者であれ，白人も黒人もラテンアメリカ人も，男性も女性も，下位90％のアメリカ人の経済的な共通点は，大企業の取締役やウォール街の連中や米国の富裕層との共通点よりもはるかに多い。下位90％が勢力を失った大きな理由は，上位に位置する人々が大きな影響力を持つ『自由市場』のルールの中に，収入や富が当初から下位層から上位層に向かってしまう『事前配分』とでも呼ぶべき仕組みが埋め込まれているためだ。もし影響力の弱い勢力がこの力学を理解すれば，連合することでより大きな影響力を得ようとするはずだ。こうした連合もしくは複数の連合が結集することで，新たな拮抗勢力を形成できるだろう(28)。」このようにライシュは述べるが，次のようにもいう。「拮抗勢力の形成が順調に，あるいは容易に実現すると期待してはいけない。……拮抗勢力が生じる可能性はあまりにもリスクが高く，予測が難しい(29)。」しかし，最後は楽観的言葉でライシュは締めくくっている。「それでも，拮抗勢力の再登場は避けられない(30)。」

　確かに，アメリカのような新自由主義国家で，国民の多数の不満が高まっていることは，事実である。しかし，国民の90％のなかで，複数の連合が結集して拮抗勢力を形成できるという保証はない。やはり，そのなかの中核が必要であろう。ラスキは，多様なアソシエーションに期待した。ミリバンドは多様な社会勢力に期待した。マクファースンは，自主管理労組，環境保護団体，女性

217

団体，失業者団体等の多様な発展的集団に期待した。グローバル化のなかで，その弊害を阻止するために，またより一層のCSRを求めて，国際NGO，国際NPOなどの国際CSOの活動が活発化してきている[31]。グローバル化の進行のなかで，このような発展的集団の国際版，またその国内版の存在意義が高まってきている。

注

(1) K.R.Hoover, *Economics as Ideology* (Lanham：Rowman&Littlefield Publishers, Inc., 2003).

(2) *Ibid.*, p. 107.

(3) *Ibid.*, pp. 107 – 108.

(4) *Ibid.*, p. 108.

(5) *Ibid.*, p. 108.

(6) *Ibid.*, p. 108.

(7) *Ibid.*, p. 150.

(8) *Ibid.*, p. 150.

(9) *Ibid.*, pp. 150 – 151.

(10) *Ibid.*, p. 151.

(11) *Ibid.*, p. 151.

(12) J.E.スティグリッツ，楡井浩一訳『世界に格差をバラ撒いたグローバリズムを正す』徳間書店，2006年，29頁。

(13) David Harvey, *Seventeen Contradictions and the end of Capitalism* (Oxford：Oxford University Press, 2014), pp. 44, 47. デヴィッド・ハーヴェイ著，大屋定晴・中村好孝・新井田智幸・色摩泰匡訳『資本主義の終焉』作品社，2017年，72，76頁。

(14) R.Reich, *Saving Capitalism* (London：Icon Books Ltd, 2017), p. 168. ロバート・B・ライシュ著，雨宮寛，今井章子訳『最後の資本主義』東洋経済新報社，2016年，221 – 222頁。

(15) Harvey, *op.cit.*, pp. 47 – 48. 大屋他訳，76頁。

(16) Reich, *op.cit.*, p. 174. 雨宮他訳，229頁。

(17) *Ibid.*, p. 174. 雨宮他訳，230頁。

(18) *Ibid.*, pp. 186 – 187. 雨宮他訳，244 – 245頁。

(19) 次の著作に，大学の授業でのCSRの講義ノートをもとにして，CSRについて記載している。小松敏弘「21世紀型経営としてのCSR」浅野清彦他著『基本経営学』東海大学出版部，2018年，第2章31 – 51頁所収。

(20) 同書，41 – 43頁。

(21) 中山智香子『経済ジェノサイド―フリードマンと世界経済の半世紀』平凡社，2013

年，15，16頁。

⑵ 同書，273 - 274頁。

⑶ 同書，22 - 23頁。

⑷ 同書，25頁。

⑸ 同書，281 - 282頁。

⑹ Reich, *op.cit.*, pp.170 - 171. 雨宮他訳，224 - 225頁。

⑺ Cf. *Ibid.*, pp.171 - 173. 雨宮訳，226 - 228頁参照。

⑻ *Ibid.*, p.185. 雨宮他訳，243頁。

⑼ *Ibid.*, p.191. 雨宮他訳，250頁。

⑽ *Ibid.*, p.191. 雨宮他訳，250頁。

⑾ 小松「21世紀型経営としてのCSR」前掲論文，43 - 45頁。

あ と が き

　1983年の大学院修士課程時代から始めたラスキ研究は，20年以上かかったが，2005年9月にようやく『現代世界と民主的変革の政治学　ラスキ／マクファースン／ミリバンド』（昭和堂）としてまとめることができた。その後の研究のテーマを何にするか模索していたが，大きな転機となったのが，2007年6月，立命館大学人文科学研究所主催の「グローバル化と民主主義」というテーマの国際学術シンポジウムで，中谷義和先生のご依頼を受けて，コメンテーターを務めさせて頂いたことである。第二の研究人生は，グローバル資本主義の問題を，ラスキ，マクファースン，ミリバンドを通して考察することを，研究テーマにした。2009年，駒澤大学の大塚　桂先生の勧めで，行安　茂先生が主宰する日本イギリス理想主義学会に入会し，発表したのも，グローバル資本主義の問題であった。今回，2007年から10年あまり経つが，グローバル資本主義について，本書をまとめることができたのは望外の喜びである。

　大塚　桂先生からは，泉文堂から政治学の書籍を1冊出版してくださいと依頼されていたが，2015年か2016年には出版できるように研究を進めていた。しかし，自身が考えていた当初の期限を過ぎ，2019年になって，ようやく出版にこぎ着けた。大塚先生との約束を果たすことができたが，同先生は2014年11月に50代半ばで逝去されている。残念極まりない。

　熊本大学大学院修士課程時代は，故西口　進先生，岩岡中正先生，故岡本宏先生にたいへんお世話になり，広島大学大学院博士後期課程時代は，今中比呂志先生，山本隆基先生にたいへんお世話になった。学恩に深く感謝申し上げたい。また広島大学大学院時代の学兄の木原滋哉先生には本書の執筆で助言を頂いた。感謝申し上げたい。

　私事にふれて恐縮であるが，大学院修士課程時代以降，父（小松緑），母（小松米子，2017年9月27日に永眠）には，長年にわたり研究生活を励まし支えてもらった。兄（小松明夫）にも励ましてもらった。妻（小松礼子），子

（小松美希，小松弘輝）の存在と協力があって，本書をまとめることができた。
お礼を述べるとともに，本書を両親，家族に捧げたい。

　最後に，本書の出版にあたっては，編集を担当された泉文堂の佐藤光彦氏に
はたいへんお世話になった。記して謝意を表する次第である。

2018年12月27日
復興中の熊本城を眺めながら

　　　　　　　　　　　　　　　　　　　　　　　　　　　小松　敏弘

初 出 一 覧

第1章　グローバリズムとハイエク，ラスキ，マクファースン『東海大学総合経営学部紀要』第1号，2009年3月所収。

第2章　グリーン・リベラリズムとC.B.マクファースン―地球環境問題を中心に―『東海大学総合経営学部紀要』第3号，2011年3月所収。紀要掲載論文のタイトルは，「グリーン・リベラリズムとC.B.マクファースン」

第3章　グリーン・リベラリズムとミル，ラスキ，マクファースン『東海大学総合経営学部紀要』第4号，2012年3月所収。

第4章　アメリカの二大政党制の批判的考察『東海大学総合経営学部紀要』第5号，2013年3月所収。

第5章　二大政党制の批判的考察―ラスキ，ミリバンドを中心にして―『東海大学経営学部紀要』第1号，2014年3月所収。

第6章　良いガバナンスとしての選挙制度と政党制『東海大学経営学部紀要』第2号，2015年3月所収。

第7章　ラスキの政治理論の経営倫理学的考察『東海大学経営学部紀要』第3号，2016年3月所収。

第8章　ミリバンドのコーポレート・ガバナンス論について『東海大学経営学部紀要』第4号，2017年3月所収。

第1章から第8章まで，初出論文をほんの一部加筆して，本書に掲載している。

　本書には掲載してはいないが，次の拙著もご参照ください。「C.B.マクファースンの政治理論の経営倫理学的考察」日本イギリス理想主義学会編『イギリス理想主義研究年報』第14号，2018所収。「ラスキ，ミリバンドと現代資本主義国家」行安茂編『イギリス理想主義の展開と河合栄次郎』世界思想社，2013所収。

223

人 名 索 引

あ行

アダム・スミス ……………………78,85,111

か行

カント ………175,177,178,179,181,184
グリーン ……………………………………15
ケインズ ………………… 116,207,208,209

さ行

J.S.Mill ………………………………………96
J.S.ミル …・18,26,61,76,77,78,79,80,81,
　　　　　82,83,86,87,94,95,98,99
J.ミル ……………………………………79
ジェームズ・ミル ……………………………81
ジョン・スチュアート・ミル
　　………………………15,79,80,81,83
スミス ………………………… 12,78,79

た行

T.H.グリーン ……14,18,26,61,79,94,215
トマス・グリーン ……………………… 214

は行

ハイエク …… 1,5,6,7,8,10,17,19,21,22,
　　　　　23,24,25,26,31,32,207,
　　　　　208,209,210,214,215
フリードマン ……… ⅱ,1,17,19,21,214,
　　　　　215,216,218
ベンサム …………… 13,17,26,67,78,79,
　　　　　81,82,94,95
ホッブス ………… 12,15,17,26,44,67,82

ま行

ミル ……14,26,42,62,63,67,68,69,70,71,
　　　　72,73,74,75,76,77,78,80,82,83,
　　　　84,85,86,87,88,89,90,91,92,93,
　　　　94,95,99

ら行

ルーズベルト …… 107,109,113,121,124,
　　　　　135,136,137,148,150
ロック …… 12,13,14,15,16,17,26,41,44,
　　　　　61,62,63,78,79,82,83,94

225

事項索引

あ行

大きな政府 ……… 113, 114, 115, 116, 117

か行

格差 ………………… 1, 2, 3, 5, 18, 19, 23,
　　　　　　　　　24, 33, 94, 95, 168
株主主権 ………… 194, 198, 199, 200
株主民主主義 …………………… 195
環境破壊 ………………… 58, 59, 61
環境保護 ………… 53, 57, 61, 62, 63, 64,
　　　　　　　　69, 82, 98, 198, 217
環境保護論 …………………………… 56
環境問題 ……… 54, 55, 65, 84, 117, 215
カンティアン ………… 175, 176, 177, 178,
　　　　　　　179, 180, 181, 182
管理者資本主義 …… 189, 199, 200, 201, 202
共和党 …… 103, 104, 105, 106, 107, 108, 109,
　　　　110, 111, 112, 113, 115, 116, 117,
　　　　118, 120, 121, 123, 134, 135, 137,
　　　　138, 156, 213
グリーン・リベラリズム …… 61, 62, 64, 67,
　　　　　　　　　68, 69, 82, 94
グローバル社会民主政 …………… 31, 35
経営参画 …………………… 179, 180
経営への参画 ………… 179, 182, 183
コーポレート・ガバナンス
………… 187, 193, 195, 196, 197, 198, 199,
　　　200, 201, 202, 203, 204, 210

さ行

参加民主主義 ………………… 56, 147, 172
参加民主主義モデル ………………… 90
産業管理への参加 ………… 177, 182, 183
産業上の民主主義 ………… 56, 92
産業上の民主主義論 ………………… 95
CSR … 196, 197, 199, 202, 204, 213, 218, 219
持続可能 ………… 45, 46, 57, 69, 83, 100
持続可能性 ………… 45, 67, 69, 84, 86
持続可能な開発 ………………… 37
持続可能な経済 ………………… 46
持続可能な発展 ………… 84, 99
持続発展可能 ………………… 83
自由党 ……… 129, 130, 134, 136, 158, 160,
　　　　　161, 162, 163, 164, 165
消極的自由 ………………… 180, 182
小選挙区 ………… 153, 157, 158, 164, 168,
　　　　　170, 171, 172
小選挙区制 …… 106, 127, 128, 129, 132, 133,
　　　　134, 135, 139, 140, 141, 147,
　　　　148, 149, 150, 154, 155, 156,
　　　　157, 158, 159, 164, 167, 168,
　　　　169
小選挙区比例代表併用制 ……………… 134
所有者資本主義 …… 189, 199, 200, 201, 202
所有的個人主義 … 12, 15, 17, 26, 27, 28, 34,
　　　　35, 42, 57, 58, 60, 61,
　　　　63, 64, 68, 82, 85, 94,
　　　　95, 215, 216
所有的多元主義 ………………… 17

226

事項索引

所有と経営との分離 ·········191,192,199,
200,201
所有と経営の分離 ·····················188,193
新自由主義 ·····1,2,5,12,18,19,20,21,28,
30,58,60,66,68,94,95,
100,153,169,210,211,212,
213,214,215,216,217
新自由主義国家 ···························· 213
ステークホルダー ····3,178,196,197,198,
199,201,202,204,
214,216
積極的自由 ··········· 56,92,176,179,180,
181,182,183
相対的自律性 ·····2,28,121,128,141,142,
144,145,146,148,153,
169,170,173,187,198,
210,211,216

た行

多党制 ·············· 130,134,148,149,159,
168,169,170,172
小さな政府 ·········21,110,111,115,116,
117,118,120
地球温暖化 ·····························i,2,37
地球温暖化問題 ···························84
地球環境悪化 ·····························38
地球環境保護 ·····38,58,67,83,84,94,99
地球環境問題 ···········1,37,67,83,84
停止状態 ····67,68,70,72,73,83,84,88,90
停止状態論 ·················85,86,91,95,99
定常経済 ·································99
定常状態 ········64,67,70,83,84,86,87,98
定常状態論 ····························· 86,87

テクノロジー ······37,38,39,40,41,42,43,
45,49,50,51,52,53,54,
57,59
テクノロジー論 ····················· 38,42,48

な行

二大政党 ········107,110,121,125,133,137,
138,139,141,143,144,160,
161,163
二大政党制 ····103,104,105,117,118,119,
121,127,128,129,130,131,
134,135,136,139,140,141,
142,144,145,146,147,148,
149,150,155,156,157,158,
160,161,162,163,168,169,
171
二党制 ···········106,109,132,133,134,136,
148,156,165,169,170
ニューディール ····107,108,109,113,121,
135,136,139,148,170

は行

発展的個人主義 ····17,26,61,214,215,216
発展的民主主義 ············79,80,82,85,94
発展的民主政 ·························28
比例代表 ·············127,149,164,171,172
比例代表制 ·····131,132,133,134,147,148,
149,153,155,159,164,167,
168,170,173
プリンシパル＝エージェント理論
·····························193,196
防禦的民主主義 ············79,81,82,85,86
保守 ·································· 129
保守党 ·····130,136,140,142,143,144,145,

227

156,157,160,161,162,163,165

ま行

民主党 ······ 103,104,105,106,107,109,110,
112,113,114,115,116,117,118,
120,121,123,124,134,135,137,
138,156,169,211,213

や行

余暇 ·····91,175,176,177,180,181,183,184

ら行

労働 ······························· 129
労働時間 ··· 20,21,67,68,72,88,89,90,91,

94,95,136,177,181,182,183,
197,210
労働者の経営への参加 ················· 92,93
労働手段への接近 ··········67,68,90,91,
92,93,94,95
労働党 ········25,77,128,130,132,134,139,
140,141,142,143,144,145,
146,157,158,161,162,163,
165,166,167

【著者略歴】

小松　敏弘（こまつ　としひろ）
　　1959年　生まれ
　　1992年　広島大学大学院社会科学研究科博士後期課程単位取得満期
　　　　　　退学
　　1992年　九州東海大学専任講師
　　2008年　法学博士（立命館大学）
　　現　在　東海大学経営学部教授
　　専　攻　政治学，現代政治思想史
　　著　書　『現代世界と民主的変革の政治学』昭和堂，2005年。「ラス
　　　　　　キ，ミリバンドと現代資本主義国家」行安　茂編『イギリス
　　　　　　理想主義の展開と河合栄治郎』世界思想社，2014年所収。

グローバル資本主義の政治学
　　－国家，政党，企業，個人－

2019年2月10日　　初版第1刷発行

著　者	小松　敏弘	
発行者	大坪　克行	
発行所	株式会社　泉　文　堂	

　　　　　　〒161－0033　東京都新宿区下落合1－2－16
　　　　　　電話 03－3951－9610　FAX 03－3951－6830

印刷所	税経印刷株式会社
製本所	牧製本印刷株式会社

本書の無断複写は著作権法上での例外を除き禁じられています。複写される
場合は，そのつど事前に，(社)出版者著作権管理機構（電話 03-3513-6969,
FAX 03-3513-6979, e-mail：info@jcopy.or.jp）の許諾を得てください。

JCOPY ＜(社)出版者著作権管理機構 委託出版物＞

© 小松敏弘　2019　　　　　　　　Printed in Japan（検印省略）

ISBN 978－4－7930－0460－5　C3032